Die Bibel zur Sprache bringen.

Texte von Evi Krobath

herausgegeben von
Astrid Bamberger und Marianne Grohmann

Gedruckt mit Förderung des Bundesministeriums
für Unterricht, Kunst und Kultur in Wien,
der Kulturabteilung der Stadt Wien
(Wissenschafts- und Forschungsförderung),
des Evangelischen Bundes und
der Evangelischen Kirche in Österreich.

Die Bibel zur Sprache bringen.

Texte von Evi Krobath

herausgegeben von
Astrid Bamberger und Marianne Grohmann

EVANGELISCHER PRESSEVERBAND

Impressum

Medieninhaber und Hersteller:
Evangelischer Presseverband in Österreich
Titelfoto: Evi Krobath, Wien 2006 © Barbara Krobath
Satz und Covergestaltung: epv/Elisabeth Arzberger
Verlags- und Herstellungsort: Wien 2010
1. Auflage

Inhalt

Geleitwort
Luise Schottroff … 9

**„Eure Rede sei allezeit freundlich
und mit Salz gewürzt" (Kol 4,6)
Evi Krobath (1930-2006)**
Astrid Bamberger und Marianne Grohmann … 11

Feministische Theologie … 31

Männersprache – Frauensprache … 33
Feministische Exegese … 59
Bibel – gegen den Strich gelesen … 65
„Eure Alten werden Träume haben …".
   Feministische Theologie
   und die Frage nach dem Alter … 79
Gottes Name in der „Bibel in gerechter Sprache" … 93
Frauen in der Mythologie und Göttinnenwelt … 101

Altes Testament … 117

Das Buch Ester … 119
Wie du, Abigail …
   Ein Lehrer-/Schülergespräch zu 1 Sam 25 … 135
Die Totenbeschwörerin von Endor –
   eine ganz und gar ungewöhnliche Hexengeschichte … 149
Sünde/Schuld I. Altes Testament … 157

Denn Gott bin ich und *kein* Mann	167
Mirjam, die Prophetin	171

Neues Testament — 185

Das Magnificat – Bibelarbeit zu Lukas 1,46-55	187
Jesus, ein „Freund der Zöllner und Sünder" – ein Gegner der Pharisäer?	
Eine sozialgeschichtliche Bibelauslegung	201
Biblische Besinnung über Epheser 2,11-14	213
Die leid-tragenden Frauen	221

Judentum — 237

Stellungnahme feministischer Theologinnen zum Vorwurf des Antijudaismus	239
„Weh, ich bin geblendet..." – Zum Bild von Ekklesia und Synagoge	241
Rein und unrein im Alten Testament und im Judentum	259
Brief der Anonyma, einer von Jesus geheilten Frau, an Luise, die Weise und Gelehrte	271
Christus – das Ende des Gesetzes? Der missverständliche, missverstandene Paulus	283

Bibliographie Evi Krobath — 289

Bild- und Quellennachweise — 301

Evi Krobath

Geleitwort

Meine Freundin und Lehrerin Evi Krobath war eine Pionierin. Sie hat Feministische Befreiungstheologie betrieben, als Feminismus selbst unter christlichen, engagierten Frauen noch fast unbekannt war. Sie hat um den Zusammenhalt der feministisch-theologischen Bewegung gekämpft, als ein Teil feministischer Theologinnen entnervt der Kirche den Rücken kehrte: Die Kirche sei hoffnungslos patriarchal und Paulus sei an allem schuld. Sie hat behutsam versucht, angesichts von Konflikten um die Frage des Antijudaismus in der Feministischen Theologie neue Wege aufzuzeigen. Dabei blieb sie, die auch Vorkämpferin des christlich-jüdischen Dialoges war, in der Sache parteilich. Antijudaismus in der christlichen Theologie – er ist schließlich nicht ein Spezifikum Feministischer Theologie, sondern christlicher Theologie generell – muss erkannt und überwunden werden. So arbeitete sie besonders an den „heißen" Themen, z. B. über jüdische und frühchristliche Vorstellungen von Reinheit und Unreinheit und kritisierte die christlichen Klischees vom jüdischen Patriarchat und seiner Frauenunterdrückung. All dies ist immer noch aktuell. Evi Krobath war eine der geistigen Mütter des christlich-jüdischen Dialoges. Das letzte Projekt, für das sie noch öffentlich eintreten konnte, mitten in einer Zeit der z.T. heftigen Anfeindungen dieser Bibelübersetzung, war die „Bibel in gerechter Sprache". Evi und Heinz Krobath haben mit mir auf dem Balkon in Kärnten im Anblick der Berge Details der Übersetzung des Matthäusevangeliums aus dem Griechischen ins Deutsche diskutiert. Wie wichtig ist es, dass es statt „Gesetz" Tora bei Paulus heißt! Unvergessliche Stunden, glückliche Stunden waren das. Sie zeigen mir, dass solch eine Übersetzung schon seit 30 Jahren unser Projekt war.

Ich freue mich, dass Evi Krobaths Bibelarbeiten nun gedruckt vorliegen. Sie sind Zeitdokumente ihrer Zeit, die heute immer noch hochaktuell sind. Die Fragen, wie christlicher Antijudaismus erkannt und überwunden werden kann, sind noch nicht wirklich beantwortet. Vor allem aber: Evi Krobaths Texte sind getragen von einer Liebe zur biblischen Tradition, auch zu Paulus, dem viel Verkannten. Biblische Traditionen werden durch Evi Krobaths Arbeit lebendig. So sind ihre Bibelarbeiten Dokumente einer gelebten Liebe zur Bibel und zu ihren Mitmenschen.

Luise Schottroff

"Eure Rede sei allezeit freundlich und mit Salz gewürzt" (Kol 4,6). Evi Krobath (1930-2006)

Evi Krobath war die prominenteste Vertreterin der feministischen Theologie in der Evangelischen Kirche in Österreich. Im Rahmen der zweiten Frauenbewegung hat sie – vernetzt mit Theologinnen in Europa und den USA – die feministische Theologie seit den 1970er-Jahren entscheidend mitgeprägt. Sie hat diesen Aufbruch der Frauen immer international, überkonfessionell und im Spannungsfeld des Verhältnisses von Judentum und Christentum gesehen. Der Name Evi Krobath steht für evangelische feministische Theologie in Österreich wie kein anderer, er steht für Frauensolidarität im Kampf gegen Gewalt und Diskriminierung, für den christlich-jüdischen Dialog, für das Arbeiten im Rahmen der Ökumene, für den gesellschaftspolitischen Einsatz in der Völkerverständigung, für das Aufbrechen von Machtstrukturen und das Eintreten für unterdrückte Minderheiten. Schon in ihrer Biographie wird durch das christlich-jüdische Elternhaus ihre Position grundgelegt – eine Position, aus der heraus sie den Dialog sucht zwischen Judentum und Christentum, zwischen den Geschlechterrollen, zwischen Bildung und Politik, zwischen Wissenschaft und Gesellschaft, zwischen Theorie und Praxis.

Geboren wird Evi Krobath – mit dem Geburtsnamen Eva Maria Pröckl – als Tochter des Wiener Schauspielers und Regisseurs Ernst Pröckl und der aus Polen stammenden Schauspielerin Salomea Hauser am 23. Februar 1930 in Berlin, wo ihr Vater auf verschiedenen Bühnen tätig ist. Ihre Eltern haben sich bei einem Gastspiel in Zürich kennen gelernt. Nach der Geburt der Tochter gibt Salomea Hauser ihren Beruf auf. Evi Krobaths Vater ist evangelisch A.B., ihre Mutter ist Jüdin, wonach die Tochter – nach jüdischem Recht – auch Jüdin wäre. Da Ernst Pröckl ein eher distanziertes Verhältnis zur Kirche pflegt, wird die Tochter vorerst nicht getauft. Drei Jahre nach ihrer Geburt trennen sich die Eltern und lassen sich 1934 im Einvernehmen scheiden. In der Hoffnung, Wien werde vom Nationalsozialismus verschont bleiben, zieht der Vater 1933 in seine Heimatstadt zurück. In Wien, wo Evi Krobath ein Jahr lang in einem Kinderheim lebt, sorgt die Großmutter väterlicherseits für eine evangelische Taufe. Mit fünf Jahren übersiedelt das Mädchen für ein Jahr zu ihrer Mutter nach Meran, wo sich der Großvater, ein europaweit tätiger Holzhändler und -fachmann, mit seinen Kindern niedergelassen hatte – einerseits aus gesundheitlichen Gründen und andererseits, um dem Machtbereich der Nationalsozialisten zu entkommen.

Dort besucht Evi Krobath zunächst die erste Volksschulklasse in einer deutschen Privatschule. Durch die strenggläubige Großmutter mütterlicherseits lernt das Mädchen die jüdischen Bräuche kennen. Sie macht also schon früh Erfahrungen mit unterschiedlichen Formen jüdischer und christlicher Religiosität. In Meran verbringt sie ihren eigenen Worten nach „die schönsten Kindheitsjahre". Unter dem Druck des Nationalsozialismus flüchtet der Großteil der jüdischen Familie 1938 in die USA. Evi Krobath wird mit sieben Jahren vom Vater nach Wien zurückgeholt und bis zu ihrem neunten Lebensjahr in einem Internat im 18. Bezirk betreut. Den Sommer 1939 verbringt sie noch mit ihrer Mutter in der Schweiz. Als der Krieg ausbricht, halten es die Eltern für sicherer, das Mädchen nicht wieder zurück nach Wien zu holen, sondern in einem Internat in der Schweiz unterzubringen. Sie kommt in ein Mädchenpensionat in Teufen bei St. Gallen und bleibt dort bis 1941, als sie aus finanziellen Gründen wieder zu ihrem Vater nach Wien zurückkehren muss. Ihre Mutter war 1940 in Mailand untergetaucht. Ein Bruder der Mutter wird auf einer Geschäftsreise in Polen verhaftet, deportiert und später in einem KZ ermordet.

„Liebe ist... ...regelmäßig seine Familie zu besuchen."
(von Evi Krobath an ihre Pinnwand geheftet)

Diesen Spruch hat sich Evi Krobath an ihre Pinnwand in der Wiener Wohnung in der Skodagasse geheftet. Die Geschichte ihrer Kindheit ist geprägt von familiärer Unruhe, politischer Verfolgung und Kriegs- und Nachkriegsnöten, was an dem fröhlichen und verträumt wirkenden Kind nicht spurlos vorübergegangen ist. Erst nach Kriegsende kann Evi Krobath ihre Mutter regelmäßig in Meran besuchen. Vor dem Hintergrund dieser Erfahrungen wird Familie zum wichtigen Halt in ihrem Leben.

„Martin Buber schreibt einmal: ‚Die Welt ist das, woran sich die Seele stößt.' An ihr stoße auch ich mich täglich..."
(Evi Krobath, Interview 1995)

In Wien verhilft die Schauspielerin Käthe Dorsch durch ihre Intervention bei Goebbels dem Vater zu Papieren, die Evi Krobath als „Mischling zweiten Grades" ausweisen und

sie damit nicht nur vor einer möglichen Deportation bewahren, sondern ihr auch den Besuch einer Hauptschule ermöglichen. Der Zugang zu einem Gymnasium bleibt ihr jedoch verwehrt. 1945 - nach Kriegsende - tritt sie in die fünfte Klasse des Mädchenrealgymnasiums in der Langegasse im achten Bezirk ein, wo sie 1949 maturiert.
1941-1950 lebt Evi Krobath bei ihrem Vater in der Wiener Skodagasse. Ernst Pröckl, nach seiner Berliner Zeit 1933-1947 Schauspieler und Regisseur am Volkstheater, wird 1947 ans Burgtheater berufen, wo er bis zu seinem Tod 1957 wirkt. In diesen Jahren wächst die Tochter in die Theaterwelt ihres Vaters hinein und wird stark von ihr geprägt.
Während Evi Krobath in der Schweiz am evangelischen Religionsunterricht teilgenommen hat, überredet sie ihren Vater in Wien eindringlich, sie von den Religionsstunden dispensieren zu lassen. Erst als sie die siebente Klasse im Gymnasium besucht, erwacht in ihr - angeregt durch die katholische Jugendbewegung in ihrer Umgebung - das Interesse für religiöse Fragen. Die „aus mir unbekannten Quellen kommende Selbstsicherheit (der Mitschülerinnen) machte mich eifersüchtig und neugierig", erzählt sie über diesen Lebensabschnitt. Insbesondere die Deutschlehrerin, eine überzeugte Katholikin, macht „tiefen Eindruck." Von da an besucht Evi Krobath Vorträge in katholischen Jugendkreisen und führt heftige Streitgespräche. „Noch gefiel ich mir in der Rolle einer geschworenen ‚Atheistin'", schildert sie weiter, liest aber dennoch auf der Suche nach Antworten auf „scheinbar unlösbare Fragen" in der Bibel. Am Ende der achten Klasse trägt sie sich mit dem Gedanken, zur katholischen Kirche zu konvertieren. Eine gemeinsame Romreise mit ihrer Mutter im darauffolgenden Sommer -

„ich war voll heiliger Erwartung" – wirkt auf sie „wie eine kalte Dusche." In Wien zurückgekehrt sucht sie wieder den Kontakt zu ihren katholischen Freundinnen, bemerkt aber bald, dass sie „zu ihren Dogmen und den Formen ihres religiösen Bekennens keinen Zugang finden konnte."
Zur selben Zeit findet Evi Krobath Anschluss an die Evangelische Studentengemeinde unter der Leitung von Wilhelm Dantine. Die Begegnung mit Dantine führt zur entscheidenden persönlichen und später auch theologischen Weichenstellung und zu lebenslangen Freundschaften. Evi Krobath besucht viele Veranstaltungen und Bibelarbeiten und gelangt so zu einem neuen Zugang zur Bibel. Mehr und mehr fühlt sie sich im Christus- und Kirchenverständnis dieser Gemeinschaft beheimatet und wird 1950 – im 21. Lebensjahr – konfirmiert.
Nach der Matura inskribiert sie an der Universität Wien Zeitungs- und Theaterwissenschaften. 1951 geht sie zu ihren in Kalifornien lebenden Großeltern in die USA, wo auch ihre Mutter nach ihrer Emigration als „displaced person" seit 1950 lebt, und studiert an der *University of California, Los Angeles,* Theaterwissenschaften bei Heinrich Schnitzler und Jüdische Philosophie bei Martin Buber. Aus finanziellen Gründen muss sie schon nach einem Jahr das Studium abbrechen und arbeitet zunächst als Kindermädchen in Hollywood, später als Kellnerin in Beverly Hills. In dieser Zeit schließt sie sich der Lutherischen Studentengemeinde der U.C.L.A. an. Die Begegnung mit Martin Buber und seiner Dialogphilosophie ist eindrücklich. Bubers dialogisches Prinzip wird für Evi zur bleibenden Grundhaltung. Seine Position im jüdisch-christlichen Dialog, am je eigenen Ort Dialog zu verwirklichen, ohne die Religion zu wechseln,

gibt einen wichtigen Anstoß zum Studium der Evangelischen Theologie. Nach und nach reift so der Entschluss, die Idee einer Theaterlaufbahn über Bord zu werfen, um stattdessen Theologie zu studieren.

*Evi Krobath,
1955 beim Schifahren am Oisternig*

Im Oktober 1952 kehrt Evi Krobath nach Österreich zurück und beginnt ihr Studium an der Evangelisch-Theologischen Fakultät der Universität Wien. 1954/55 geht sie für ein Jahr mit einem Stipendium des Ökumenischen Weltkirchenrates nach Berlin, und 1957 schließt sie ihr Theologiestudium in Wien ab. Auf so manche Erfahrung im Laufe ihrer Studienzeit greift sie noch später in ihrem Bemühen um eine gendergerechte Sprache zurück: so etwa auf die Erklärung eines Professors, die anwesenden Damen mögen sich bei der Anrede „meine Herren" auch „mitgemeint" fühlen – ein Statement, das die Herabwürdigung des weiblichen Geschlechts in patriarchalen Sprachmustern im Kern trifft und gleichzeitig deutlich macht, dass sich die Gesellschaft zu Evi Krobaths Studienzeit vom Aufkeimen feministisch-emanzipatorischer Bestrebungen noch wenig beeindrucken lässt. In einem Interview bestätigt sie: „Uns wurde im Studium sogar die erste Frauenbewegung verschwiegen."

„Man muss sich für Liebe oder Gerechtigkeit entscheiden. Ich kann es nicht. Ich will beides."
(Elias Canetti, von Evi und Heinz Krobath an ihre Pinnwand geheftet)

In ihrer Studienzeit lernt Evi im Evangelischen Freizeitheim Landskron den Theologen Heinz Krobath kennen, den sie 1956 heiratet und mit dem sie über 50 Jahre lang eine intensive Lebens-, Gesprächs- und Arbeitsgemeinschaft verbindet. Die Stationen seines Pfarramtes – 1955-58 Vikariat in Wien-Liesing und Stainach-Irdning, Pfarramt 1958-1967 in Weißbriach, 1967-1985 in Klagenfurt und 1985-1996 in Graz – geben die weiteren Lebensorte vor. In Weißbriach werden ihre Kinder geboren: 1957 Thomas, 1959 Barbara und 1961 Peter. Seit dieser Zeit – die sich dann später in den 5 Enkelkindern (geboren 1986-2005) fortsetzt – ist Evi Krobath mit großem Engagement in der Familienarbeit tätig. In der Kärntner Zeit kehrt ihre Mutter aus Amerika zu ihrer Tochter zurück und verbringt ihre letzten 18 Jahre im Pfarrhaus in Klagenfurt. Da die Frauenordination in der

Evangelischen Kirche in Österreich erst ab 1965 möglich ist und bis 1980 nur für unverheiratete Frauen, erfüllt Evi Krobath zunächst die klassischen Aufgaben der Pfarrfrau in der Familie und in der Gemeinde. Die Arbeit mit Frauen erfährt jedoch durch sie eine eigenständige Ausweitung über die Gemeinde hinaus auf einen überregionalen Aktionsradius in der Evangelischen Frauenarbeit Österreich.

Heinz und Evi Krobath, 2000 in Wien

Beruflich engagiert sich Evi Krobath ab 1957 als Religionslehrerin im Volksschulbereich, ab 1967 dann als AHS- und BHS-Lehrerin in Klagenfurt und später in Graz. Ihr Einsatz geht über den Schuldienst weit hinaus und betrifft vor allem gesellschaftspolitische Anliegen im Rahmen der autonomen Frauenbewegung seit dem Anfang der 1970er-Jahre: Sie ist Mitinitiatorin der Gründung des ersten Kärntner Frauen-

hauses, das 1984 in Klagenfurt eröffnet wird. Sie arbeitet als ehrenamtliche Frauen-Seelsorgerin im Klagenfurter Gefangenenhaus. Im Rahmen der „Aktion Kärntner Christen für die Verständigung der Volksgruppen" setzt sich Evi Krobath in besonderer Weise für die Rechte der slowenischen Minderheit ein. In diesem Engagement ist sie auch eine der treibenden Kräfte in der Salzburger Gruppe. Diese war in den 1970er- und 1980er-Jahren das Sammelbecken kritischer ProtestantInnen um Wilhelm und Johannes Dantine, Kurt Lüthi, Ulrich Trinks, Ilse Beyer, Ingrid Gaisrucker, Gerhard Beermann, Othmar Göhring u.a. Diese Namen stehen exemplarisch für eine Reihe von MitstreiterInnen, die mit Evi und Heinz Krobath viele Jahre eng verbunden waren.
Entscheidend für die Verknüpfung ihrer gesellschaftspolitischen Frauenarbeit mit feministisch-theologischem Wirken – insbesondere in ökumenisch-solidarischer Weise – soll die 1. Europäische Frauenkonsultation des Weltkirchenrates werden, die 1978 in Brüssel tagt und gleichsam die Geburtsstunde des Ökumenischen Forums Christlicher Frauen in Europa (EFECW) wird. Es treffen sich 70 Frauen aus insgesamt 21 europäischen Ländern fast aller christlichen Kirchen. Evi Krobath wird als österreichische Delegierte von der Evangelischen Frauenarbeit entsandt. Als Hauptreferentinnen bringen u.a. Elisabeth Moltmann-Wendel und Catharina Halkes feministische Themen in die Diskussionen ein. Gesellschaftliche wie auch frauenspezifische Themen werden aufgegriffen und wühlen die Runde der Teilnehmerinnen unterschiedlicher Herkunft und Gesinnung auf. Trotz starker Differenzen in den Arbeitsgruppen wird man sich einig, dass die Vernetzung christlicher Frauen fortgesetzt werden sollte. Nach einer langen Anlaufphase findet

im März 1982 in der Schweiz die Gründungsversammlung des EFECW statt. Für Evi Krobath selbst ist jedoch seit Brüssel schon längst der Grundstein für ihr feministisch-theologisches Interesse gelegt – wohl aber auch für so manche tiefgehende und langjährige Freundschaft mit anderen europäischen Theologinnen, mit denen sie fortan in regem fachlichen und freundschaftlichen Austausch steht.

Evi Krobath und Elisabeth Moltmann-Wendel, 1994 in Mooswald

Evi Krobath lernt bibelwissenschaftliche Ansätze amerikanischer feministischer Theologinnen kennen und beginnt selbst feministisch-exegetisch zu forschen. Sie befasst sich mit weiblichen Gottesbildern, geht patriarchalen Strukturen in der christlichen Tradition auf den Grund und hält Vorträge und Seminare zu feministisch-theologischen Themen im Rahmen kirchlicher Erwachsenenbildung. Sie

steht im Rahmen der Arbeitsgemeinschaft feministischer Theologinnen in fruchtbarem Dialog mit z.B. Elisabeth Moltmann-Wendel, Dorothee Sölle, Luise Schottroff, Catharina Halkes, Herlinde Pissarek-Hudelist, Annemarie Schönherr und Anne Jensen und zählt damit zum Kreis feministischer Theologinnen der ersten Generation im Kontext der zweiten Frauenbewegung. In Österreich knüpft sie mit der ARGE Theologinnen ein ähnliches Netzwerk.
Im Jahr 1985, als die Kinder ausgezogen sind, übersiedeln Evi und Heinz Krobath nach Graz. Neben ihrem Beruf als Religionslehrerin intensiviert Evi Krobath ihre Vortragstätigkeit in kirchlicher Erwachsenenbildung und Lehraufträgen an den Universitäten Wien und Klagenfurt. Ihre wissenschaftliche Arbeit erlangt in dieser Zeit internationale Anerkennung.
Ein prägender Einschnitt für die feministische Theologie ereignet sich im Zuge des – berechtigten – Antijudaismus-Vorwurfs seitens jüdischer Theologinnen in den späten 1980er-Jahren. In ihrem Bestreben, Jesus als „das leuchtende Vorbild eines vorurteilsfreien Mannes vor dem Hintergrund einer patriarchalen jüdischen Gesellschaft" zu sehen, wie Evi Krobath jenen „naiven" Fehlgedanken der feministischen Theologinnen selbst beschreibt, habe man Jesus seines Jude-Seins beraubt und die Jüngerinnen-Gemeinschaft als christliche anstatt als jüdische Bewegung verstanden. Indem Jesus als Fürsprecher der Frauen und als Befreier aus der Unterdrückung durch frauenverachtende, jüdische Vorschriften und Reinheitsgesetze dargestellt wird, stimmten die Theologinnen unbemerkt und jedenfalls ungewollt in alte antijudaistische Denkmuster ein. In einer öffentlichen Stellungnahme (siehe Seite 239) im Jahr 1988 bekennt eine

Reihe von Vertreterinnen feministischer Theologie, darunter auch Evi Krobath, ihre Mitschuld am christlichen Antijudaismus und erklärt, dass die feministische Theologie sich um eine Weiterentwicklung in kritischem Umgang mit antijudaistischen Tendenzen bemühen wird.

Feministische Theologinnen erweisen sich als lernfähig in einem Umdenkprozess, in dem Evi Krobath mit ihren theologischen Ansätzen eine tragende Rolle übernimmt: Die Überwindung des christlichen Antijudaismus ist nicht mit dem bloßen Umgehen oder Vermeiden getan, vielmehr verlangt sie eine fundamentale Neuentwicklung christlicher Theologie. Jesus darf nicht mehr im *Gegensatz* zum Judentum betrachtet werden sondern in seiner *Verankerung* im Judentum.

„Uns als die aus Glauben an den Messias Jesus zu Israel Dazugekommenen zu verstehen, könnte nicht nur unser christliches Selbstverständnis, sondern auch unser Verhältnis zum Judentum als unserer Mutterreligion neu bestimmen."

(Evi Krobath)

In ihrer Grazer Zeit beginnt Evi Krobath sich in besonderem Maße für den christlich-jüdischen Dialog einzusetzen. Sie ist treibende Kraft der Christlich-Jüdischen Bibelwoche in Mariatrost, Vorsitzende in der Gründungsphase des Christlich-Jüdischen Komitees (der steirischen Tochter des österreichischen Koordinierungsausschusses für Christlich-jüdische Zusammenarbeit) und wirkt initiativ und engagiert bei verschiedenen Projekten mit, wie etwa den Gottesdiensten zur Erinnerung an die Novemberpogrome von 1938, der Gründung des Frauenzentrums Heilandskirche bei der 2. Ökumenischen Versammlung in Graz als Begegnungsforum oder der Wiedersichtbarmachung der Reste jüdischer Kultur in Graz. 1993 hält Evi Krobath eine Bibelarbeit in der Arbeitsgemeinschaft Juden und Christen am 25. Deutschen Evangelischen Kirchentag.

Eure Rede sei allezeit freundlich und mit Salz gewürzt, dass ihr wisst, wie ihr einem jeden antworten sollt.
(Kol 4,6, von Evi Krobath an ihre Pinnwand geheftet)

... ein Bibelzitat, das nahezu programmatisch für Evi Krobaths Wirken steht, zumal sie ihre Vermittlungstätigkeit vor allem auf Dialog- und Begegnungsveranstaltungen ausübt. Gespräche, Bibelarbeiten, Diskussionen und Vorträge markieren ihre Wege. Dass ihre Redeweise durchaus auch etwas pikanter gewürzt sein darf, zeigt sie mit der humoristischen Verpackung, in die sie ihre Kritik gerne hüllt. Wie ein roter Faden zieht sich die Theaterleidenschaft durch ihr Leben: von einer Shakespeare-Inszenierung in ihrer eigenen Schulzeit über Weihnachtsspiele in Kärnten bis zum Kabarett „S'Kreuzl vor der Brust" (1963), dem „legendären erste Kirchenkabarett in der Evangelischen Kirche in Österreich", in dem Evi Krobath ihre Kritik an der Kirchenleitung humorvoll ins Gespräch bringt. In kabarettistischen Einlagen bei Geburtstagen und anderen festlichen Anlässen verpackt sie Theologie in kabarettistische Form. Es mögen wohl ihre schauspielerischen Wurzeln sein, die ihr jenes komödiantische Talent mitgegeben haben, mit dem sie Missstände aufzeigt und auch leidvolle Erfahrungen verarbeitet. Dorothee Sölle († 2003) spricht Evi Krobaths Humor „eine allversöhnende Qualität" zu.
Nach der Übersiedlung nach Wien 1996 bleibt Evi Krobath ihren zentralen Interessen weiterhin verbunden. Sie wird in

den Bildungsausschuss der Evangelischen Kirche berufen, arbeitet im Koordinierungsausschuss für Christlich-jüdische Zusammenarbeit mit und setzt ihre Forschungs- und Vortragstätigkeit fort. Ihr umfangreiches Wissen im Bereich Matriarchats- und Göttinnenforschung gibt sie in öffentlichen Vorträgen und Seminaren im Rahmen der Fortbildung von Religionslehrerinnen weiter. Viele ihrer Themen kulminieren in einer Forschungsreise nach Kreta im Mai 2000.
Der Schwerpunkt von Evi Krobaths Wirken liegt in der feministischen Theologie. Doch das ist für sie keine Teildisziplin, die der Theologie unterzuordnen wäre, sondern der Ausdruck der Umkehr der ganzen Theologie, die sich an der Hybris patriarchaler Gesellschaftsstrukturen orientiert. Die feministische Theologie verbindet sich der Sache nach mit der Befreiung aus sämtlichen Erscheinungsformen gesellschaftlicher Selbstüberschätzung – sei es in nationalistischem, in rassistischem oder antisemitischem Kontext. Der Kampf gegen jede Art ausgrenzender Überheblichkeit bildet die Ebene, auf der sich feministische Theologie und Befreiungstheologie begegnen.

„Die Frauen im Widerstand sind meine Lehrmeisterinnen... Resignieren ist immer noch lebensgefährlich. Es heißt, den Einsatz für das Leben aufzugeben, die Visionen für Frieden und Gerechtigkeit und sich selbst."

(Evi Krobath, Interview 1995)

Mit der Festschrift „Anspruch und Widerspruch" (herausgegeben von Maria Halmer, Barbara Heyse-Schaefer und Barbara Rauchwarter), die Evi Krobath zu ihrem 70. Geburtstag im Jahr 2000 überreicht wird, sprechen eine Reihe bekannter Theologinnen und Theologen sowie gesellschaftspolitisch engagierter Persönlichkeiten (darunter u.a. Dorothee Sölle, Irmtraud Fischer, Eveline Goodman-Thau, Friedrich-Wilhelm Marquardt, Margaret Moers Wenig, Elisabeth Moltmann-Wendel, Luise Schottroff, Michael Bünker, Kurt Lüthi) durch ihre Beiträge Dank und Anerkennung für Evi Krobaths Wirken aus.

Luise Schottroff und Evi Krobath, 2000 am Millstättersee

In den letzten Jahren ihres Schaffens widmet sich Evi Krobath noch einem großen Thema der feministischen Bewegung: Sprache und Begegnung im Dialog bleiben nicht allein Medium ihres Wirkens, sondern werden zur Sache selbst, für die sie sich im Kampf um eine gendergerechte Sprache unermüdlich einsetzt.

„Da Sprechen zugleich soziales Handeln ist, spiegelt Sprache die gesellschaftliche Wirklichkeit. Die Suche von Frauen nach einer Sprache, die ihre Identität ausdrückt, nach Frauensprache, basiert auf der Erfahrung gesellschaftlicher Ungleichheit und dem berechtigten Wunsch, diese zu verändern."

(Evi Krobath, aus „Männersprache-Frauensprache", 2003)

Androzentrische Sprache und Sprachbilder haben durch ihre wirklichkeitsstiftende Funktion nicht nur Frauen diskriminiert, sondern auch den Gottesbegriff in unzulässiger Weise eingeengt. In diesem Sinne unterstützt Evi Krobath mit Vorträgen und Interviews bis wenige Tage vor ihrem Unfall im November 2006 das Projekt „Bibel in gerechter Sprache".

„Was wir brauchen, ist eine Sprache, die versucht, der Ganzheit Gottes wieder gerecht zu werden. Liturgie in rein männlicher Sprache ist mir heute unerträglich."

(Evi Krobath, Interview 2004)

Am 29. November 2006 hält Evi Krobath anlässlich der Erstpräsentation des Projektes „Bibel in gerechter Sprache" in Österreich ihren letzten öffentlichen Vortrag. Kurz darauf, am 3. Dezember zieht sie sich bei einem tragischen Unfall am Gasherd starke Verbrennungen zu. Am Abend des 19. Dezembers versammelt sich die Familie an ihrem Bett, um bei der Feier des Heiligen Abendmahls von ihr Abschied zu nehmen. Evi Krobath stirbt am 20. Dezember 2006 im 77. Lebensjahr an den Folgen des Unfalls.

Wenn ich gestorben bin, hat sie gewünscht,
feiert nicht mich und auch nicht den Tod.

Feiert den, der ein Gott von Lebendigen ist.
Wenn ich gestorben bin, hat sie sich gewünscht,
zieht euch nicht dunkel an; das wäre nicht christlich.
Kleidet euch hell, singt heitere Lobgesänge.
Wenn ich gestorben bin, hat sie gewünscht,
preiset das Leben, das hart ist und schön.
Preiset den, der ein Gott von Lebendigen ist.
   (Kurt Marti[*], von Evi Krobath an ihre Pinnwand geheftet)

Evi Krobath war eine Vermittlerin, „eine Brückenbauerin", wie sie oft genannt wurde, – zwischen den Geschlechtern, zwischen den Religionen, zwischen den Konfessionen, zwischen den Völkern, zwischen Minderheiten und Machthabern. Um Brücken zu bauen, musste sie vorher Mauern wahrnehmen, dagegen anstoßen und sie abtragen, „Stein um Stein", um damit Neues, Verbindendes herzustellen. Sie wurde nicht müde, Missstände aufzuzeigen, sie in ihrer Tragweite ernst zu nehmen und gemeinschaftlich Wege zu ihrer Überwindung zu suchen.

„Versöhnung ist ein Heilungsprozess vergangener Verletzungen, und Heilungsprozesse brauchen ihre Zeit. Vielleicht beginnen sie mit dem Wunsch, einander kennen zu lernen, einander die jeweils eigene Geschichte zu erzählen, einander verstehen und respektieren zu lernen.
Versöhnungsarbeit ist harte Arbeit:
Mauern alter Feindschaft abzutragen – Stein um Stein –,
erinnert uns an die schwere Arbeit des Sisyphus. Doch ich denke, Frauen haben ein besonderes Talent, nicht aufzugeben."
              (Evi Krobath)

---

[*] MARTI, Kurt, Leichenreden, Zürich 2001, 23.

Mit diesen Worten beendete Evi Krobath ihre Meditation über den Epheserbrief zum Thema „Dialog der Versöhnung zwischen den Nachbarinnen" auf der Tagung des Ökumenischen Forums christlicher Frauen in Europa in Budweis 2003. Versöhnungsarbeit beginnt mit Dialogbereitschaft. Versöhnungsarbeit ist Vermittlungs- und Beziehungsarbeit.

„Nicht jene, die streiten, sind zu fürchten, sondern jene, die ausweichen."

(Marie von Ebner Eschenbach,
von Evi Krobath an ihre Pinnwand geheftet)

Evi Krobath wich nicht aus und scheute sich nicht, Steine ins Rollen zu bringen und damit die entscheidende Initialzündung für den Dialog anzufachen. Sie hat vor allem durch das gesprochene Wort gewirkt: In zahlreichen Vorträgen und Bibelarbeiten, Diskussionen und Workshops versuchte sie, Menschen direkt zu erreichen. Ihr häufigstes Kommunikationsmedium waren intensive Einzelgespräche, in denen sie auch Konflikte bis an die Grenzen dialogischer Verständigung auslotete. Aus ihren Vorträgen sind einige Publikationen hervorgegangen, u.a. in den Zeitschriftenreihen *Der Apfel, Die Handreichung, Das Wort, Amt und Gemeinde*. Zwischen 1980 und 2006 publizierte Evi Krobath über 30 feministisch-theologische Beiträge zu den Themenfeldern Frauen in der Bibel, christliche Auslegungsgeschichte, christlich-jüdischer Dialog, jüdisches Frauenbild, außerdem zahlreiche Rezensionen und Übersetzungen. Sie versteht diese Bereiche nicht als klar voneinander getrennte, sondern sieht zahlreiche Überschneidungen. Evi Krobaths theologisches Anliegen blieb nie ein rein theoretisches, sondern stand immer im Lichte zwischenmenschlicher und gesellschaftlicher Relevanz. Es forderte keine langen Publikationslisten, sondern praktischen Einsatz in der Begegnung mit den Menschen. Ihr Werk beinhaltet darüber hinaus noch eine Reihe von Vortragstexten, Bibelarbeiten und Manuskripte, die bislang nicht veröffentlicht wurden.

Evi Krobath, 2000 in Wien

Dieser Band versammelt die wichtigsten Bibelarbeiten von Evi Krobath. Die bisher verstreut erschienenen Zeitschriftenartikel sind so in einem Buch zusammen gefasst. Darüber hinaus werden einige bisher unveröffentlichte Vortragstexte öffentlich gemacht. Es wurde darauf geachtet, Evi Krobaths Sprache weitestgehend beizubehalten und nur geringfügige orthographische und stilistische Korrekturen vorzunehmen. An manchen Texten hätte sie vielleicht gerne noch länger weiter gefeilt. Durch ihren tragischen Tod wurde sie plötzlich aus ihrem Schaffen und Wirken gerissen. Zur Orientierung sind die Texte den Kapiteln Feministische Theologie, Altes Testament, Neues Testament und Judentum zugeordnet. Aber inhaltlich gehen die Bereiche immer wieder ineinander über, werden biblische Texte und Themen in unterschiedlichen Zusammenhängen verhandelt. Dies zeigt Evi Krobaths „ganzheitliches" Verständnis von feministischer Theologie im jüdisch-christlichen Gespräch. Die Diskussion hat sich weiter entwickelt, ist differenzierter und vielfältig geworden, aber die von Evi Krobath aufgeworfenen Grundsatzfragen und Problemanzeigen sind nach wie vor aktuell.

Wir danken der Familie Krobath für ihre Bereitwilligkeit, uns Manuskripte, Vorträge, Korrespondenzen und Fotos zur Verfügung zu stellen. Der Kulturabteilung der Stadt Wien (Wissenschafts- und Forschungsförderung) danken wir für die Gewährung eines Forschungsstipendiums zur Sichtung und Aufnahme der Texte. Thomas Dasek, Marco Uschmann und Elisabeth Arzberger vom Evangelischen Presseverband danken wir für die gute Zusammenarbeit.

Wien, im Mai 2010
Astrid Bamberger und Marianne Grohmann

Feministische Theologie

*Männersprache – Frauensprache**

Der von mir verehrte, schon lang verstorbene Alttestamentler Prof. Fritz Wilke pflegte uns, wenn er den Hörsaal betrat, zu begrüßen: „Guten Morgen, meine Herren, bitte nehmen Sie Ihre Bücher raus, meine Herren, und fangen Sie an, meine Herren ...".
Als eines Tages ein Kollege ihn schüchtern darauf aufmerksam machte – immerhin schon damals –, es sei doch auch eine Dame anwesend, guckte er über den Rand seiner Brille und sagte (traurig): „Ach ja, ach ja richtig! Aber wissen Sie, meine Herren, wenn ich sage, – meine Herren, dann sind die anwesenden Damen mit inbegriffen. Also, meine Herren, fangen wir an ..."
In diesem Sinne, verehrte Damen, liebe Freundinnen, begrüße ich Sie – anwesende Herren sind selbstverständlich mit inbegriffen.
Ich habe meinen Vortrag in drei Teile gegliedert: Männersprache – Frauensprache aus linguistischer, aus biblischer und zuletzt aus liturgischer Sicht.

I. Frauen sind nicht der Rede wert – eine feministisch-linguistische Analyse

„Die Sprache ist das Haus des Seins", sagt Heidegger. Wenn dem so ist, dann leben wir Frauen in den Häusern der Männer. Denn die Sprache, die wir erlernen, in der wir denken, fühlen, reden, beten, mit der wir definiert werden und uns selbst definieren, mit der wir kommunizieren, ist die Spra-

---

* Veröffentlicht in: *Amt und Gemeinde* 45 (1994), Nr. 4, 46–55 (Vortrag im Rahmen der Evangelischen Woche, Wien, 8.3. 1994).

che der Männer, die Männersprache. Wir sind uns sprachlich selbst entfremdet und leiden unter dem Mangel einer eigenen Sprache, die unsere Identität ausdrückt.
Die Linguistin Luise Pusch stellt die Frage:
„Welche psychischen, kognitiven, gesellschaftlichen und politischen Konsequenzen hat es für uns Frauen, dass unsere Muttersprache eine Fremdsprache ist?"
Und ebenso:
„Welche psychischen, kognitiven, gesellschaftlichen und politischen Konsequenzen hat es für Männer, dass ihre Muttersprache eine Vatersprache ist?"[1]
Daraus ergibt sich freilich die weitere Frage:
Wer leidet bewusst und strebt nach Veränderung? Und wer profitiert und versucht deshalb den Status quo zu erhalten, allerdings ohne zu merken, dass er seiner Seele Schaden zufügt?

In der herrschenden Gesellschaft, die in der Sprache ihren Ausdruck findet, ist der Mann die Norm, die Frau die Abweichung von der Norm: das „andere Geschlecht" – im umfassenden Sinn des Wortes: als Sexus und als grammatikalisches Genus. Wenn mit der Norm auch eine Wertbestimmung ausgedrückt ist, nämlich das Normale, so ist das, was von der Norm abweicht, das Nicht-Normale, das „verrückte Geschlecht", wie Phyllis Chesler sagt.[2] Denn vom Anderssein zum Weniger-wert-sein ist es nur ein kleiner Schritt. Diese Erfahrungen konnten wir ja mit den Sprachen etwa des Rassismus, Faschismus, Antisemitismus u.a. machen und machen sie leider immer noch.
Durch die alltägliche Sprache des Sexismus erfahren Frauen ihre Minderwertigkeit auf mehrfache Art und Weise:

In direkter Form durch negative Definitionen, was und wie Frauen sind, mit denen Philosophen, Psychologen und Theologen uns seit mehr als zweitausend Jahren belegt haben. Sie sind tief in das Sprachsystem eingegangen, in Texten zementiert, und beeinflussen bis heute sprachliches Verhalten bis hin zu Schimpfwörtern und deftigem Herrenwitz. Aber auch in indirekter Weise erfahren Frauen ihre Minderwertigkeit durch die Struktur unserer Sprache, indem – auch wenn Frauen mitgemeint sind – vielfach immer noch der Mann als Vertreter des menschlichen Geschlechts angesprochen wird: als Teilnehmer, Zuhörer, Leser, als Wissenschaftler, Politiker, Dienstgeber, Arbeitnehmer usw.
Die Bezeichnung des Wichtigen „soll stellvertretend auch das weniger Wichtige einschließen".[3]
Obwohl sich hier durch die zähe Arbeit von Feministinnen Veränderungen abzeichnen, ist Männersprache noch immer die Sprache derer, die gelten, die Sprache der Mächtigen, die Sprache der Öffentlichkeit, der Medien, der Kirchen, der Schulen. Mit dieser Sprache wird Gewalt ausgeübt in offener und subtiler Form.
Ob direkt oder indirekt, die Frau wird aus der Sicht des Mannes, also aus androzentrischer Perspektive definiert und in Beziehung zu ihm, als von ihm abgeleitetes Wesen verstanden: als „Männin, die vom Mann genommen ist", die er, im Gegensatz zu seiner (angeblichen) Stärke, das „schwache Geschlecht" nennt, sie aber dennoch als seine „bessere Hälfte" vorstellt. Wie ernst es ihm damit ist, bleibt dahingestellt, denn ich möchte nicht wissen, wie es der Frau erginge, die – in logischer Konsequenz – ihren Mann als „schlechtere Hälfte" bezeichnete.
Meistens wird die Frau über einen Mann definiert, als

Tochter von ..., Gattin von..., als Witwe von... usw. Unüblich wäre es hingegen, einen Mann etwa als „den Witwer von Frau Müller" zu bezeichnen.

So sind auch weibliche Berufsbezeichnungen großteils von männlichen abgeleitet – meist durch die angehängte Silbe „-in": die Lehrer-in, die Schneider-in usw. Wo aber umgekehrt der weibliche Beruf den primären darstellt, möchte der Mann anscheinend nicht abgeleitet werden, sondern Eigenständigkeit demonstrieren. So nennt sich die männliche Kindergärtnerin nicht, wie zu erwarten, Kindergärtner, sondern Erzieher (neuerdings Kindergartenpädagoge), die männliche Krankenschwester nicht etwa Krankenbruder, sondern Krankenpfleger usw.

Wo endlich einmal analog zur Hausfrau ein Hausmann die häusliche und sprachliche Szene betrat, wurde er lange als Witzfigur verspottet. Vielleicht hätte er sich „Administrator häuslicher Verrichtungen" nennen sollen?

Ähnlich ist es mit den Schimpfwörtern für Frauen, die bei weitem diejenigen für Männer überwiegen bzw. selten ein männliches Pendant aufweisen. So hat das Tratschweib keinen Tratschmann, die Klatschbase keinen Klatschvetter, die Kaffeetante keinen Kaffeeonkel, das Luxusweibchen kein Luxusmännchen und die dumme Gans keinen dementsprechenden Gänserich. Dafür hat aber ein „Ehrenmann" auch keine „Ehrenfrau" zur Seite, und der „Mann von der Straße" hat auch keine Frau, es sei denn ein "Straßenmädchen" ersetzt ihm diese.

Und das Pendant zur „alten Schachtel" und „alten Jungfrau" ist ein meist vornehm zu denkender Junggeselle. „Der Kunde ist König", heißt es in der Geschäftssprache, aber ob eine Kundin auch Königin sein kann, bleibt abzuwarten.

Männersprache – Frauensprache

Um noch einmal auf die Berufsbezeichnungen zurückzukommen, so hat sich zwar schon einiges geändert – besonders im universitären Bereich –, aber im allgemeinen Sprachgebrauch hat sich die weibliche Form noch lange nicht überall, besonders nicht in der Anrede, durchgesetzt, vor allem für die lange Zeit nur von Männern besetzten Positionen. So sagen Schüler wie Eltern zwar „Frau Lehrerin", aber nicht „Frau Professorin", sondern „Frau Professor" – ebenso Frau Doktor, Frau Direktor, Frau Hofrat usw.
Besonders zäh wurden in unserem kirchlichen Bereich in Österreich männliche Titulierungen für Frauen sogar gefordert und verteidigt. Über eine diesbezüglich geplante Gesetzesänderung muss erst die Synode befinden. Noch aber heißt es: Frau Pfarrer, Frau Vikar, Frau Kurator, Frau Senior usw.
Zum Teil haben Frauen selbst männliche Titulierungen so internalisiert, dass sie sie gerne beibehalten wollen und mit der Feminisierung ihrer Berufsbezeichnung so etwas wie eine Abwertung befürchten. Zu lange und zu tief sind männliche Sprache und die damit verbundenen Werte auch im Bewusstsein und Selbstbewusstsein von Frauen verankert. Im Zusammenhang mit der geplanten Änderung soll eine Frau gesagt haben: „Ich will keine Pfarrerin sein, sondern eben ein richtiger Pfarrer!"
Ich denke, dass solche Äußerungen wie Musik in den Ohren mancher Männer klingen, die mir ständig weismachen wollen, wie unwichtig, ja geradezu unsinnig der ganze weibliche Sprachkrampf und besonders weibliche Berufsbezeichnungen seien. „Schau'n Sie", sagt man(n) mir, „Frau Professorin, wie das klingt, das wäre ja eine unlogische Verdoppelung. Mit der Bezeichnung Frau ist doch schon al-

les gesagt". Offensichtlich sieht der Betreffende mit der so genannten Verdoppelung ein kaum verkraftbares Maß an Weiblichkeit auf sich zukommen.
„Stört es Sie denn nicht", pflege ich dann zu antworten, „wenn Sie als Mann ständig verdoppelt werden, Herr Minister, Herr Oberstudienrat usw.? – Soll ich dann etwa Herr Oberstudienrätin oder Herr Oberkirchenrätin sagen?"

Ein Prinzip feministischer Linguistik – gleichsam der Test zur Kontrolle der eigenen Forderungen – ist immer: Wie hört sich die Sache umgekehrt, also auf den Mann bezogen an, und wie ist seine Reaktion.[4]
Zu den stereotypen Vorstellungen in Bezug auf weibliche Sprache und weibliches Sprachverhalten gehört auch der Mythos von der schnatternden, plappernden Frau: Frauen sprechen zu viel und sagen zu wenig, Weibergeschwätz, das sowohl trivial als auch unzuverlässig ist. Männer aber reden wenig und auf ihr Wort ist Verlass, ein Mann – ein Wort (eine Frau – ein Wörterbuch).[5]
Dagegen haben Untersuchungen über männliches und weibliches Sprachverhalten erwiesen, dass Männer durchschnittlich mehr reden als Frauen, in Diskussionen meistens als erste und insgesamt häufiger das Wort ergreifen, sowie längere Redebeiträge liefern; dass sie ferner Frauen öfter unterbrechen als umgekehrt, die Gespräche kontrollieren und dominieren. Frauen fühlen sich in Gesprächen oftmals ohnmächtig, von Männern sprachlich vergewaltigt und zwar sowohl im öffentlichen wie im privaten Bereich.[6]
Sie selbst bringen generell männlichen Beiträgen Interesse entgegen und leisten unterstützende Gesprächsarbeit. Für Frauen ist ein Gespräch Beziehungsarbeit, im Sinne von

Kommunikation und Interaktion, während das Gesprächsverhalten von Männern eher als Imponiergehabe charakterisiert wird (Ausnahmen bestätigen die Regel).

Im Unterschied zu Frauen geht es Männern im Gespräch weniger um Interaktion als um Information,[7] die Frauen gegenüber oft die Form von Besserwisserei und Belehrung annimmt, wodurch diese infantilisiert werden.

Die sprachliche Infantilisierung von Frauen ist – nebenbei bemerkt – ein allgemein gesellschaftliches Problem: Sportberichterstatter sprechen von unseren Schimädchen, während es analog keine Schiburschen gibt. Sonst werden Frauen meist mit Kindern gruppiert. Eine Unglücksmeldung berichtet vom Tod so und so vieler Menschen, darunter Frauen und Kinder. An der Kasse eines deutschen Sportplatzes stand zu lesen: Erwachsene 5.– DM, Frauen und Kinder frei.[8]

Im Zusammenhang von Untersuchungen über männliches und weibliches Gesprächsverhalten stellt sich die Frage, ob es innerhalb unseres patriarchalen Sprachsystems überhaupt so etwas wie eine eigene Frauensprache geben kann? So wird auch so genannte Frauensprache und weibliches Sprachverhalten von Linguisten und Anthropologen eher als defizitäres Sprechen, als Defizit und nicht als Stärke charakterisiert, wobei allerdings männliches Sprechen als Maßstab dient. Doch wie können Frauen sprachlich Stärke und Macht demonstrieren, die sie gesellschaftlich nicht haben?

„Von Frauen wird erwartet, dass sie gefällig, verharmlosend, liebenswürdig und emotional reden, [...] keine Vulgärausdrücke verwenden"[9], nicht zornig reagieren, keine unanständigen Witze erzählen, kurz gesagt, dass sie sich auch sprachlich so benehmen, wie es ihrer gesellschaftlichen

Rolle entspricht bzw. der, die man(n) ihnen zugedacht hat. Frauen haben diese Erwartungen weitgehend internalisiert – und zwar großteils bis heute.

Da sie klein gehalten wurden, machen sie sich selbst in ihrem Sprechen klein, sind höflich bis devot. Sie bitten um Gesprächserlaubnis: Darf ich mal was sagen? Behauptungen werden oft in Fragen gekleidet: Meinst du nicht auch, dass ..., kannst du dir vorstellen, dass ... Oder sie werden von vorneherein eingeschränkt: Ich bin mir nicht sicher, aber ... könnte es nicht sein, dass ...

Themen werden von ihnen eingebracht, aber selten zu Ende geführt, da sie von Männern nicht unterstützt bzw. unterbrochen werden, den Faden verlieren oder nicht den Mut haben, ihn wieder aufzunehmen. Sie sagen häufig „bitte" und entschuldigen sich oft. Damit schwächen sie eine vorgebrachte Behauptung und Kritik wieder ab. Auf einer Tagung erlebte ich unlängst, dass eine Frau eine an einen Mann gerichtete Frage mit den Worten einleitete: „Jetzt muss ich eine ganz dumme Frage stellen ...", obwohl es sich um eine durchaus gescheite Frage handelte.

Senta Trömel-Plötz weist auf das Dilemma der „double bind" Situation von Frauen hin. Das heißt, wie immer sie es machen, machen sie es falsch:

Um gehört und ernst genommen zu werden, muss eine Frau so reden wie ein Mann. Redet sie aber wie ein Mann, ist sie nicht feminin und wird als männlich, Mannweib und Emanze abqualifiziert, und zwar von Männern wie von Frauen.

Redet sie aber wie eine Frau, höflich, bescheiden, versöhnlich etc., ist sie eben schwach und hilflos und braucht nicht ernst genommen zu werden.[10]

Männersprache – Frauensprache

Frauengruppen waren und sind der Ort, wo Frauen ohne den Druck, sich männlichen Normen und Erwartungen anpassen zu müssen, ihre eigene Art zu kommunizieren und ihre eigene Sprache entwickeln können. Untersuchungen haben gezeigt, dass sie hier ein ganz anderes Sprachverhalten praktizieren, selbstbewusster reden und weniger konfliktscheu. Sie tauschen ihre Erfahrungen aus, oft in Form von Geschichten, die sie einander erzählen. Sie hören einander zu und stellen weiterführende Fragen. (Männer würden diesen Austausch – diesen so notwendigen Austausch – wahrscheinlich als Tratsch bezeichnen.) Sie fühlen sich durch die gemeinsame Gegebenheit, Frauen zu sein, verbunden. „Im Idealfall", meint Senta Trömel-Plötz, „ist Frauensprache unterstützender Dialog: Offenheit, Kreditgeben, Akzeptieren"[11] und der Versuch, einander zu verstehen. Wie gesagt, das ist halt noch ein Lernprozess. Und er findet auch schon gelegentlich unter Männern oder im heterosexuellen Gespräch statt.

Die Frage stellt sich: wie können diese positiven Spracherfahrungen in herrschende Sprachstrukturen eingebracht werden und womöglich verändernd auf diese einwirken?

Sicher ist es schon als Gewinn zu verbuchen, dass Frauen sich vermehrt öffentlich zu Wort melden, kompetent und selbstbewusster reden, sich in Diskussionen gegen Unterbrechungen zur Wehr setzen und zu ihren Behauptungen stehen lernen: das ist so, statt: ist es nicht so? Doch es ist noch nicht das, was wir uns unter Frauensprache vorstellen. Vielmehr ein sich mühevolles Durchsetzen-müssen in einer Sprachkultur und -struktur, in der Frauen immer noch das Besondere zum Allgemeinen darstellen, die Ausnahme zur Regel.

Zu einer umfassenden Veränderung von Männersprache in

eine allen gerechte Sprache gehört darum auch die viel verspottete oder bagatellisierte, aber notwendige „Therapie im grammatischen Bereich" (so Luise Pusch). Hier gibt es mehrere Möglichkeiten. Statt wie bisher eine gemischte Gruppe männlich zu identifizieren, also zum Beispiel: „Jeder tut an seinem Platz alles, was er kann", wäre sprachlich
1. die einfachste Lösung, den Satz durch Mehrzahlbildung zu neutralisieren, also: „Alle tun an ihrem Platz alles, was sie können." Doch wenn aus dem Kontext nicht deutlich hervorgeht, welches Geschlecht gemeint ist, besteht bei dieser Methode die Gefahr, Frauen wieder unsichtbar zu machen, da neutrale Bezeichnungen meist mit den Prototypen, also mit Männern, assoziiert werden.
2. Die zweite Möglichkeit ist die der Differenzierung, in der Fachsprache „Splitting" genannt, indem beide Geschlechter nebeneinander gestellt werden – wie etwa bei der Anrede: liebe Österreicherinnen und Österreicher usw. Schwieriger wird das schon bei meinem Beispielsatz, besonders im Deutschen, wo sowohl die Substantiva als auch die Pronomina gesplittet werden müssen, nämlich:
„Jeder und jede tut an seinem und ihrem Platz alles, was er und sie können."
Das ist ziemlich umständlich. Die Schwerfälligkeit des Splittens wird aber hauptsächlich von Männern beklagt, die, aus Gründen der Ästhetik versteht sich, dann einfach die gewohnte, sprich männliche Sprachform beibehalten. Doch sei zugegeben, dass das Splitten schwierig ist. Auch für Frauen ist es unendlich lästig, Männer immer explizit erwähnen zu müssen.
3. Daher schlagen Sprachkritikerinnen wie Luise Pusch als dritte Möglichkeit von Sprachveränderung deren Feminisierung vor, also: „Jede tut an ihrem Platz alles, was sie

kann." Jetzt ist der Satz wieder schön, aber Männer gehen auf die Barrikaden. Luise Pusch sieht die Forderung nach einer „totalen Feminisierung" der Sprache im Kontext der weltweiten Benachteiligung von Frauen. „Was der Frau zusteht, und was sie braucht, ist nicht Gleich- sondern Besserbehandlung, kompensatorische Gerechtigkeit. Der Mann hingegen braucht dringend eine Abmagerungskur zur Therapie seines immer gefährlicher werdenden Größenwahns [...]. Es wird ihm gut tun, im eigenen Gemüt zu erleben, wie es sich anfühlt, mitgemeint zu sein, sprachlich dem anderen Geschlecht zugezählt zu werden, diesen ständigen Identitätsverlust hinzunehmen. Wir werden ihm immer mütterlich und geduldig versichern, er sei natürlich mitgemeint und eingeschlossen [...], (aber) dieses Gefühl muss der Mann erlebt haben, um die Notwendigkeit einer grundlegenden Sprachreform zu begreifen".[12]

Im Übrigen, so meint Luise Pusch, handle es sich bei der „totalen Feminisierung" nur um eine „Übergangslösung", so etwa „für die nächsten zwei-, dreitausend Jährchen".[13]

II. Apostelinnen – doch wer kennt sie schon? Männersprache und sprachlose Frauen in der Bibel und deren Übersetzungen

Die Sprache der Bibel hat über zwei Jahrtausende die Sprache von Kirche und Gesellschaft geprägt. So waren auch ihre frauenfeindlichen Sentenzen bekannt und viel zitiert und konnten kirchlichen wie weltlichen Institutionen zur Legitimation von Frauenunterdrückung dienen. Der berühmt berüchtigte Satz *„mulier taceat in ecclesia"* – „das Weib schweige in der Gemeinde" – und analoge Äußerungen haben, besonders durch ihre Wirkungsgeschichte, sicher mit dazu beigetragen, Frauen das Wort zu verbieten, sie sprachlos und mundtot zu machen.

„Eine Frau lerne in der Stille, mit aller Unterordnung. Einer Frau gestatte ich nicht, dass sie lehre, auch nicht, dass sie über den Mann herrsche, sondern sie sei still", heißt es im 1. Timotheusbrief (2,8ff).

Sprachgewaltig, der Sprache mächtig zu sein, Sprache zu beherrschen und mit ihr Menschen, musste die Domäne des Mannes bleiben. Schon damals – der Text stammt aus dem frühen 2. Jahrhundert nach Christus – hatten Männer offensichtlich Angst vor sich emanzipierenden, starken, selbstbewussten und vor allem wohl vor sprechenden und lehrenden Frauen. Dass es deren nicht wenige gab, erfahren wir oft indirekt, gleichsam gegen den Strich gelesen, aus Texten und Anordnungen, die diese (die Frauen) wieder unter Kontrolle bringen sollten.

Wie allgemein die Literatur der Antike sind auch die Bücher der Bibel von Männern geschrieben, deren Sprache ihr androzentrisches Weltbild spiegelt. Das heißt: Männer beschreiben die Welt, die Geschichte aus ihrer Perspektive, in einer Gesellschaft, in der der Mann das Menschsein verkörpert, im Zentrum des Geschehens steht und dieses leitet. Was Frauen tun, denken, fühlen und reden, wird uns – wenn überhaupt – aus männlicher Sicht und in männlicher Sprache überliefert – zu oft aber leider in einer Sprache, die Frauen zwar mitmeint, aber nicht extra benennt, die Frauen unter dem Begriff Männer subsumiert und daher für spätere Leser und Leserinnen unsichtbar werden lässt. Obwohl gerade die Bibel eine Fülle von Frauengeschichte-Geschichten enthält, ähnelt deren Neuentdeckung und Neuinterpretation vielfach einem Puzzlespiel, in dem mühsam die verstreuten Steinchen aufgespürt und zusammengesetzt werden müssen: aus Nebensätzen, Anmerkungen, inkludierendem Sprachgebrauch, aus falschen Übersetzungen und dergleichen mehr.

Für die Analyse biblischer Texte über Frauen verlangt daher die katholische Theologin Elisabeth Schüssler Fiorenza das, was sie eine „Hermeneutik des Verdachts" nennt, eine Methode, die die androzentrische Sprache nicht für bare Münze nimmt, nicht als Tatsachenbericht, sondern gleichsam durch sie hindurch oder gegen sie, die wahre Bedeutung von Frauen in biblischer Zeit sichtbar machen soll. Denn, dass Frauen in den Quellentexten nur selten erwähnt werden, darf nicht als Beweis dafür dienen, dass sie in der Geschichte der frühchristlichen Gemeinden keine zentrale Rolle gespielt hätten. Das Gegenteil scheint der Fall gewesen zu sein. Deshalb müssten androzentrische Texte durch eine inklusive Sprache, eine Sprache, die Frauen explizit benennt, korrigiert bzw. richtig gestellt werden. Das gilt natürlich besonders für die Übersetzung biblischer Texte. Denn durch die Verwendung einer zwar wort- aber oft nicht sachgetreuen Bibelübersetzung in Predigt und Liturgie, konnte lange Zeit die Tatsache verschleiert werden, dass die Jesusgemeinde aus Jüngern und Jüngerinnen bestanden hat. Die Bilder unserer abendländischen Kunst haben dann das Ihre dazu beigetragen, die Vorstellung von der Jüngergemeinde als einer reinen Männergesellschaft zu verfestigen. Welche kirchenpolitischen Folgen das für Frauen hatte und zum Teil noch hat, braucht hier nicht extra betont zu werden.

Männersprache – Frauensprache

Wie schwer es ist, den Schutt einer von falschen Vorstellungen geprägten, geschichtsfälschenden Tradition beiseite zu räumen, zeigt die evangelische Theologin Luise Schottroff u.a. am Beispiel des Evangelisten Markus. Denn dieser hat – wohl ohne böse Absicht, aber als Mann seiner Zeit – mit dazu beigetragen, Frauen als Jüngerinnen unsichtbar werden zu lassen. Er erwähnt sie sein ganzes Evangelium hindurch nicht. Erst am Schluss, bei der Schilderung der Kreuzigung tauchen sie auf einmal – gleichsam aus dem Nichts – auf. Er nennt einige Namen:
Maria von Magdala, Maria, die Mutter Jakobus des Kleinen, (Maria) die Mutter des Joses und Salome und dann, als würde ihm plötzlich bewusst, dass seine Leser und Leserinnen, diese gar nicht kennen können, weil er sie zwar automatisch mitgemeint, aber bisher nie genannt hatte, fügt er einen Nebensatz ein, eine Bemerkung zum besseren Verständnis, holt das Versäumte jetzt nach und schreibt, dass diese Frauen ja von Anfang an mit dabei waren, nämlich Jesus schon in Galiläa nachgefolgt waren, und viele andere Frauen, die mit ihm nach Jerusalem gegangen sind. Dass sie nun nicht länger verschwiegen, sondern speziell erwähnt werden müssen, liegt auf der Hand: die männlichen Jünger waren insgesamt geflohen.[14]
Doch das Bild einer männlichen Jüngerschar ließ sich dadurch kaum revidieren. Im Gegenteil: In einem geläufigen Passionslied sollten Frauen eine Schuld mitbekennen, die nicht frauenspezifisch war. Wenn es dort heißt: „Herr, alle deine Freunde haben dich verlassen", sollten sie eigentlich laut sagen dürfen: aber deine Freundinnen nicht! Dass die Frauen Jesus eben nicht verlassen haben, macht sie zu den eigentlichen Jüngerinnen, nämlich zu den ersten Zeugin-

nen und Verkünderinnen der Auferstehung, – wobei Maria Magdalena eine besondere Bedeutung zukommt, die ihr in der alten Kirche den Titel *apostola apostolorum* einbrachte. Noch Bernhard von Clairvaux – im 11. Jahrhundert – nennt ihren Auftrag das „erste und wahre Apostolat". Doch Maria Magdalena, die Apostelin, wurde nicht tradiert, vielmehr eine Maria Magdalena als büßende Dirne zu Füßen Jesu. Hat sie am Ende auch ihn verführt? *Magna peccatrix*, die große Sünderin, war der schmachvolle Titel, den sie in der kirchlichen Tradition tragen musste.

Der Evangelist Lukas stellt zwar die Chronologie der Frauen in der Nachfolge richtig, indem er sie schon im Zusammenhang der Geschehnisse von Galiläa erwähnt, beschreibt die aber als solche, die die Gruppe finanziell unterstützt hätten, wodurch der falsche Eindruck entstehen konnte, als hätten die Jüngerinnen doch einen untergeordneten, karitativ-dienenden Status gehabt, im Unterschied zu dem gewichtigeren, missionarischen Auftrag der männlichen Jünger.

Dieses Vorurteil bewirkt dann sogar falsche Bibelübersetzungen, die umgekehrt dieses wiederum perpetuieren: Lukas, zum Beispiel, berichtet von der Aussendung der 72, wobei der griechische Urtext offen lässt, ob und wie viele von ihnen Männer und Frauen waren. Der revidierte Luthertext von 1984 macht daraus 72 Jünger, verstärkt noch durch die Überschrift „Die Aussendung der 72 Jünger", obwohl ältere Versionen, auch die Einheitsbibel, dem griechischen Original getreu „die 72" übersetzen. Die „Gute Nachricht" will in ihrer Übersetzung offenbar ja keinen Zweifel aufkommen lassen und lässt Jesus „72 Männer" aussenden. Tendenziöse Übersetzungen, die die ohnedies schon androzentrische Sicht der neutestamentlichen Texte noch ver-

stärken, lassen sich bereits in den ersten nachchristlichen Jahrhunderten nachweisen: So nimmt beispielsweise der so genannte Codex D in der Apostelgeschichte signifikante Änderungen vor. Wenn es dort heißt (Apg 1,14), dass die Jüngergemeinde in Jerusalem, und zwar Männer und Frauen, einmütig im Gebet versammelt sind, fügt diese Textquelle den Frauen „Kinder" hinzu, also: „die Frauen und Kinder", wodurch aus selbständigen Jüngerinnen Familienanhängsel der Männer werden. Wenn Lukas berichtet, dass unter den Männern und Frauen, die den christlichen Glauben annehmen, besonders viele hochstehende Frauen waren, verwandelt „D" die hochstehenden Frauen in Frauen von Hochstehenden (sprich Männern) (Apg 17,4.12).
Ebenso eliminiert dieser Text auch den Namen einer Frau, nämlich der Damaris, die zu den wenigen gehörte, die in Athen zum Glauben gekommen waren. Wenn Frauen überhaupt oder gar namentlich erwähnt wurden, deutet dies auf eine besondere Führungsrolle und auf ihre lange - im Gedächtnis der Gemeinde - erhaltene Tradition.
Das Namenlos-machen von Frauen - und dafür gibt es leider viele Beispiele im Neuen Testament - gehört wohl zu den schmerzlichsten Charakteristika ihrer Verdrängung. Namenlos gemacht geraten sie und ihre Geschichte - auch wenn diese einst bedeutend war - bald in Vergessenheit.
Glücklicherweise blieb der Name von Priska erhalten, die zusammen mit ihrem Mann Aquila zu den berühmtesten Missionarinnen der frühchristlichen Gemeinden gehörte (Röm 16,3 u.ö.). Dass sie von Paulus stets als erste vor ihrem Mann genannt wird - was in der Antike ganz unüblich war (und bis heute unüblich ist) -, weist auf ihre besondere Vorrangstellung hin.

Sogar dem Chrysostomos, einem Kirchenvater aus dem 4. Jahrhundert, – sonst nicht gerade ein Frauenfreund – fällt dieses auf:
„Warum Paulus sie vor ihren Ehemann gesetzt hat, geschah nicht ohne Grund", schreibt er, „die Frau muss [...] eine tiefere Frömmigkeit besessen haben als ihr Mann." Aus diesem Grund ist Priska auch für Chrysostomos diejenige, die in erster Linie autorisiert ist, einen Missionar namens Apollo in der rechten Lehre zu unterweisen. Ich zitiere: „[...] diese Frau erfasste seinen (Apollos') Irrtum, klärte ihn über die Seinsweise Gottes auf und machte dadurch aus ihm einen perfekten Lehrer".[15]
Aus dem gleichen Grund aber, weil Priska offensichtlich als Missionarin und Lehrerin höheren Ruhm genoss als ihr Mann, versucht die schon genannte Textquelle D, Priska zurückzudrängen, und nennt sie an zweiter Stelle nach ihrem Mann (in Apg 18,26 übernimmt Luther diese Reihung), und setzt noch andere sprachliche Zeichen mit der gleichen Tendenz. (Im Übrigen wird Priska in der Apostelgeschichte stets Priscilla, die „kleine" Priska, genannt.) Der Kirchenvater Tertullian (im 2. Jahrhundert) nennt überhaupt nur den Aquila.
Wie schon gesagt, sind Übersetzungen biblischer Texte oft patriarchaler als die Originale, wobei Übersetzer und Kommentatoren ihre Sicht von Frauen bereits in den Text projizieren, so nach dem Motto: dass nicht sein kann, was nicht sein darf.
Aus der Fülle möchte ich nur zwei klassische Beispiele erwähnen:
1. Das eine betrifft Phöbe (Röm 16,1f). Sie wird als Diakon der Gemeinde von Kenchreä, einer Hafenstadt von Korinth,

bezeichnet, und zwar mit der männlichen Form – eines quasi Berufstitels – *diakonos*. Das Diakonenamt, als wahrscheinlich ältestes kirchliches Amt, sofern man schon von Amt sprechen kann, umfasste alle seelsorgerlichen Tätigkeiten, karitative wie missionarische, also auch den Dienst der Verkündigung. Dass Phöbe eine gemeindeleitende Funktion innehatte, geht u.a. auch daraus hervor, dass Paulus sie eine *prostatis*, eine Vorsteherin nennt, die auch für ihn, Paulus, eine Autorität ist. Während nun ein männlicher Diakon im Neuen Testament mit dem gleich lautenden deutschen Wort, also Diakon übersetzt wird, ein Wort mit dem man all das assoziiert, was ich aufgezählt habe, wird aus dem weiblichen Diakon Phöbe im Deutschen eine „Dienerin" der Gemeinde von Kenchreä. (So die Zürcher, wie die Einheitsübersetzung; Luther etwas vorsichtiger: Phöbe, im Dienste der Gemeinde von Kenchreä). Neutestamentliche Wörterbücher (Bauer) und Kommentare machen aus ihr eine Diakonisse und aus der „Vorsteherin über viele" – so der griechische Text – wird eine Frau, die vielen geholfen hat.

2. Im zweiten Beispiel geht es darum, dass eine Apostelin, namens Junia, sprachlich in einen Mann namens Junias verwandelt wurde (Röm 16,7). Andronikus und Junia werden von Paulus als „berühmt unter den Aposteln" bezeichnet. Sie waren schon vor Paulus Christen geworden und wohl entscheidend für die Gründung der römischen Gemeinde gewesen.

Chrysostomos schreibt über Junia: „Wie groß muss doch die Weisheit dieser Frau gewesen sein, dass sie für den Titel Apostel würdig gefunden wurde".[16] Bis ins 13. Jahrhundert ist Junia als Frau bezeugt, bis ein gewisser Aegidius von Rom aus Andronikus und Junia in seiner lateinischen Übersetzung „ehrenwerte Männer" – *viri* – macht. In der deutschen Übersetzung (von Faber Stapulensis 1512) wird dann aus dem griechischen Akkusativ Juniam im Nominativ ein Apostel Junias, obwohl dieser Name nicht nachgewiesen werden kann. Das wird auch im neutestamentlichen Wörterbuch (Bauer) zugegeben. Aber „die lexikal. Möglichkeit, daß es sich um den Frauennamen *Junia* handle [...], ist durch den Zusammenhang wohl ausgeschlossen."[17] Der „Zusammenhang" heißt mit anderen Worten ausgedrückt: Eine Frau kann kein Apostel sein. Deshalb kann die Frau, die hier Apostel genannt wird, keine Frau gewesen sein.

Aus den paulinischen Briefen wissen wir, dass es zu seiner Zeit Apostelinnen, Missionarinnen, Gemeindeleiterinnen und Prophetinnen gab. Oft müssen wir sie wie Phöbe und Junia aus sprachlicher Verfremdung befreien. Wie viele solcher Frauen unserer Tradition gänzlich verloren gegangen sind, können wir nicht einmal ahnen. So müssen Männer oft gar nicht erst den Mund aufmachen, um Frauen zu diskreditieren. Noch wirksamer als schimpfen ist schweigen, verschweigen, unsichtbar machen, nicht existent sein lassen. Kann frau sich gegen diskriminierende Sprache wenigstens zur Wehr setzen, hat sie im letzteren Fall gar keine Chance.

III. Auch die Engel sind Brüder – kirchlich-liturgische Sprachprobleme

Die feministische Linguistin Luise Pusch sagt: „Wenn das Deutsche eine Männersprache ist, dann ist die Sprache der

Kirche eine Extremform der Männersprache, sozusagen eine [...] Herrensprache".[18]
Wenn für Paulus eines der Kriterien für gottesdienstliche Sprache ist, dass alle sie verstehen können und durch sie erbaut werden (1 Kor 14), so müssen wir diese heute nicht nur aktualisieren, sondern auch so sprechen, beten, singen, dass Frauen wie Männer sich gleichermaßen angesprochen fühlen. Das betrifft nicht nur eine differenzierende Redeform, die Frauen benennt, sondern auch Inhalte. Das heißt zum Beispiel, dass in Predigt, Schuldbekenntnissen, Fürbitten usw. nicht nur pauschal von dem Menschen die Rede sein kann, sondern die spezifischen Lebenssituationen von Frauen und Männern, die sehr unterschiedlich sein können, verbalisiert werden müssen, was viel Einfühlungsvermögen erfordert.
Ein besonderes Problem kirchlich-liturgischer Sprache ist das Reden von Gott, die Gottesrede und Anrede. Ein einseitig männliches Gottesbild konnte und kann nicht nur dazu missbraucht werden, männliche Machtpositionen zu zementieren, sondern widerspricht auch den Aussagen der Bibel, besonders der Hebräischen Bibel, die einen großen Reichtum an weiblichen Bildern (Metaphern) für Gott kennt, die allerdings – im Unterschied zu unserem abendländisch-ontologischen Denken – nicht über das Sein und Wesen Gottes etwas aussagen wollen, sondern über sein/ihr Handeln. Das gleiche gilt auch für die männlichen Metaphern für Gott. Ein einseitig männliches Gottesbild widerspricht aber auch der zentralen biblischen Aussage, nach der Gott die Menschen als Frau und Mann, zu seinem/ihrem Bilde schuf. Deshalb sollten männliche und weibliche Bilder von Gott gleichermaßen in der liturgi-

schen Sprache zum Tragen kommen; natürlich – das Bilderverbot des Dekalogs respektierend – im Bewusstsein, dass Gott weder an ein Geschlecht noch an irgendetwas anderes fixiert werden kann und dass all unser Reden von Gott Hilfskonstruktionen sind. Nur bleibt die Frage, welche dieser Hilfskonstruktionen einseitig benützt – wenn nicht gar dogmatisiert – wem Nutzen oder Schaden bringen. Mary Daly sagt, indem der Mann Gott zum Mann macht, macht er sich selbst zu Gott. So stößt auch die Anrede „Vater", aber besonders die Anrede „Herr", bei Frauen heute auf Widerstand, weil sie mit männlicher Herrschaft assoziiert wird. Die Entstehungsgeschichte dieser Anrede ist in ihrem ursprünglichen Kontext kaum noch bewusst.

Wenn fromme Juden aus Furcht davor, den heiligen Namen auszusprechen, da *adonaj*, Herr, sagen, wo im biblischen Text das heilige Tetragramm JHWH geschrieben steht – das ja kein Geschlecht ausdrückt –, so ist dies natürlich in einem patriarchalen Kontext geschehen. Aber meines Erachtens hat erst die schriftliche Fixierung, ins Griechische als *kyrios* und ins Deutsche als „Herr" übersetzt, eine ursprünglich wohl kaum intendierte Wirkungsgeschichte eingeleitet. Hat die frühe Christenheit den Titel *kyrios* für Gott und Jesus noch als Symbol des Widerstands gegen die Herrschaft römischer Kaiser verstanden, so ist auch dieser Zusammenhang weitgehend verloren gegangen, zumal die Kirche sich nicht nur mit politischen Machthabern verbündete, sondern selber ein politischer Machtfaktor wurde.

Was blieb, war die Festlegung Gottes auf das männliche Geschlecht, wobei in unserer kirchlichen Liturgie die Anrede „Herr" in einem Maße überstrapaziert wird, dass andere Vorstellungen gar nicht erst aufkommen können bzw. alternative

Männersprache – Frauensprache

sprachliche Versuche als häretisch verurteilt, zumindest aber als befremdlich empfunden werden. Hier bedarf es wohl einer langen, geduldigen, aber konsequenten Einübung.

Ein Kind fragt: „Immer heißt es Herr Gott, wo ist denn eigentlich die Frau Gott?"[19]

Ein weiteres Problem gottesdienstlichen Sprechens ergibt sich aus dem Verlesen biblischer Texte mit ihrer androzentrischen Sprache, wodurch auch die Gemeinde mehr oder weniger männlich apostrophiert und männlich gedacht wird. Wenn frau dem Paulus noch zugute halten kann, dass nach damaligem Sprachgebrauch mit der Anrede *adelphoi* – Brüder – die Schwestern mitgemeint waren, so lassen Frauen das heute nicht mehr gelten, sondern wollen als solche auch angeredet werden. Schwierig wird es allerdings, wenn wir uns als Frauen in Kirchenliedern als Jünger und Brüder besingen sollen. (Im ganzen Kirchengesangbuch kommt keine einzige Schwester vor.)
So heißt es etwa in dem viel gesungenen Abendmahlslied, das wir doch gerne mitsingen möchten, um uns nicht auszuschließen:
„Das sollt ihr Jesu Jünger nie vergessen,
wir sind, die wir von einem Brote essen,
aus einem Kelche trinken
alle Brüder und Jesu Glieder."

Wenn es dann gar in der 2. Strophe heißt, dass wir „wie Brüder beieinander wohnen" sollten, wird frau sehr traurig und beschließt in eine Frauengruppe auszuwandern.
Beim Reformationsfest muss frau zu ihrem Entsetzen sin-

Männersprache – Frauensprache

gen hören – das Mitsingen bleibt ihr in der Kehle stecken –, dass sie, wenn's ernst wird, ungefragt dahingegeben wird:
„Nehmen sie den Leib,
Gut, Ehr, Kind und Weib
lass fahren dahin!
Sie haben's kein Gewinn;
das Reich muss uns doch bleiben."

Uns? Wem? Den Männern bleibt wenigstens das Reich (Gottes), während wir mit Gut, Ehr und Kind, weil nicht gewinnbringend, dahingefahren sind.
Nun, wenn die Helden dann kampfesmüde geworden sind, träumen sie – nicht vielleicht von uns –, nein, sondern davon, wie sie sich wieder verbrüdern können.
Der neueste Hit von Reinhard Fendrich: „Brüder sind wir" rührt auch Frauen zu Tränen. In einem Fernsehinterview drückte eine Frau ihre Begeisterung aus und sagte: „Wenn ich auch eine Frau bin, bin ich doch trotzdem ein Bruder!" – Ein unbeholfen ausgedrückter Wunsch, auch dazu zu gehören, sich mitsolidarisieren zu wollen.
Doch was wird mit uns Frauen, wenn männliche Wünsche in Erfüllung gehen und eines Tages tatsächlich „alle Menschen Brüder werden"? Gibt's dann für uns eine Geschlechtsumwandlung, oder gehören wir vielleicht gar nicht zur Gattung Mensch? Ach richtig, wir sind ja schon dahingefahren und vielleicht Engel im Himmel? Aber – o Schreck – aus dem Kirchengesangbuchlied Nr. 265,4, das wir gerade anstimmen wollen, erfahren wir, dass auch die Engel Brüder sind:
„Die Engel sind Brüder, die ihre Loblieder mit ihnen (den Christen – also wieder Männer!) holdselig und wonniglich

singen..." (Das Lied beginnt ja bekanntlich mit den ergreifenden Worten: „Es glänzet der Christen inwendiges Leben, obgleich sie von außen die Sonne verbrannt ...")

Ein paar abschließende Worte noch zum Thema Agende, ein konkretes Beispiel:
Die Agendentexte für Ordination und Amtseinführung sind sprachlich ganz auf männliche Pfarrer bezogen und werden in unveränderter Form für Pfarrerinnen verwendet. So wird dann einer Kandidatin bei ihrer feierlichen Ordination etwa ein Text aus dem Epheserbrief (4,11-13) verlesen, der sie als Mann anspricht:
„Er hat einige als Apostel eingesetzt, einige als Propheten, einige als Missionare, einige als Hirten und Lehrer, [...] bis wir hingelangen zur Einheit des Glaubens und der Erkenntnis des Sohnes Gottes [und] zum vollendeten Mann [werden] zum vollen Maß der Fülle Christi [...]."
Im Sinn einer inklusiven Bibelübersetzung müsste der Satz aber lauten:
„Er hat Propheten und Prophetinnen, Hirten und Hirtinnen, Lehrer und Lehrerinnen usw. eingesetzt." Wenn der Text noch weiter zitiert wird, müsste dem „vollendeten Mann" auch eine „vollendete Frau" zur Seite stehen. Von diesem Bild kann ich zurzeit wohl nur träumen. Aber ich möchte laut träumen:
Da Sprechen zugleich soziales Handeln ist, spiegelt Sprache die gesellschaftliche Wirklichkeit. Die Suche von Frauen nach einer Sprache, die ihre Identität ausdrückt, nach Frauensprache, basiert auf der Erfahrung gesellschaftlicher Ungleichheit und dem berechtigten Wunsch, diese zu verändern. Denn: Wenn Sprache gesellschaftliche Wirklich-

keit reflektiert und perpetuiert, so könnte umgekehrt eine veränderte Sprache, eine Sprache, die allen gerecht wird, ein neues Bewusstsein schaffen und vielleicht mit dazu beitragen, festgefahrene Strukturen zu verändern.

Eine kleine persönliche Anekdote zum Abschluss:
Die von mir geschätzte Direktorin meiner Schule gehörte zu denen, die sich vehement gegen weibliche Berufsbezeichnungen wehrten. Sie würde sich nie Frau Direktorin, sondern stets nur Frau Direktor nennen lassen. Dass ich in Konferenzen wiederholt die weibliche Bezeichnung für Schülerinnen und Lehrerinnen einforderte, nahm sie zwar nicht übel, aber auch weiter nicht ernst. Trotzdem wollte sie mein Engagement in irgendeiner Weise honorieren, als sie mir – anlässlich meiner Pensionierung – im überfüllten Konferenzraum eine rührende Abschiedrede hielt. Da sagte sie abschließend, ich sei für sie so etwas wie das Vorbild einer emanzipierten Frau und im Übrigen ein wirklich guter Lehrer! Schallendes Gelächter im Konferenzzimmer! Wie sie dieses Gelächter allerdings interpretierte, hab ich nie erfahren. Ob sie dachte, sie hätte sich geirrt, und ich sei vielleicht doch kein so guter Lehrer gewesen?

1 PUSCH, Luise F., Das Deutsche als Männersprache. Aufsätze und Glossen zur feministischen Linguistik, Frankfurt a. M. 1984, 8.
2 CHESLER, Phyllis, Frauen – das verrückte Geschlecht?, Reinbeck b. Hamburg 1977.
3 TRÖMEL-PLÖTZ, Senta, Frauensprache – Sprache der Veränderung, Frankfurt a. M. 1982, 149.
4 Vgl. ebd., 31.
5 Vgl. ebd., 27.
6 Siehe dazu TRÖMEL-PLÖTZ, Senta, Gewalt durch Sprache. Die Vergewaltigung von Frauen in Gesprächen, Frankfurt a. M. 1984.
7 Vgl. TANNEN, Deborah, Du kannst mich einfach nicht verstehen. Warum

Männer und Frauen aneinander vorbeireden, Hamburg 1991, 78.84 u.a.
8 Vgl. TRÖMEL-PLÖTZ, 1982, 158.
9 Ebd., 85.
10 Vgl. ebd., 25.
11 Ebd., 133.
12 PUSCH, Luise F., Alle Menschen werden Schwestern. Überlegungen zum umfassenden Femininum (Vortrag 1986), 13 (ohne Quellenangabe).
13 Ebd., 9.
14 Vgl. SCHOTTROFF, Luise, Maria Magdalena und die Frauen am Grabe Jesu, in: EvTh 1/82 (1982), 3ff.
15 Zitat nach SWIDLER, Leonhard, Biblical Affirmations of Women, Westminster 1979, 298.
16 Ebd.
17 Vgl. BAUER, Walter, Wörterbuch zum Neuen Testament, 5. Aufl., Berlin/New York 1963, 771.
18 PUSCH, Luise F., Kirchensprache ist Männersprache, aus: gep Texte Nr. 1/88, abgedruckt im „Zeitspiegel" Okt. 88.
19 KÖHLER, Hanne, Atem des Lebens, Quelle, Freundin, in: WEGENER, Hildburg, u.a. (Hg.), Frauen fordern eine gerechte Sprache, Gütersloh 1990, 28.

*Feministische Exegese**

I. Die Wurzeln der feministischen Theologie

Die Wurzel der feministischen Theologie kommt aus der Solidarisierung mit der *zweiten Frauenbewegung*, die besonders in den USA aus der Bürgerrechtsbewegung der sechziger Jahre [des 20. Jahrhunderts] hervorgegangen ist.

In Europa war es besonders Simone de Beauvoir, die mit ihrem bedeutenden Buch *Le deuxième Sexe* – „Das andere Geschlecht" – in den 50-iger Jahren an die Diskussion der *ersten* in Vergessenheit geratenen *Frauenbewegung* anknüpfen konnte.

Die andere Wurzel war die *Befreiungstheologie* der Länder der so genannten Dritten Welt, besonders von Lateinamerika: Eigene Leidenserfahrungen werden durch biblische Geschichten und Aussagen für die eigene Existenz aktualisiert und als Evangelium für die Armen als befreiende Botschaft neu verstanden.

II. Zur Geschichte der feministischen Theologie

In den 70iger Jahren [des 20. Jahrhunderts] wurden feministische Arbeiten amerikanischer Theologinnen übersetzt und regten europäische Theologinnen zu eigener Arbeit an. Bekannt wurden damals besonders Catharina Halkes aus den Niederlanden (röm.-kath.) und Elisabeth Moltmann-

---

* Bisher unveröffentlicht, Vortrag zum Jahr der Bibel, Wien, 26.11.2003. Dieser Artikel ist ein Fragment und umfasst nur den einleitenden ersten Teil des Vortrages.

Feministische Exegese

Wendel, um nur zwei der so genannten „Mütter" der ersten Stunde zu nennen. Die Bewegung wuchs mit erstaunlicher Geschwindigkeit. Es war ein theologischer Neu-Aufbruch, auf den viele anscheinend gewartet hatten.

1. Eines der grundlegendsten Werke für feministische Exegese erschien 1983 von der amerikanischen Neutestamentlerin Elisabeth Schüssler-Fiorenza unter dem Titel *In Memory of Her*, das leider erst 1988 in der deutschen Übersetzung von Christine Schaumberger erschien.[1]
Weitere wichtige Schritte in der Geschichte der feministischen Exegese möchte ich wenigstens kurz erwähnen:

2. Den ersten großen Schock erlitten christliche Feministinnen gegen Ende der 80iger Jahre von Seiten jüdischer Feministinnen durch den so genannten *Antijudaismus*.
Der Vorwurf bestand zu Recht: Mehr unbewusst als beabsichtigt hatte der allgemein übliche Antijudaismus der christlichen Exegese jetzt noch eine feministische Variante bekommen:
Jesus wurde nun als besonderer Freund der Frauen, ja als Feminist und „neuer Mann" vor dem Hintergrund eines frauenfeindlich beschriebenen jüdischen Patriarchats in leuchtenden Farben abgehoben und somit auch seines Jude-Seins beraubt. In einer öffentlichen Erklärung übten christlich-feministische Theologinnen Selbstkritik und verpflichteten sich u.a. zu einer „Jesusdeutung ohne jüdisches Feindbild" und einer „Wahrnehmung des Selbstverständnisses jüdischer Traditionen, insbesondere rabbinischer Überlieferungen".[2]
Seither sind in dieser Hinsicht ein großer Umdenkungsprozess und viel weiterführende Arbeit geschehen.

Feministische Exegese

3. Unter den weiteren feministisch-exegetischen Ansätzen möchte ich nur noch die *sozialgeschichtlich-befreiungstheologischen* kurz darstellen, mit denen auch ich mich großteils identifiziere.

Exegetinnen dieser Gruppe sind – um nur einige Namen zu nennen – für das so genannte Alte bzw. Erste Testament Helen Schüngel-Straumann, Marie-Theres Wacker, Silvia Schroer, Klara Butting, Irmtraud Fischer u.a., in Österreich die evangelische Theologin Marianne Grohmann.

Zum Teil beschäftigen sie sich auch mit Religionsgeschichte und mit der Frage nach weiblichen Gottesbildern, auf die ich heute leider nicht eingehen kann.

Für das Neue bzw. Zweite Testament sind in erster Linie Elisabeth Schüssler-Fiorenza und die evangelische Theologin Luise Schottroff zu nennen, wobei im Zusammenhang mit Luise Schottroff bereits ihre zahlreichen Doktorandinnen und Habilitandinnen zu erwähnen wären, die ihrerseits bereits eine Fülle exegetischer Arbeiten publiziert haben. Sie alle sind auch im christlichjüdisch-exegetischen Diskurs engagiert.

Ziel der exegetischen Arbeit ist u.a. eine möglichst getreue, historische Erschließung der konkreten Lebenswelt in biblischer Zeit. Zu diesem Zweck müssen auch außerbiblische Quellen aus der gleichen Zeit herangezogen werden: rabbinische und historische Texte, archäologische Funde und historisches Bildmaterial. Die historisch-kritische Methode ist zwar Voraussetzung, aber das hermeneutische Interesse geht darüber hinaus. Um die befreiende Botschaft biblischer Texte richtig zu verstehen, muss man wissen, wie Frauen und Männer lebten, welche Berufe sie ausübten, was sie verdienten, wie sie ihre Religion praktizierten und vieles mehr. Befreiungstheologisch gilt das Hauptinteresse dem Alltagsleben der kleinen Leute, der Armen, in bewusster Abkehr von einer Geschichtsschreibung der großen Namen und so genannten Sieger. Das Evangelium von Jesus wird als Armenevangelium gelesen. Die Bibellektüre geht von Leidens- aber auch von Befreiungserfahrungen – besonders von Frauen – aus, wobei deren jeweiliger gesellschaftlicher, sozialer und historischer Kontext berücksichtigt wird. So gibt es nicht *die* Frauen (bzw. Männer), sondern eben weiße Mittelschichtfrauen oder schwarze Frauen in den USA oder Afrika, deren Erfahrungen sehr verschieden sein können.

In diesem Zusammenhang muss auch der bislang pauschal verwendete Begriff *Patriarchat* neu definiert werden, um die Annahme zu korrigieren, dass in diesem System Frauen immer nur den Opfern, Männer generell nur den Tätern zuzuordnen sind. Auch Frauen können so genannte Mit-Täterinnen sein, indem sie von einem ungerechten Gesellschaftssystem mitprofitieren oder aber durch Anpassungsstrategien System erhaltend wirken. Im strukturellen Patriarchat gibt es folglich nicht *die* Frauen und *die* Männer. Patriarchat wäre demnach ein komplexes Herrschaftssystem, in dem bestimmte Männer, aber auch Frauen bestimmter Klassen oder Gruppen über andere Männer, Frauen, Kinder und Unfreie Herrschaft ausüben.[3] Als feministischer Kampfbegriff kann allerdings auf das Wort Patriarchat nicht verzichtet werden.

Für die textorientierte Bibelexegese aber eignet sich besser die Kategorie des *Androzentrismus*, die von der Annahme ausgeht, dass biblische Texte meist von Männern geschrie-

Feministische Exegese

ben und aus männlicher Perspektive eine Mann-zentrierte Gesellschaft spiegeln, die den Mann mit Mensch gleichsetzt: Der Mann ist die Norm – das Normale –, die Frau das Andere. Frauen werden in einer androzentrischen Sprache nur dann speziell erwähnt, wenn es sich nicht vermeiden lässt – aber sonst in einem inkludierenden Sprachgebrauch mitgemeint, was noch nicht bewusste Diskriminierung bedeutet, aber Frauen unsichtbar macht. Das klassische Beispiel ist die einseitige Erwähnung der Jünger, obwohl wir wissen, dass die Nachfolgegemeinschaft Jesu aus Jüngern und Jüngerinnen bestanden hat. Die kirchenpolitischen Folgen der aus Sprache entstandenen Geschichtsfälschung haben Frauen lange zu tragen gehabt. Sie muss heute in Predigt, Liturgie und Unterricht durch eine inklusive Sprache korrigiert werden.**

1 SCHÜSSLER FIORENZA, Elisabeth, Zu ihrem Gedächtnis... . Eine feministisch-theologische Rekonstruktion der christlichen Ursprünge, München 1988. Abgesehen von einer umfassenden Erforschung der Zeit des NT entwickelt sie eine feministische Relecture der Frauengeschichte verbunden mit einer [inzwischen klassisch gewordenen] Hermeneutik.
2 Stellungnahme feministischer Theologinnen zum Vorwurf des Antijudaismus, Tübingen, Februar 1988.
3 SCHROER, Silvia / SCHOTTROFF, Luise / WACKER, Marie-Theres, Feministische Exegese. Forschungserträge zur Bibel aus der Perspektive von Frauen, Darmstadt 1995, 88.

** Das Manuskript zum Vortrag ist im vertiefenden zweiten Teil nur in stichwortartiger Form weitergeführt. Krobath stellt in dieser Fortsetzung den hermeneutischen Ansatz von Elisabeth Schüssler Fiorenza dar.

Bibel – gegen den Strich gelesen*

Ich möchte dieses sehr umfangreiche Thema unter einem Aspekt darstellen, den ich nenne:
Die Angst der Männer vor starken Frauen.
Unter dem Titel „Wutgeheul aus Männerseelen" veröffentlichte die deutsche Zeitschrift der *Spiegel* im Mai 1992 eine Untersuchung über Reaktionen von Männern auf die zunehmende Frauenemanzipation.
Angesichts der gesellschaftlichen Realität, in der Frauen zwar zweifelsohne kleine Teilerfolge erzielt haben, aber heute aus ökonomischen Gründen wieder Rückschritte erleben müssen, klingen die in dem Artikel dargestellten, von Männern entwickelten Horrorszenarien geradezu lächerlich:
„Die Frauen stehen unmittelbar vor der Machtübernahme", heißt es da u.a. und Therapeuten berichten, dass viele ihrer männlichen Patienten unter Angstträumen leiden, in denen starke Frauen eine Rolle spielen. Fazit (ich zitiere): „Die Lage ist ernst", „Dressiert die Aufmüpfigen! Denn nichts brauchen die Frauen heute nötiger als eine zähmende Hand" (So der Münchner Autor Clauss Vanderborg).
Die Diktion ist nicht neu und uns durchaus vertraut. Schon Nietzsche empfiehlt Männern, wenn sie zur Frau gehen, die Peitsche nicht zu vergessen, und Schiller weiß, dass „wehe, wenn sie losgelassen", die Weiber zu Hyänen werden.
Gegen solche Terminologie nimmt sich die Sprache der Bibel, wenn sie die Angst der Männer vor den Frauen artikuliert, direkt harmlos aus. Und doch ist sie da, wenngleich oft verschleiert und getarnt und – wie meist in der

---

* Bisher unveröffentlicht, Referat am Fest für eine offene Kirche, Wien, 6.5.1995.

Geschichte – nur erkennbar durch die Sanktionen gegen die scheinbar so aufmüpfigen Frauen.

Das Buch Ester, das den Freiheitskampf einer Jüdin für ihr Volk besingt, berichtet eingangs – gleichsam als Vorgeschichte – von der persischen Königin Vasti, die sich einem Befehl ihres Gemahls widersetzt und deshalb vom Hof verbannt wird. Die ungehorsame Königin hatte sich nämlich geweigert, vor dem König und seinem Hofstaat zu erscheinen, um sich in all ihrer Schönheit zu zeigen, nämlich Männern, die nach einem sieben Tage währenden Gelage offensichtlich betrunken waren. Ihre Weigerung wird zur Staatsaffäre, weil, wie es heißt, ihre Tat allen Frauen im Land bekannt werden wird, mit der Folgewirkung, „dass diese ihre Männer verachten" und unter Berufung auf die Königin ihren Männern gleichfalls den Gehorsam verweigern würden. So muss Vastis Bestrafung ein Exempel statuieren, damit – ich zitiere:

... alle Frauen ihre Männer in Ehren halten
bei Hoch und Niedrig...
Da wurden Schreiben ausgesandt in alle Länder
des Königs, in jedes Land nach seiner Schrift
und zu jedem Volk nach seiner Sprache,
dass ein jeder Mann der Herr in seinem Hause sei.

(Est 1,20.22)

Diese übertriebene Angstreaktion (die leise Ironie des Verfassers ist allerdings nicht zu überhören) lässt – gegen den Strich gelesen – vermuten – und das tun einige Exegeten[1] –, dass es in Israel zu der Zeit – man datiert die Entstehungszeit des Buches Ester ins 2. Jahrhundert v.Chr. – eine ziemlich verbreitete Frauenemanzipationsbewegung gegeben hat, möglicherweise beeinflusst durch eine ähnliche Bewegung, die 195 v.Chr. in Rom stattgefunden hatte.

Eine Gesetzesvorlage, die so genannte *lex oppia*, die den Frauen vorschreiben wollte, was sie anziehen und wie viel sie ausgeben durften, wurde durch tägliche Frauendemonstrationen zu Fall gebracht. Nach Livius' Beschreibung zogen die rebellierenden Frauen Tag für Tag zum Forum Romanum und forderten die Rücknahme des Gesetzes. So wurde die Regierung am Ende zur Kapitulation gezwungen, was den römischen Staatsmann Cato dazu veranlasste, das Ende der Republik zu prophezeien:

„Unsere Vorfahren wollten, dass die Frauen nicht einmal private Angelegenheiten ohne männlichen Vormund betreiben könnten, dass sie völlig in der Herrschaft ihrer Väter, Brüder und Gatten stehen sollten. Wir dagegen dulden, dass sie von der Republik Besitz ergreifen und sich sogar in die Volksversammlung einmischen [...].

Was die Frauen wirklich wollen, ist ja nicht Freiheit, sondern Zügellosigkeit, und dies in allen Dingen [...]. Wenn sie aber einmal angefangen haben, uns gleich zu stehen, werden sie uns bald überlegen sein."

„Wenn jeder von uns nach dem Beispiel der Vorfahren seine Frau nur fest in die Hand nähme, hätten wir mit dem ganzen Pack nicht auch noch öffentlichen Ärger. Aber so, wie es steht, wird die Freiheit, die wir zu Hause verloren haben, auch noch in aller Öffentlichkeit auf dem Forum von weiblicher Unverschämtheit in den Dreck gezerrt und mit Füßen getreten. Und weil wir nicht einmal der eigenen Frau standhalten können, fürchten wir auch alle anderen!"[2]

(Livius, Römische Geschichte XXXIV, 11-111)

So im Rom des 2. Jahrhundert, man möchte es nicht glauben, 1992 im *Spiegel* – ich zitiere noch einmal: „Die Lage ist ernst."

Die armen Männer! Neben den Beschimpfungen und Verunglimpfungen von Frauen lässt ein Satz in der Rede Catos aufhorchen. Nämlich, wenn er sagt: „Wenn sie einmal angefangen haben, uns gleich zu stehen, werden sie uns bald überlegen sein."

Also, so würden wir heute sagen: Lasst sie ja nicht hochkommen, gebt ihnen nicht die gleichen Chancen und Rechte, sonst sind sie besser als wir!

Ist das ein Vorurteil oder eine Erfahrung?

Ein fast gleich lautendes Problem begegnet uns im Neuen Testament. Aus männlicher Perspektive schien schon in der Antike die gefährlichste Vorraussetzung für Frauen, gleichberechtigt zu werden, ihre Bildung zu sein. So musste das Lernen und Lehren von Frauen, besonders das öffentliche Lehren, möglichst unterbunden werden.

Eine der diesbezüglich frauenfeindlichsten Sentenzen der Bibel findet sich im ersten Brief an Timotheus, der bedauerlicherweise lange Zeit dem Paulus als Verfasser zugeschrieben wurde und dementsprechende Autorität erlangte. Da heißt es (zitiert nach der Einheitsübersetzung):

Eine Frau soll sich still
und in aller Unterordnung belehren lassen.
Dass eine Frau lehrt, erlaube ich nicht,
auch nicht, dass sie über ihren Mann herrscht,
(sondern) sie soll sich still verhalten.

(1 Tim 2,11-12)

Diese Sanktion wird schöpfungstheologisch damit begründet – und zwar in einer falschen Interpretation von Gen 3 –, dass die Frau nicht nur als Zweite geschaffen wurde, sondern auch als einzige gesündigt habe, denn, so heißt es weiter, Adam sei nicht verführt worden, sondern die Frau, die deshalb nur durch das Gebären von Kindern gerettet werden könne (1 Tim 2,13-15). Eine Frau, die sich nicht schweigend unterordnet, sondern womöglich gar zu lehren wagt, entspricht offensichtlich der schon eingangs zitierten Horrorvision von der Frau, die unmittelbar vor der Machtübernahme steht.

Dieser und andere biblische Texte, besonders auch der berühmtberüchtigte Satz, dass die Frauen in der Gemeindeversammlung schweigen sollen (1 Kor 14,28), haben fast zwei Jahrtausende Männern als Legitimation gedient, Frauen aus kirchlichen Ämtern auszuschließen und haben deshalb bei Frauen berechtigten Zorn ausgelöst. Heute aber entdecken wir – dank der Forschung feministischer Theologinnen aber auch der exegetischen Arbeit männlicher Kollegen! – gerade solche Texte – obwohl wir unseren Zorn nicht vergessen wollen – auch als unfreiwillige Dokumente von Frauenbefreiung. Denn gegen den Strich gelesen, geht aus ihnen hervor, dass Frauen in den frühchristlichen Gemeinden sehr wohl gelehrt, gepredigt, öffentlich gebetet und missioniert haben. Sonst hätten sich patriarchal gesinnte Männer – es gab auch andere! – kaum so sehr darüber aufgeregt und Gegenmaßnahmen gesetzt.

Schauen wir uns durch diese feministische Brille das Neue Testament an, so entdecken wir – sowohl in der Jesusbewegung als auch in den politischen Gemeinden und den frühchristlichen Gemeinden allgemein – Frauen als Jüngerinnen, als Leiterinnen von Hausgemeinden, als gemeindeleitende Diakone und Apostelinnen.

Großteils handelt es sich auch um ein Sprachproblem. Wie allgemein die Literatur der Antike, sind auch die Bücher der Bibel von Männern geschrieben, deren Sprache ihr androzentrisches Weltbild spiegelt. Das heißt: Männer beschreiben die Welt, die Geschichte aus ihrer Perspektive, in einer Gesellschaft, in der der Mann das Menschsein verkörpert, im Zentrum des Geschehens steht und dieses leitet. Was Frauen tun, denken, fühlen und reden, wird uns – wenn überhaupt – aus männlicher Sicht und in männlicher Sprache überliefert – zu oft aber leider in einer Sprache, die Frauen zwar mitmeint, aber nicht extra benennt, die Frauen unter dem Begriff Männer subsumiert und daher für spätere Leser und Leserinnen unsichtbar werden lässt. Obwohl gerade die Bibel eine Fülle von Frauengeschichte-Geschichten enthält, ähnelt deren Neuentdeckung und Neuinterpretation vielfach einem Puzzlespiel, in dem mühsam die verstreuten Steinchen aufgespürt und zusammengesetzt werden müssen: aus Nebensätzen, Anmerkungen, inkludierendem Sprachgebrauch, aus falschen Übersetzungen und dergleichen mehr.

Für die Analyse biblischer Texte über Frauen verlangt daher die katholische Theologin Elisabeth Schüssler Fiorenza das, was sie eine „Hermeneutik des Verdachts" nennt, eine Methode, die die androzentrische Sprache nicht für bare Münze nimmt, nicht als Tatsachenbericht, sondern gleichsam durch sie hindurch oder gegen sie, die wahre Bedeutung von Frauen in biblischer Zeit sichtbar machen soll.[3] Denn, dass Frauen in den Quellentexten nur selten erwähnt werden, darf nicht als Beweis dafür dienen, dass sie in der Geschichte der frühchristlichen Gemeinden keine zentrale Rolle gespielt hätten. Das Gegenteil scheint der Fall gewesen zu sein. Deshalb müssten androzentrische Texte durch eine inklusive Sprache, eine Sprache, die Frauen explizit benennt, korrigiert bzw. richtig gestellt werden. Das gilt natürlich besonders für die Übersetzung biblischer Texte. Denn durch die Verwendung einer zwar wort- aber oft nicht sachgetreuen Bibelübersetzung in Predigt und Liturgie, konnte lange Zeit die Tatsache verschleiert werden, dass die Jesusgemeinde aus Jüngern und Jüngerinnen bestanden hat. Die Bilder unserer abendländischen Kunst haben dann das Ihre dazu beigetragen, die Vorstellung von der Jüngergemeinde als einer reinen Männergesellschaft zu verfestigen. Welche kirchenpolitischen Folgen das für Frauen hatte und zum Teil noch hat, braucht hier nicht extra betont zu werden.[4]

Natürlich müssen wir annehmen, dass die Jüngerinnen beim letzten Abendmahl dabei waren. Über die angebliche Einsetzung des Priesteramts und den Ausschluss der Frauen bei diesem Anlass, schon deshalb, weil sie gar nicht dabei gewesen sein sollen, ist in der alten Kirche schon früh diskutiert worden.

Der älteste Beleg findet sich in der Apostolischen Kirchenordnung vor dem Ende des 2. Jahrhundert, in der eine Diskussion darüber in der Jesusgemeinde konstruiert wird. Immerhin galten die Frauen in diesem Dokument noch als anwesend. In Anwesenheit von Maria und Martha sagt Johannes:

Als der Meister das Brot und den Kelch darbot,
und sie mit den Worten segnete,

„dies ist mein Leib und Blut",
bot er es nicht den Frauen an, die mit uns waren.
Martha sagte: „Er reichte es nicht der Maria dar,
weil er sie lachen sah."
Maria sagte: „Ich lache nicht mehr. Früher, als er uns lehrte,
sagte er:
‚Eure Schwäche wird durch Stärke gerettet.'"

Aber ihr Argument schlägt fehl und die männlichen Jünger kommen aus diesem Grund überein, den Frauen solle nicht erlaubt sein, Priester zu werden.[5]

Bei Jesu Kreuzigung jedenfalls waren die Frauen die einzigen, die dabei waren und standhielten, während die männlichen Jünger geflohen waren. Diesem traurigen Umstand verdanken wir andererseits die Tatsache, dass Markus, der die Jüngerinnen sein ganzes Evangelium hindurch zwar mitgemeint, aber nie explizit erwähnt hatte, sie nun namentlich nennen muss und dazu gleichsam die Feststellung nachholen muss, dass die genannten Frauen und viele andere ja schon von Anfang an – in Galiläa – mit dabei waren und mit Jesus nach Jerusalem heraufgezogen waren. Für aufmerksame Leser und Leserinnen wird dadurch das Bild der Jesusgemeinde korrigiert (Mk 15,40f) – nicht so für viele Kirchenmänner, die ein politisches Interesse daran haben, das vertraute Bild einer rein männlichen Jüngerschaft aufrecht zu erhalten. Die Frauen, die leider nicht ganz wegzuleugnen sind, müssen umso mehr in ihrem Status deutlich als von den Jüngern zu unterscheidende definiert werden. So etwa Johannes Paul II in seinem Apostolischen Schreiben „Über die Würde und Berufung der Frau" (1988):

Da heißt es: „Die Frauen, denen Jesus begegnete und die von ihm so große Gnaden empfingen, begleiteten ihn bisweilen, wenn er mit den Jüngern durch Stadt und Land zog."[6] Über die auffallend große Bedeutung, die den Frauen als ersten Zeuginnen der Auferstehung zukommt, wird in dem Zusammenhang nicht weiter reflektiert. Maria Magdalena, die in der alten Kirche noch den Rang einer Apostelin – der *apostola apostolorum* – bekleidete, wurde im Laufe der Kirchengeschichte wohlweislich zur *magna peccatrix*, zur „großen Sünderin" umfunktioniert – ganz zu schweigen von anderen Apostelinnen.

Sogar für Paulus war – im Unterschied zu heute – der Apostelbegriff, den er auch für sich geltend machte, keineswegs auf die Zwölf[7] beschränkt, und selbst er konnte nicht jenen Frauen, die in der Mission Hervorragendes geleistet hatten, den Aposteltitel verweigern. So grüßt er Andronikus und Junia, die wahrscheinlich die Gemeinde von Rom gegründet hatten, als berühmte Apostel (Röm 16,7). Aus Junia wurde ja bekanntlich im Laufe von Bibelübersetzungen ein Mann namens Junias, obwohl ein solcher Name sonst nicht nachweisbar ist.

Das wird auch im neutestamentlichen Wörterbuch (Bauer) zugegeben. Aber „die lexikal. Möglichkeit, daß es sich um den Frauennamen *Junia* handle [...], ist durch den Zusammenhang wohl ausgeschlossen."[8] Der „Zusammenhang" heißt mit anderen Worten ausgedrückt: Eine Frau kann kein Apostel sein. Deshalb kann die Frau, die hier Apostel genannt wird, keine Frau gewesen sein.

Aus dem gleichen Grund wird wohl auch aus der gemeindeleitenden Diakonin Phoebe, in den Übersetzungen eine „Dienerin der Gemeinde von Kenchreä" und aus der „Prostatis", der „Vorsteherin über viele", eine Frau „die vielen geholfen hat" (Röm 16,1). So sind Übersetzungen biblischer Texte oft patriarchaler als die Originale. Wobei Übersetzer und Kommentatoren ihre Sicht von Frauen bereits in den Text projizieren, so nach dem Motto: dass nicht sein kann, was nicht sein darf.

Gleich einem Spurenlesen müssen wir der wahren Bedeutung von biblischen Frauen nachgehen, besonders da, wo sie namenlos gemacht wurden, wie etwa die Frau, die Jesu Haupt salbte, in einer prophetischen Handlung und von der Jesus sagt:

Wo immer das Evangelium gepredigt wird in aller Welt,
da wird man auch das sagen, was sie jetzt getan hat,
zu ihrem Gedächtnis.

(Mk 14,9)

Markus, der diese Geschichte zum Glück überliefert hat, weiß andererseits nicht einmal mehr ihren Namen. Wie viele solcher Frauen unserer Tradition gänzlich verloren gegangen sind, können wir nicht einmal ahnen.

Trotzdem, und das kann nicht oft genug betont werden, ist die Bibel, sowohl das so genannte Alte als auch das Neue Testament, ein Buch, das Geschichten von starken, selbständigen, ja aufmüpfigen Frauen überliefert, wie wohl kaum ein anderes Dokument der Antike. Und zwar weit mehr in Art der Übereinstimmung und Wertschätzung solcher Frauen als in der Art ihrer Diskriminierung.

Auch die für uns so schwer zu ertragenden Geschichten über Gewalt an Frauen bezeugen bei genauem Hinsehen meistens die Parteinahme des Verfassers für die Opfer. Das soll keine Verharmlosung dessen sein, was Frauen in der patriarchalen Gesellschaft, zu der auch die Welt der Bibel gehört, an Unrecht und Gewalt zu leiden hatten. Doch ist die zentrale Botschaft des Alten wie des Neuen Testaments eine befreiungstheologische und patriarchatskritische, die Botschaft Gottes, der/die parteilich ist für die von der Gesellschaft Benachteiligten, zu denen in besonderer Weise Frauen gehören.

Frauendiskriminierende Texte im Neuen Testament zeigen, wie die frühe Kirche sich, nach einem emanzipatorischen Aufbruch, wieder den patriarchalen Strukturen der römischen Gesellschaft angepasst hat, wobei die Zurückdrängung der Frauen zu einem der traurigsten Kapitel der Kirchengeschichte gehört. Frauendiskriminierende Texte der Bibel sind deshalb als solche zu entlarven und zu kritisieren. Sie sind nicht im Sinne einer gottgewollten Schöpfungsordnung zu interpretieren und nicht zur Zementierung von kirchlichen Lehren und Gesetzen zu missbrauchen. Sie sind als Dokumente von Frauendiskriminierung, zugleich aber auch als Dokumente gegen eine emanzipatorische Praxis zu lesen. Das Prinzip einer Lektüre „gegen den Strich", das nicht nur für biblische, sondern auch für außerbiblische Texte angewandt werden muss – (mir liegt immer daran, die Parallelität in den Aussagen aufzuzeigen) – bringt bei allem berechtigten Ärger auch die befreiende Kraft der Erkenntnis, was Frauen tatsächlich taten, zum Teil auch tun konnten und wie stark sie waren.

Wenn etwa Tertullian im 2. Jahrhundert sich über die freche Anmaßung von Frauen entrüstet, die „zu lehren, zu disputieren, Beschwörungen vorzunehmen, Heilungen zu versprechen und auch zu taufen wagten" und dagegen betont, dass es der Frau nicht erlaubt sei „in der Kirche zu reden, zu lehren, zu besprengen, das Opfer darzubringen" noch sonst eine Art von priesterlicher Funktion zu beanspruchen, erfahren wir auf diese Weise, dass Frauen diese Funktionen ausübten.[9]

So gesehen können wir schimpfenden Männern direkt dankbar sein für so unverzichtbare Quellen von Frauengeschichte.

Abschließend möchte ich noch einmal auf das Lehrverbot für Frauen zurückkommen, die sich angeblich damit über den Mann zu erheben wagten, dem sie doch auf Grund ihres "Sündenfalls" untertan zu sein hätten. Manche Exegeten, die den Verfasser des Timotheusbriefes heute kritisieren, entlasten ihn zugleich, indem sie jüdische Einflüsse auf ihn geltend machen.[10] So wird zu allem Überfluss oftmals auch noch die Frauendiskriminierung einseitig den Juden in die Schuhe geschoben. In christlicher Literatur erinnert man z.B. oft an die Talmudstelle, wo Rabbi Eliezer sagt: „Wenn jemand seine Tochter die Tora lehrt, ist es, als ob er sie Ausschweifung lehre", ohne gleichzeitig die Antwort von Rabbi Ben Asai zu zitieren, die das Gegenteil besagt, nämlich: „Ein Vater ist verpflichtet seine Tochter Tora zu lehren."[11]

Auch könnte man auf das Buch Exodus verweisen (19,3), wo Gott dem Mose die zehn Gebote übergibt mit dem Befehl: „Also sprich zum Hause Jakobs und verkündige es den Söhnen Israels."

Dieser so durch und durch männliche Text wird in der rabbinischen Tradition dahingehend gedeutet, dass ja die Frau „das Haus des Mannes" (das Haus Jakobs) sei.[12] Deshalb sollte Mose die Gebote zuerst den Frauen sagen, „weil sie nicht zögern sie zu erfüllen und weil sie es sind, die die Söhne zum Studium anleiten."[13]

Und – welch ein Widerspruch: der Verfasser der Briefe an Timotheus, der den Frauen das Lehren verbietet, erinnert diesen daran, dass er seinen Glauben von seiner Großmutter Lois und seiner Mutter Eunike empfangen habe (2 Tim 1,5)!

Gerade zur Entstehungszeit der Timotheusbriefe, also im 2. Jahrhundert, gab es in Israel, im Lehrhaus von Tiberias, dem damaligen Zentrum jüdischer Gelehrsamkeit, eine berühmte Toralehrerin, von deren Weisheit und Schlagfertigkeit öfter im Talmud berichtet wird. Es war Berurja, Lehrerin zahlreicher Rabbinen. Ihr Mann, Rabbi Meir, war einer der Grundleger der Mischna. Von Berurja wird erzählt, dass sie einmal über die Stelle des Propheten Jesaja lehrte, wo es heißt:

Freue dich, du Unfruchtbare,
die du nicht geboren hast und jauchze,
die du nicht schwanger warst.

(Jes 54,1)

Worauf einer ihrer Schüler spottete: „Weshalb soll denn eine kinderlose Frau sich freuen?" Berurja sagt zu ihm: „Israel ist die Frau und sie jubelt, weil sie keine solchen Kinder hat, wie ihr es seid!"[14] Und das sagte sie zu erwachsenen Männern.

1 Siehe CRÜSEMANN, Frank, Als Mann und Frau geschaffen, in: SCHARFFENORTH, Gerta, Kennzeichen, Bd. 2, Berlin 1978, 48.
2 Zitiert nach BORNEMAN, Ernest, Das Patriarchat, Frankfurt a. M. 1975, 487.
3 Vgl. SCHÜSSLER FIORENZA, Elisabeth, Zu ihrem Gedächtnis..., Mainz 1988, 148.
4 Handschriftlicher Vermerk Krobaths: „Eine Folge der inklusiven Sprache wäre, in Predigt, Liturgie, etc. immer Jünger und Jüngerinnen zu nennen." (Anm. d. Hg.)
5 Vgl. PAGELS, Elaine, Versuchung durch Erkenntnis, Frankfurt a. M. 1981, 112.
6 Johannes Paul II, Apostolisches Schreiben, Mulieris Dignitatem, 1988, 54.
7 Handschriftlicher Vermerk Krobaths: „Die 12 symbolisieren die Stämme und somit die Ganzheit des Volkes Israel und die Ganzheit der JüngerInnen = Gemeinde" (Anm. d. Hg.)
8 Vgl. BAUER, Walter, Wörterbuch zum Neuen Testament, 5. Aufl., Berlin/New York 1963, 771.
9 Vgl. SCHÜSSLER FIORENZA, Elisabeth, Der Beitrag der Frau zur urchristlichen Bewegung, in: SCHOTTROFF, Willy/STEGEMANN, Wolfgang, Traditionen der Befreiung, Bd. 2, München 1980, 75.
10 Vgl. SCHOTTROFF, Luise, Lydias ungeduldige Schwestern, Gütersloh 1994, 114.
11 B.T., Sota 21b.
12 Handschriftlicher Vermerk Krobaths: „Siehe Rut 4: Lea und Rahel, die das Haus Israel bauten!" (Anm. d. Hg.)
13 Midrasch Exodus Rabba 28,1, zitiert nach NAVÈ LEVINSON, Pnina, Was wurde aus Saras Töchtern?, Gütersloh 1989, 17.
14 B.T., Berachot 10a, zitiert nach NAVÈ LEVINSON, 1989, 94.

„Eure Alten werden Träume haben..."

*Feministische Theologie und die Frage nach dem Alter**

In einer profitorientierten Leistungsgesellschaft, die Jugendlichkeit und die mit ihr verbundenen Qualitäten zum höchsten Wert hochstilisiert, geraten alte Menschen – verstärkt durch die Werbung – ganz schön unter Druck: Wehe, sie schaffen es nicht mehr, gesund und noch fit durch die Gegend zu joggen, mit ihren „Dritten" in knackige Äpfel zu beißen, jede Menge Lust auf Sex zu haben und gleichzeitig natürlich perfekte Großeltern zu sein. Gelingt es ihnen auch nicht, die vielfältigen Angebote des eigens für sie entwickelten Seniorenmarkts gewinnbringend für diesen zu nutzen, erkennen sie sich – mit sofort einsetzenden Schuldgefühlen – als Teil des gefährlich wachsenden Überalterungsprozesses der Gesellschaft und als Bedrohung des gesamten sozialen Sicherungssystems. Ja, sie leben entschieden viel zu lang. Und das auf Kosten der Jungen! Auch die Kirchen umwerben die Jugend, die ihren ideellen und finanziellen Fortbestand sichern soll. Die Alten, die dies derzeit noch tun, laufen ihnen ohnedies nicht mehr davon. – Kirchlich gesehen sind alte Menschen vorwiegend Objekte diakonischer Fürsorge und Seelsorge, wobei der unbestrittene Wert dieser Einrichtungen und der Menschen, die in ihrem Rahmen meist aufopfernde Dienste tun, keineswegs geschmälert sein soll. Doch abgesehen davon hat sich m.E. christliche Anthropologie noch zu wenig mit der Frage des

---

* Veröffentlicht in: BÜNKER, Michael / KROBATH, Thomas (Hg.), Kirche: Lernfähig in die Zukunft? [Festschrift Johannes Dantine], Innsbruck / Wien 1998, 305-312.

Alters, seinem möglichen gesellschaftlichen Wert und dem Subjektsein alter Menschen beschäftigt.

I. „Ein Mann hat noch immer einen gewissen Anwert!"

Der in den USA geprägte Begriff „ageism" bezeichnet die Diskriminierung von Menschen aufgrund ihres Alters analog zu den Begriffen „racism" und „sexism". Wenngleich der gesellschaftliche Kontext nicht ohne weiteres auf die westeuropäische Situation übertragbar ist, kann „ageism" doch ganz allgemein „das Phänomen der Stereotypisierung alter Frauen und Männer benennen, und zwar als Teil eines Herrschaftsgefüges, in dem alt zu sein ebenso wenig zur erwünschten Norm gehört wie weiblich, behindert, schwarz, ungebildet oder arm zu sein" (Blome, 1996, 3). In diesem Zusammenhang kann „ageism" auch im Rahmen feministischer Befreiungstheologie im Sinne von Patriarchatskritik verwendet werden. Doch muss darüber hinaus nach der speziellen Unterdrückungssituation alter Frauen gefragt bzw. eine solche sichtbar gemacht werden. Eine grundsätzliche Forderung feministischer Theologie an die bislang herkömmliche besteht ja gerade darin, die verallgemeinernde Rede von dem Menschen – die noch dazu meist aus androzentrischer Perspektive Mensch mit Mann gleichsetzt – aufzugeben zugunsten einer kontextuellen, die die geschlechtsspezifische Befindlichkeit von Frauen und Männern zum Ausgangspunkt theologischer Reflexion hat. Die unterschiedliche individuelle und strukturelle Bedeutung, die das Alter für Frauen und Männer hat, wird mit dem Begriff „Feminisierung des Alters" umschrieben. Im Zusammenhang mit der „Feminisierung der Armut" wird die

doppelte – nämlich alters- und geschlechtsspezifische – Diskriminierung alter Frauen deutlich: Frauen werden generell älter als Männer, verfügen aber aufgrund großer Einkommensdifferenzen zwischen Männern und Frauen im aktiven Alter über weit weniger finanzielle Mittel. Mindestrenten und mangelnde Altersvorsorge erschweren, besonders bei zunehmender Pflegebedürftigkeit, ihren Lebensabend. Der größte Anteil von HeiminsassInnen sind Frauen. Witwen oder alleinstehende Frauen sind in besonderem Maß von gesellschaftlicher Marginalisierung betroffen. Ganz allgemein leiden Frauen häufiger als Männer unter mangelndem Selbstwertgefühl – wer nicht mehr leisten kann, ist nichts mehr wert! – und früh einsetzenden Altersdepressionen (Blome, 1994, 27.44.64). Männer verfügen generell über bessere Renten und sind weniger von gesellschaftlicher Isolation betroffen. Sie sind oft noch im Alter umworben, ein faltenreiches Gesicht lässt sie höchstens interessanter erscheinen. „Ein Mann hat noch immer einen gewissen Anwert", lässt Qualtinger seinen Herrn Karl sagen.
„Die Alte" hingegen gehört zum Repertoire von Männerwitzen. Großen Protest von Frauen löste in der Steiermark eine Werbung der Firma Gröbl-Möbel aus: Das Plakat zeigte ein schrulliges, altes, faltenreiches Frauengesicht. Darüber groß gedruckt der Slogan: „Wir bezahlen bis zu 5000,- für Ihre Alte!" Kleingedruckt war zu lesen, man könne alte Polstermöbel gegen neue eintauschen.

II. „Ach Gott, wir armen alten Frauen."

Eine Grundforderung feministischer Theologie, die sich als Befreiungstheologie versteht, ist es, die am stärksten marginalisierten und unsichtbar gemachten Frauen in den Blick zu nehmen und nach ihren Lebensbedingungen zu fragen. Obwohl alte Frauen gemeinsame Erfahrungen teilen, müssen darüber hinausgehende ethnische, schichtbedingte u.a. Differenzen sichtbar gemacht werden.

Christina Thürmer-Rohrs Begriff von der „Mittäterschaft", der die „tätige Verstrickung" von Frauen „in die Normalität der Männergesellschaft" analysiert (Thürmer-Rohr, 1987, 146), lässt sich auch auf die Tatsache anwenden, dass Frauen – besonders gesellschaftlich privilegierte – von patriarchalen Strukturen mitprofitieren. „Es genügt nicht, Gerechtigkeit für alle zu fordern oder Sexismus zur Sünde zu erklären. Nur wenn wir konkret fragen, welchen Menschen Gerechtigkeit nach wie vor vorenthalten bleibt [...] und wenn wir [ihre] Kämpfe kritisch-solidarisch begleiten, wird feministische Theologie relevant für Frauenbefreiung" (Schaumberger, 1988, 245). Auf das Zusammenfallen mehrfacher Diskriminierungen weist Christine Schaumberger mit der zugespitzten Frage: „Wie kommt die behinderte, alte, schwarze Lesbe in den Blick?" (Schaumberger, 1987, 110)

Zum Sichtbarmachen von Frauenerfahrungen gehört auch, Betroffene selbst zur Sprache zu bringen, sie selbst zu hören. Gegen die Zumutung, ihr Alter leicht nehmen zu müssen, reagiert die Schriftstellerin Ann Weems: „Unvermögen sammelt sich bei den Alten, wir haben wirklich Schmerzen, und wenn wir dennoch fröhlich sein müssen, dann ist das verkehrt und ein Teil unserer Isolation" (Weems, 1986, 32).

„Eure Alten werden Träume haben ..."

Swanson klagt:
„... Gott meine Hände sind alt ...
Wann wurden diese schmalen,
anmutigen Hände
knorrige, geschrumpfte Klauen?
Wann, Gott?"

(Swanson, 1986, 63)

Die Trauer um den verfallenden Körper, um den Verlust von Jugend und Schönheit ist ein wiederkehrendes Motiv. Ist das ein Resultat patriarchaler Gesellschaft? Sehen Frauen ihren Körper mit Männeraugen, als einen, der mit seiner „Attraktivität" auch seinen Wert verloren hat, sodass sie ihm statt in liebevoller Annahme mit Verachtung und Selbsthass begegnen? Mit ungewöhnlichem Einfühlungsvermögen macht sich der Dichter (und Theologe!) François Villon – 15. Jahrhundert – zum Sprachrohr einer alten Frau, die ihren Körper betrachtet:

„... Wenn ich mich nackt im Spiegel schau
und muss mich so verändert sehen,
vertrocknet, mager, dürr und grau –
so will ich fast vor Wut vergehen.
...
Die Schultern bucklig, welk die Hand,
die Brüstchen ledern, eingefallen.
...
Mein süßes Ding? O pfui, o Schmach!
Der Garten struppig wie 'ne Bürste.
Die einst so prallen Beine schwach
und runzlig wie zwei alte Würste.

„Eure Alten werden Träume haben ..."

...
So schleichen müde wir einher
in unsern alten Filzpantoffeln
...
und denken wie die Jugend schwand –
ach Gott, wir armen alten Frauen!"

(Villon, 1976, 132ff)

„Graues Haar ist eine Krone der Ehre,
auf dem Weg der Gerechtigkeit findet man sie."

(Spr 16,31)

Dem Alter eine neue Würde zu verleihen und Achtung in der Gesellschaft, ist das Ziel der von alten Menschen in den USA und Deutschland gegründeten Bewegung der „Grauen Panther", die sich u.a. im Kampf gegen Altersarmut (besonders der Frauen) für eine Neuordnung der Renten- und Sozialpolitik einsetzen sowie für eine Pflegegeldabsicherung durch den Steuerhaushalt als Voraussetzung einer menschenwürdigen gesundheitlichen Betreuung (Blome, 1994, 32f).
„Da sagt eine Gruppe von Alten: wir sind noch da, wir sind nicht nur KonsumentInnen, sondern wir sind noch interessiert an dieser Welt, [...] weil wir nicht wollen, dass die Jungen nach uns eine miserable Welt antreffen. Wir mischen uns ein [...]", so die Graue Pantherin Helen Geiser in einem Interview (Geiser, 1996, 6). Diesen Kampf unterstützend mit zu tragen, wäre eine Herausforderung für die Kirchen, die, abgesehen von der eigenen karitativen, diakonischen Arbeit, den gesellschaftlichen Wert des Alters bewusstma-

chen und das Selbstwertgefühl alter Menschen stärken sollten. Kirchliche Verkündigung kann sich auf eine biblische Tradition berufen, die das Alter mit ins Zentrum heilsgeschichtlicher Aussagen stellt. In den Forderungen ersttestamentlicher Texte, für die Alten zu sorgen, geht es nicht nur um tätige Barmherzigkeit und die Erfüllung sozialer Gerechtigkeit, die jede Art der Ausgrenzung aus dem Leben der Gemeinschaft verbietet: Es geht darüber hinaus um die Ehre alter Menschen! Von der Einhaltung des Gebotes, Vater und Mutter zu ehren, hängt das Wohlergehen der nachfolgenden Generationen, ja des ganzen Volkes ab: „... auf dass du lange lebest in dem Land, das dir Adonaj, dein Gott, geben wird" (Ex 20,12). Während diejenigen, die Vater oder Mutter fluchen, sich des Todes schuldig machen (Ex 21,17). „Vor einem grauen Haupt sollst du aufstehen und die Alten ehren und Ehrfurcht haben vor deinem Gott" (Lev 19,32) gehört in der jüdisch-reformierten Tradition zur Toralesung am Yom Kippur, dem Tag der Teschuva, der Umkehr zu Gott. Die Ehrfurcht vor alten Menschen wird mit der vor Gott gleichgesetzt. Gott selbst identifiziert sich mit ihnen.

Das nahm die Rabbinerin Margaret Moers Wenig zum Anlass, in einer Yom-Kippur-Predigt Gott im Bild einer alten Frau darzustellen, die – in ihrer Küche sitzend – auf die Heimkehr ihrer Menschenkinder wartet.

> „Hab keine Angst", sagt sie, „ich will treu zu dem Versprechen stehen, das ich dir gab, als du jung warst ... Noch im hohen Alter werde ich bei dir sein und dich halten, wenn du grauhaarig bist. Ich habe dich geboren, ich trug dich, ich halte dich fest – werde alt mit mir ... – Nun verstehen wir, warum wir

geschaffen wurden, älter zu werden: Jeder hinzugefügte Tag unseres Lebens lässt uns Gott ähnlicher werden, ihr, die ewig älter wird. Deshalb werden wir wohl gelehrt, vor Betagten aufzustehen und die Würde im Antlitz von Alten zu sehen. Wir erheben uns in ihrer Gegenwart, wie wir uns in Gottes Gegenwart erheben würden, denn in den Gesichtern der Alten sehen wir Gottes Antlitz."

(Moers Wenig, 1992, 382f)

Die Zerstörung von Gottes heiliger Ordnung, die Katastrophen, die über sein Volk hereinbrechen, werden am Elend von Kindern und Alten verdeutlicht. Ihr Elend ist Israels Elend, ihr Wohlergehen ist Israels Wohlergehen: „Am Boden sitzend, verstummt, die Ältesten der Tochter Zion, streuen sich Staub aufs Haupt, legen Trauerkleider an ... Am Boden liegen in den Gassen Kind und Greis" (Klgl 2,10.21), „Kinder betteln um Brot, keiner bricht es ihnen ... Greise fanden keine Gnade ... den Ältesten nahm man die Ehre" (Klgl 4,4ff).
Dagegen werden in den Tagen des verheißenen Neuanfangs, des von Gott geschaffenen „neuen Himmels" und der „neuen Erde", die „Jerusalem zur Wonne machen", „keine Kinder mehr sein, die nur einige Tage leben, oder Alte, die ihre Jahre nicht erfüllen" (Jes 65,17-20). Vielmehr werden auf den Straßen und Plätzen von Jerusalem „wieder alte Männer und alte Frauen sitzen" mit einem „Stock in der Hand wegen des hohen Alters", während Knaben und Mädchen wieder dort spielen (Sach 8,4f). Während üblicherweise unter dem Begriff Greis Greisinnen mitgemeint sind, fällt bei Sacharja die geschlechtsdifferenzierende Sprache auf, die sicher kein Zufall ist: Die speziellen Leiden alter Frauen,

ihre Wehrlosigkeit, ihr Ausgeliefertsein, ihre Erniedrigung durch Vergewaltigung im Kriegsgeschehen sind in der Zeit des Heils überwunden. Angstfrei können sie wieder auf Straßen und Plätzen sitzen - inmitten der Gemeinschaft - und sich am Spiel der Kinder erfreuen (Janssen, 1997, 11).

Die eschatologische Tradition des Ersten Testaments und die des zeitgenössischen Judentums aufnehmend lässt Lukas in den ersten beiden Kapiteln seines Evangeliums vier alte Menschen gleichsam die Themen seines Buches anstimmen, wobei die Tatsache ihres Alters von besonderer Bedeutung ist. Zwei von ihnen sind alte Frauen, ja Prophetinnen! Dennoch führen sie in Auslegungsgeschichte und herkömmlicher Predigttradition eher ein Schattendasein.
Die hoch betagte Elisabeth, von der betont wird, dass sie aus dem Geschlecht Aarons stammt, preist das Wunder ihrer Schwangerschaft als Befreiungserfahrung fast gleich lautend zur Aussage des Magnificats: „Das hat Gott an mir getan in den Tagen, als er mich angesehen hat, um meine Schande unter den Menschen von mir zu nehmen" (Lk 1,25). Die „Erhöhung der Niedrigen knüpft an eine weit verbreitete metaphorische Geschichtsdeutung in Israel an. Das Geschick einer Frau wird zur Verkörperung der Geschichte Israels" (Schottroff, 1994, 276). Deshalb soll die Unfruchtbare sich rühmen und die Einsame mehr Kinder haben „als die den Mann hat" (Jes 54,1). So wird auch die Leidensgeschichte der kinderlosen, alten Elisabeth für Lukas zum „Schlüssel für das Verständnis des ganzen Kapitels: Gott steht auf der Seite der Frauen und wird das Volk aus Unterdrückung und Erniedrigung befreien" (Janssen, 1997, 621). Die Schwangerschaft einer unfruchtbaren, alten Frau scheint ebenso

unfassbar zu sein wie die einer Jungfrau: „Für Gott ist kein Ding unmöglich", sagt der Engel zu Maria mit Hinweis auf Elisabeths Schwangerschaft (Lk 1,37). Das führt die beiden Frauen zusammen. Die Junge sucht die Nähe der Alten, Weisen, die ihr die Erfüllung von Gottes Verheißung prophezeit (Lk 1,45). Als die Eltern Jesu nach seiner Geburt im Tempel das gebotene Dankopfer darbringen, sind es zwei alte Menschen, die die Bedeutung dieses Kindes erkennen und Gott seinetwegen preisen (Lk 2,22-40). Da von Hanna im Unterschied zu Simeon keine Rede überliefert ist, konzentrieren sich viele Kommentatoren auf seine Person. Die alte Frau wird lediglich in seinem Gefolge erwähnt, da „zum Erweis der Wahrheit einer Sache das gleich lautende Zeugnis von zwei oder drei Zeugen nötig" ist (Rengstorf, 1952, 49). Sie ist sein „wortarmes Echo" (Maurer, 1978, 49), die „nach Simeon nichts Rechtes mehr zu sagen hat" (Bultmann, 1958, 326). „Täglich im Heiligtum erkennt auch sie die Größe der Stunde und vereint – wie es ihr als Frau ansteht – ihren Lobpreis und ihr Zeugnis mit dem Simeons" (Rengstorf, 1952, 49). Ganz anders der biblische Text: Nicht nur ihr Titel „Prophetin", der sie in die Reihe ersttestamentlicher Prophetinnen wie Mirjam, Debora und Hulda stellt, sondern auch die Erwähnung ihrer Herkunft und ihrer biographischen Daten, lassen die besondere Bedeutung Hannas als wichtige, eigenständige Zeugin erkennen. Obwohl die vierundachtzigjährige Witwe die meiste Zeit ihres Lebens im Tempel mit Fasten und Beten zugebracht hatte, weist ihr Titel auch auf ihre öffentliche, religiöse und politische Tätigkeit hin. Während Simeon sich mit seiner Rede an die Eltern wendet, „sprach (sie) über ihn (Jesus) zu allen, die auf die Befreiung Jerusalems warteten" (Lk 2,38).

Mit ihrer öffentlichen Rede weist die alte Prophetin in eine Zukunft, die ihrem unterdrückten Volk Hoffnung auf seine Errettung eröffnet (dazu auch Janssen, 1997, 686-689). Auch die Prophezeiung des Joel, die der Verfasser der Apostelgeschichte aufnimmt, beschreibt das Kommen der Heilszeit im Wirken des Geistes, den Gott über Junge und Alte, Männer und Frauen, Sklaven und Sklavinnen ausgießen wird (Joel 3,1-5; Apg 2,17-21): „„... Eure Söhne und Töchter sollen weissagen, eure Alten werden Träume haben ..." Wo Gottes Heilszeit, wo das Reich Gottes anbricht, entsteht eine Gemeinschaft, die niemanden ausgrenzt: Sklaven und Sklavinnen werden den Töchtern und Söhnen gleichgestellt, Jünglinge sind nicht unverstandene Spinner, sondern haben Visionen. Greise und Greisinnen werden nicht zum alten Eisen gelegt, selber ohne jede Zukunftsperspektive, sondern haben Träume. Sie sind nicht isoliert, eingeschlossen in die Erinnerungen an vergangene, bessere Tage, sondern verwandeln ihre Erfahrungen in Weisheit, in Träume, die in die Zukunft weisen.

Literatur:
BLOME, Andrea, Frau und Alter. „Alter" – Eine Kategorie feministischer Befreiungstheologie, Gütersloh 1994.
—, Erzählung, Erinnerung und Zeit, in: *FAMA – Feministisch-theologische Zeitschrift*, 12. Jg. (1996), 3-5.
BULTMANN, Rudolf, Geschichte der synoptischen Tradition, 2. Aufl., Göttingen 1958, zit. n. KNIGGE, Heinz-Dieter, Gottesdienst Praxis, Serie A, 1. Perikopenband 4, Gütersloh 1990, 30.
GEISER, Helen, Altern ist eine ziemliche Arbeit, in: *FAMA*

12. Jg. (1996), 6-8.

Janssen, Claudia, Eure Alten werden Träume haben... Alte Frauen in biblischer Zeit, in: *Schlangenbrut – Streitschrift für feministisch und religiös interessierte Frauen* 58 (1997), 9-11.

—, Maria und Elisabeth singen... Sozialgeschichtliche Bibelauslegung zu Lukas 1,39-56 (Magnificat). In: *Junge Kirche – Zeitschrift europäischer Christinnen und Christen* 11 (1997), 620-624.

—, Hanna – Prophetin der Befreiung. Sozialgeschichtliche Bibelauslegung zu Lukas 2, 25-38, in: *Junge Kirche* 12 (1997), 686-689.

Maurer, Christian, Göttinger Predigtmeditationen 1978, zit. n. Knigge, 1990, 30.

Moers Wenig, Margaret, Gott ist eine Frau – und sie wird älter, in: *Evangelische Theologie* 5 (1992), 382-388.

Rengstorf, Karl Heinrich, Das Evangelium nach Lukas, NTD, Göttingen 1952.

Schaumberger, Christine, Das Recht anders zu sein, ohne dafür bestraft zu werden, in: Dies. (Hg.), Weil wir nicht vergessen wollen... Zu einer Feministischen Theologie im deutschen Kontext, Münster 1987, 101-122.

—, Subversive Bekehrung, in: Dies. / Schottroff, Luise, Schuld und Macht – Studien zu einer feministischen Befreiungstheologie, München 1988, 153-288.

Schottroff, Luise, Lydias ungeduldige Schwestern. Feministische Sozialgeschichte des frühen Christentums, Gütersloh 1994.

Swanson, D., Minnie erinnert sich, in: Fritsch, Sybille / Wartenberg-Potter, Bärbel (Hg.), Die tägliche Erfindung der Zärtlichkeit. Gebete und Poesie von Frauen aus aller Welt, Gütersloh 1986, 63-65.

THÜRMER-ROHR, Christina, Vagabundinnen. Feministische Essays, Berlin 1987.

VILLON, François, Das kleine und das große Testament. (Nachdichtung von AMMER, K. L.), Leipzig 1976.

WEEMS, Ann, Ich muss mein Alter leicht nehmen, in: FRITSCH, Sybille / WARTENBERG-POTTER, Bärbel (Hg.), Die tägliche Erfindung der Zärtlichkeit. Gebete und Poesie von Frauen aus aller Welt, Gütersloh 1986, 32-33.

Gottes Name
in der „Bibel in gerechter Sprache"*

Ein christlicher Gottesdienst wird im Allgemeinen so begonnen:
„Im Namen Gottes, des Vaters, des Sohnes und des Heiligen Geistes". Was aber bedeutet das: im Namen Gottes? Hat Gott denn einen Namen? Ist nicht „Gott" der Name Gottes? Auch wenn wir beten: „Geheiligt werde dein Name", dringt kaum noch ins Bewusstsein, dass Gott einen eigenen Namen, einen Eigennamen hat.

Vier Buchstaben

Im Alten Testament, der Hebräischen Bibel, wird Gottes Name geschrieben - mit vier Buchstaben: JHWH -, aber er wurde seit biblischer Zeit nicht mehr ausgesprochen, nur einmal im Jahr in einem Gotteslob durch den Hohen Priester - nach der Zerstörung des Tempels (70 n.Chr.) gar nicht mehr. Wir wissen deshalb nicht, wie die vier Buchstaben des Gottesnamens auszusprechen wären und wie Gottes Name klang.
Christliche Theologen versuchen das, aber Jüdinnen und Juden tun das nicht, wohl auch aus Furcht, den Namen Gottes

---

* Veröffentlicht in: *Das Wort*. Österreichische Zeitschrift für evangelischen Religionsunterricht, Nr. 1 (2007), 40-42. Dieser Artikel in der Reihe *Theologisch gefragt* ist der letzte von Evi Krobath erhaltene Beitrag. Er enthält die Grundlage für einen Kurzvortrag, den sie bei Workshops zur „Bibel in gerechter Sprache", die ihr ein besonderes Anliegen war, in einigen katholischen Gemeinden gehalten hatte. Der letzte Abschnitt war ihr Schlusswort bei der Präsentation der „Bibel in gerechter Sprache" am 29. November 2006 in Wien.

zu missbrauchen, in Respekt vor dem 2. Gebot. Sie sprechen an Stelle des unaussprechlichen Namens ein Ersatzwort, eine nur Gott vorbehaltene Anrede als Autorität: *adonaj*.

In dem Versuch, die vier Buchstaben, das so genannte Tetragramm, JHWH, zu deuten, leiten Theologen es von dem Verb „sein" ab: ich bin bzw. ich bin da – oder wie der jüdische Religionsphilosoph Martin Buber übersetzt: ich werde da sein.

In der Bibel erscheinen diese vier Buchstaben in der einzigartigen Szene beim brennenden Dornbusch, als Gott sich Mose gegenüber in einer Art Selbstvorstellung offenbart. Wenn Mose den Auftrag erhält, die Israeliten aus Ägypten herauszuführen, will und muss er wissen, wer ihn sendet: „Wie ist dein Name?", fragt er. Mose kennt die ägyptischen Gottheiten mit Namen, Isis oder Hathor, Re oder Horus und wie sie alle heißen. Er kennt ihre Eigenschaften, ihre Funktionen, ihr Wesen und ihr Geschlecht.

Die vier Buchstaben lassen nichts dergleichen erkennen, sie enthalten keine Aussage über das Wesen Gottes, sondern drücken eine Beziehung aus: „ich bin da" – „ich werde da sein" als hilfreiche Beziehung, als tröstende Gegenwart in schwieriger Situation.

Und so soll Mose den Israeliten sagen. „Ich bin da" hat mich gesandt (Ex 3,14). Und weiter soll Mose von Gott aussagen: „Ich bin da – Beschützer eurer Eltern, Gott Abrahams, Gott Isaaks und Gott Jakobs und ihrer Frauen – hat mich zu euch geschickt. Das ist mein Name für alle Zeit" (Ex 3,15).

Ist Gott als Beschützer ein Mann? Wenn wir im Text weiter lesen, soll Mose sagen: „Sie, Gottheit eurer Vorfahren, ist mir erschienen" (Ex 3,16).

Gott und nicht ein Mann

Gehen die Übersetzerinnen und Übersetzer der „Bibel in gerechter Sprache" zu weit, wenn sie von Gott auch weiblich reden, ihm/ihr männliche und weibliche Bezeichnungen geben? – So zahlreiche Kritiker.

Im Alten Testament, der Hebräischen Bibel, gibt es eine Menge männlicher und weiblicher Bilder von Gott: Gott als König oder als Herr der Heerscharen und viele mehr. Aber ebenso will Gott „schreien und schnaufen wie eine Gebärende" angesichts des Elends ihres Volkes und von den Israeliten sagen: „... die ihr mir aufgebürdet seid vom Mutterleib an, die ihr von mir getragen werdet ..." (Jes 42,11 und 46,3).

Und in einer Rede beim Propheten Hosea distanziert sich Gott vollends vom Mannsein – mit den Worten „...denn Gott bin ich und nicht ein Mann" (Hos 11,9). Trotz des strengen Verbots, sich von Gott ein Bild zu machen (Dtn 4,16 und 5,8), lehrt uns die Hebräische Bibel andererseits, dass es nach menschlichem Ermessen unmöglich scheint, über Gott nur abstrakt zu reden und nicht in uns vertrauten Bildern oder Metaphern.

Doch haben sich in der Tradition einer patriarchalen Gesellschaft und auch durch Übersetzungen die männlichen Sprachbilder über Gott durchgesetzt, während die weiblichen vielfach in Vergessenheit geraten sind und erst durch die Arbeit feministischer Theologinnen in ihrer Bedeutung – besonders für Frauen – neu entdeckt wurden.

Dieser Tatsache möchte die „Bibel in gerechter Sprache" Rechnung tragen, indem sie von Gott männlich und weiblich spricht.

Gottes Name in der „Bibel in gerechter Sprache"

Adonaj und Schechina

In der sprachlichen Umsetzung des nicht auszusprechenden Gottesnamens halten sich – wie schon erwähnt – die Übersetzerinnen in Solidarität zur jüdischen Frömmigkeit und der jüdischen Bibel, – die ja auch unsere christliche ist, zumindest erheben wir diesen Anspruch! Sie halten sich also an die jüdische Umschreibung des Gottesnamens *adonaj*. Das Wort wird von *adon*, also „Herr" abgeleitet, aber durch die intime Hinzufügung der Silbe *aj* = „mein" bedeutet es „mein Herr" und wird für niemand anderen als für Gott verwendet. So unterscheidet sich *adonaj* von allen Herren dieser Welt und wird als Anrede hauptsächlich im Gebet gesprochen. Die „Bibel in gerechter Sprache" übersetzt „mein Herr" oder „meine Herrin" oder bleibt bei *adonaj*.
Nun gibt es aber auch eine weibliche Alternative für den Gottesnamen: das ist die *schechina*. *Schechina* stammt ursprünglich aus der jüdischen Mystik und bedeutet „das Wohnen" oder „die Einwohnung Gottes" unter den Menschen, Gottes Gegenwart.
Schechina ist heute von jüdischen Frauen, besonders auch von jüdischen Feministinnen, die meist gebrauchte weibliche Anrede für Gott im Gebet – neben oder oft an Stelle von *adonaj*. Auch diese Gottesbezeichnung ist in die neue Bibelübersetzung aufgenommen worden. *Schechina* ist weiblich und muss nicht erst sprachlich feminisiert werden.
Noch zahlreiche andere im Judentum gebräuchliche Gottesbezeichnungen werden in der „Bibel in gerechter Sprache" aufgenommen und in einer Kopfzeile über der jeweiligen Textseite angeführt. Darunter ist *haSchem* eine der bedeutendsten: es heißt übersetzt „der Name" (vgl. die Mosegeschichte). Ähnlich wie *adonaj* ist auch *haSchem* eine Art

Gottes Name in der „Bibel in gerechter Sprache"

Glaubensbekenntnis, das ausdrückt, dass der unaussprechliche Gottesname der Name über allen Namen ist. Daneben gibt es Bezeichnungen wie „der Ewige", „der Eine", „der Lebendige" u.a., die in dieser Bibel in männlicher und weiblicher Form zitiert werden. So wird durch die ganze Übersetzung hindurch eine inklusive Sprache für Gott durchgehalten in stetem Wechsel von männlich und weiblich.

Aus „Gott" wurde ein Herr

Nun gibt es in der hebräischen Bibel noch die Gottesbezeichnung *el* oder *elohim*, die einfach mit „Gott" übersetzt wird und auch in Israels Nachbarvölkern bekannt ist.
Im Alten Testament kommt es oft zu einer Verdopplung, in der Israels Gott *adonaj* neben *elohim* genannt wird: *Adonaj elohim*. Ins Deutsche übersetzt wurde daraus „Gott, der Herr". Die einseitige sprachliche Herr-Werdung von Israels Gott beginnt schon zu biblischen Zeiten mit der Übersetzung hebräischer Schriften ins Griechische, wobei die besagten vier Buchstaben J-H-W-H mit *kyrios* – also mit „Herr" – übersetzt wurden.

Die so genannte Septuaginta, die griechische Übersetzung des ganzen Alten Testaments, übernimmt diese Bezeichnung, ebenso dann das griechisch geschriebene Neue Testament, wobei *kyrios* sowohl für Gott als auch für Christus stehen kann.
Kyrios, Herr, gilt aber zugleich als Bezeichnung und Anredeform für weltliche Herren und Herrschaften, so dass Israels persönlicher Gott *adonaj*, *haSchem*, „der Name", eine unheilvolle Verwandlung erlebt.

Gottes Name in der „Bibel in gerechter Sprache"

Es ist das große Verdienst der Übersetzer und Übersetzerinnen der „Bibel in gerechter Sprache", der einseitigen Herr- und Mannwerdung Gottes entgegenzuwirken, indem sie der Gottheit Israels – auch für unser Neues Testament – ihre wahren Namen zurückgeben.

Gottes Name in gerechter Sprache

Die Dimensionen der Gerechtigkeit hängen zutiefst auch mit dem *Namen Gottes* zusammen, den wir von Kindheit an – als einseitig männlich, als Herr, – kennen gelernt haben. Das Bilderverbot lehrt uns, dass *adonaj*, Israels Gott, weder männlich noch weiblich ist bzw. so dargestellt werden darf – und doch heißt es zugleich im Schöpfungsbericht, dass Gott Mann und Frau zu seinem/ihrem Bilde schuf.

Damit versucht die „Bibel in gerechter Sprache" ernst zu machen, indem sie konsequent den heiligen Namen Gottes – in seiner Vielfalt – weiblich und männlich bezeichnet und damit zugleich auch den zahlreichen weiblichen Sprachbildern von Gott neue Geltung verleiht.

Das Herr-sein Gottes unterstützt den Männlichkeitswahn einer patriarchalen Gesellschaft, die ein einseitig männliches Gottesbild missbraucht, um ihre staatlichen und religiösen Machtinteressen zu legitimieren. Diesen erteilt die Gottheit Israels eine klare Absage, wenn sie durch den Mund des Propheten Hosea ausruft: „...*ki el anoki – wlo isch*" („... denn Gott bin ich und kein Mann"; Hos 11,9).

Den Namen Gottes zu heiligen, zu einen, ihm seine Ganzheit zurückzugeben, ist eines der Hauptanliegen der „Bibel in gerechter Sprache" bzw. ihrer Übersetzerinnen und Übersetzer.

Gottes Name in der „Bibel in gerechter Sprache"

Ich schließe mit einem Wort aus dem 5. Psalm (5,12):

„Freuen werden sich alle, die sich in dir bergen (Gott),
jubeln werden sie durch die Zeit.
Du webst Schutz über sie, und sie sind vergnügt in dir
alle, die deinen Namen lieben."

Frauen in der Mythologie und Göttinnenwelt[*]

Matriarchat – Wunschvorstellung oder Wirklichkeit? Wird man/frau diese Frage je eindeutig beantworten können? Selbst bei redlichster Bemühung um die Auffindung und Darstellung objektiver Fakten wird jeder Forscher, jede Forscherin, bewusst oder unbewusst von einem sehr subjektiven Interesse geleitet, das – will man es boshaft ausdrücken – ihn/sie schließlich auch das finden lässt, was er/sie finden möchte. So bekenne auch ich mich als nicht frei von Wunschvorstellungen zur Motivation für meine Arbeit, die ich zu Beginn der achtziger Jahre angefangen habe: Es ist die rückwärts gewandte Wunschvorstellung nach einer Zeit, in der Frauen aufgrund gesellschaftlicher Voraussetzungen freier, autonomer, selbstbewusster sein konnten und waren als in den dreitausend Jahren der uns bekannten Geschichte des Patriarchats.

Es gibt im strukturellen Patriarchat nicht *die* Männer und *die* Frauen. Vielmehr ist es ein komplexes Herrschaftssystem, in dem bestimmte Männer, aber auch bestimmte Frauen bestimmter Klassen, Rassen oder Gruppen über andere Männer, Frauen und Kinder Herrschaft ausüben. Wenn wir – bzw. ich heute – den Begriff Patriarchat verwende(n), so soll dieses komplexe Herrschaftssystem mitgemeint sein. Er soll aber auch in der Bedeutung eines Kampfbegriffes dagegen verstanden werden. Ebenso verwende ich etwas pauschalierend den Begriff Matriarchat, als Utopie einer

[*] Veröffentlicht in: *Der Apfel*, Zeitschrift des Österreichischen Frauenforums Feministische Theologie, Nr. 56 (2001), 9–13.

Frauen in der Mythologie und Göttinnenwelt

für alle gerechteren Gesellschaftsform.
Als in den siebziger Jahren des 20. Jahrhunderts im deutschen Sprachraum, d.h. besonders in Deutschland, die Bewegung „Feministische Theologie" begann, auch aufgrund des Einflusses unserer amerikanischen Vorläuferinnen, war das eine große euphorische Aufbruchsstimmung. „Sisterhood ist powerful" – dies war unsere Parole. Umso dramatischer war der erste große Schwesternstreit Mitte der achtziger Jahre in der damaligen BRD, weil er die Illusion des „Nur gemeinsam sind wir stark!" erschütterte. Eine sehr betroffene Theologin prägte damals den Slogan: „Sisterhood ist powerful – it can kill you!" Dieser Streit entzündete sich besonders an der Frage der Göttin und ihrer Bedeutung nicht nur für die Theologie, sondern auch für die Spiritualität von Frauen. Der Schwesternstreit wurde auch zu einem jüdisch-christlichen. Jüdische Feministinnen warfen den christlichen Feministinnen Antijudaismus vor, der unter anderem darin bestand, dass manche christliche Feministinnen den Gott des so genannten Alten Testaments zum Erfinder des Patriarchats und zum Mörder der großen Göttin stilisierten.
Mein Zugang ist schon deshalb ein differenzierterer, weil ich mich von jeher dem christlich-jüdischen Dialog verpflichtet weiß. Mich faszinieren zwar die Bilder und die Geschichte der Göttin, aber der Graben von dreitausend Jahren Patriarchat macht es mir unmöglich, sie etwa kultisch zu verehren. Mein Anliegen besteht aber darin, ihre Bilder, ihre Geschichte, auch wenn diese nur aus Spuren besteht, weiter zu erzählen, als eine Geschichte von gesellschaftlicher Macht und Entmachtung, als Teil der Frauengeschichte, jener Teil, der uns vorenthalten wurde. Ihre Bilder sind für mich starkmachende Bilder,

Frauen in der Mythologie und Göttinnenwelt

die wir eigenen Ohnmachtsgefühlen entgegensetzen können, um vielleicht eigene verdrängte Ressourcen zu entdecken und ihnen Vertrauen zu schenken, wobei zu betonen ist, dass auch die jüdische Bibel, unser so genanntes Altes Testaments, viele matriarchale Traditionen und neben patriarchalen Gottesbildern auch ein ganzheitliches Gottesbild bewahrt hat (Gen 1,27), das uns allerdings kaum gelehrt wurde.

I. Entdeckung des sogenannten „Matriarchats"

Der eigentliche Entdecker des sogenannten Matriarchats war Johann Jakob Bachofen. Er ging den Anfängen der Menschheitsgeschichte und der Beziehung der Geschlechter nach. Bachofen vertritt die These, dass unserer – durch das Patriarchat bestimmten – Kulturstufe eine andere vorausging, deren Merkmal die Gynaikokratie, also die Herrschaft der Frauen war (griech. *kratein* – herrschen). Die Frau, so Bachofen, sei das von Anfang an Gegebene, der Mann das Gewordene, sie die Ursache, er die Wirkung.

Als Grundlagen oder Quellen zur Rekonstruktion dieser Entwicklung dienten Bachofen zunächst
1. die Mythen, hauptsächlich Homer und Hesiod. Mythen sind für Bachofen „Erinnerung an reale und universale Geschichte".
2. Als zweite Quelle dienten ihm griechische Geschichtsschreiber der letzten fünf Jahrhunderte vor Christus, wie Herodot, Heraklides, Nymphis und Diodor. Durch sie stößt er zunächst auf die Lykier, die – nach Hesiod – aus Kreta stammten, sich nach der Mutter nannten, ihre Töchter beerbten und bei denen die Frauen über die Männer herrschten, wie Hera-

Frauen in der Mythologie und Göttinnenwelt

klides schimpfend zu berichten weiß. Von ihm übernimmt Bachofen auch den Begriff Gynaikokratie (Frauenherrschaft), während der Begriff Matriarchat erst in viel späterer Zeit geprägt wurde, nämlich im ausgehenden 19. Jahrhundert. An den Berichten über die Lykier entwickelt Bachofen seine Theorie vom Mutterrecht als erster menschlicher Kulturstufe und der Entstehung des Patriarchats als zweiter.

Diese erste „gynaikokratische" Gesellschaft hatte nach Bachofen spezifische rechtliche, ethische und religiöse Grundlagen:

a) Die rechtlichen waren gekennzeichnet durch „das Prinzipat der Mutter", z.B. die Benennung nach der Mutter, weibliche Erbfolge und die "Unsühnbarkeit des Muttermordes", den Bachofen im Mythos der Orestie wahrnimmt,

b) die ethischen, indem das Zusammenleben der Menschen an den „mütterlichen Prinzipien der Liebe und Barmherzigkeit" ausgerichtet war, und

c) die religiösen durch das Überragen der Frau im Kultus, in dem sie als Göttin und Priesterin dem Mann vorgeordnet war. Durch diese ihre „besondere religiöse Weihe" konnten sich die Frauen – nach Bachofens Meinung – gegen die physische Überlegenheit der Männer durchsetzen.

Der Wechsel zum Patriarchat wird von Bachofen aber im Grunde als notwendiger Fortschritt gesehen:

– als die Erhebung des Geistes aus den Gesetzen der Natur und des stofflichen Lebens,

– als die Entwicklung vom weiblich-stofflichen zum geistig-männlichen Prinzip,

– von der Natur zur Kultur,

– vom dunklen Mondprinzip zum hellen Solarprinzip des Apollon,

– von der dunklen, orientalischen Mutterwelt zur hellen, griechischen Vaterwelt.

Andererseits habe die Geschichte des Patriarchats diese ihre Vorstufe, das Matriarchat, völlig verdeckt und in die Vergessenheit sinken lassen. Sie von dort wieder hervorzuholen, ist Bachofens Anliegen und zweifellos auch sein Verdienst – bei aller berechtigten feministischen Kritik an ihm. Die Wiederentdeckung Bachofens durch die zweite Frauenbewegung in unserem Jahrhundert löste unter Feministinnen vehemente Debatten aus – von begeisterter Aufnahme bis zu harter Kritik. Löste nicht der Begriff Matriarchat die Vorstellung von Frauenherrschaft aus, die zwangsläufig das Patriarchat, als Gegenbewegung unterdrückter Männer hervorgerufen hätte? Bachofens Untersuchungen wurden sehr bald von der gesellschaftstheoretischen, historischen und ethnologischen Forschung aufgegriffen, ebenso von Religionswissenschaft und Psychologie. So sehr ihm auch widersprochen wurde und viele seiner Thesen widerlegt worden sind, so inspirierend hat er doch auf seine – und jetzt erneut auf unsere – Zeit gewirkt. So dienten seine Erkenntnisse zunächst Lewis Henry Morgan bei seiner Erforschung von Urgesellschaften (Ancient Society, 1877) und Friedrich Engels bei seinem für den Marxismus grundlegenden Werk *Vom Ursprung der Familie, des Privateigentums und des Staates* (1884).

Was die Psychologie angeht, so stehen vor allem C.G. Jung, und sein Schüler Erich Neumann mit seinem Werk *Die große Mutter* (1956) in der Tradition der von Bachofen initiierten Matriarchatsdiskussion. Für Jung und Neumann sind Matriarchat und Patriarchat weniger historisch aufeinander folgende Epochen als vielmehr: psychische Stufen, die durch verschiedene Entwicklungen des Bewusstseins und des Unbewussten im Menschen charakterisiert sind, so Neumann. Es sind dies Phasen, durch die gewissermaßen jeder Mensch in seiner Entwicklung hindurch muss. Im „matriarchalischen Stadium" der psychisch-menschlichen Entwicklung dominieren das Unbewusst-Weibliche und damit auch der Archetyp der großen Mutter, im positiven aber auch im negativen Sinn. Im „patriarchalischen Stadium" hat sich das Bewusstsein weitgehend aus dem Unbewussten gelöst und damit das Weibliche überwunden – aber auch verdrängt, wobei wieder das Weibliche dem dunklen, unbewussten, das Männliche aber dem hellen, solaren Prinzip des Bewusstseins zuzuordnen sei.

Von Bachofen und Jung übernimmt Neumann wohl auch die nicht zu verkennende Angst vor der Frau, genauer gesagt: vor der matriarchalen Frau mit ihrer noch nicht domestizierten Sexualität.

II. Feministische Diskussion

Die breit gefächerte feministische Diskussion kann ich hier nur sehr verkürzt wiedergeben. Heide Göttner-Abendroth hat in ihrem 1980 erschienen Buch *Die Göttin und ihr Heros* erstmals so etwas wie eine feministische Matriarchats-Theorie entwickelt. Ihrer Meinung nach ist die matriarchale Gesellschaftsstruktur durch drei Faktoren gekennzeichnet:

1. Durch den ökonomischen Bereich: Dieser ist bestimmt durch Ackerbau und zwar vom primitiven Gartenbau bis zu technisch hochentwickelter Bodenkultivierung durch Bewässerungsanlagen.

2. Durch den sozialen Bereich: Dieser ist geprägt durch Matrilinearität (weibliche Erbfolge) und Matrilokalität, d.h. der Wohnsitz der Mutter ist entscheidend: bei Exogamie (d.h. die Heirat außerhalb des eigenen Stammes) zieht der Mann zur Sippe der Frau, in der sie als Sippenmutter die dominierende Rolle hat. Oder sie herrscht als Priesterin-Königin im theokratischen Stadtstaat matriarchaler Hochkulturen. Die Verwandtschaftsbeziehung zur Mutter und ihrer Familie steht immer vor der Vater-Sohn-Beziehung. Auf sexuellem Gebiet besteht große Toleranz.
3. Durch den religiösen Bereich: Dieser ist gekennzeichnet durch die Verehrung der großen Göttin, die in dreifacher Gestalt auftritt: als Herrin des Himmels und als jugendliche Astralgöttin; als Erd- und Muttergöttin; als greise, weise Göttin der Unterwelt.

Die Zeitvorstellung ist zyklisch, nicht linear. Sie ist bestimmt durch den Zyklus des Mondes, der dem der Frau entspricht. Das zyklische Denken und Empfinden bestimmt auch den rituellen Bereich mit seinen jahreszeitlich wiederkehrenden Festen, bei denen der Priesterin-Königin ein König in Gestalt des „Fruchtbarkeitsheros" zugeordnet ist, der im Herbst stirbt und im Frühjahr aufersteht, um die Fruchtbarkeit der Erde zu erneuern. Trotz anregender Erkenntnisse ist kritisch gegen sie (und zahlreiche ihrer Anhängerinnen) zu sagen, dass sie vor allem mit ihrer Göttin-Heros-Struktur ein Muster oder Schema schafft, in das sie sämtliche Mythen, Märchen und Religionen presst, ohne dem jeweils verschiedenen geschichtlichen Kontext ihrer Entstehung gerecht zu werden. Über den Raster der Enthistorisierung wird z.B. auch Maria als Göttin mit Jesus als ihren Heros definiert. Marie-Theres Wacker kritisiert die Idealisierung des Heros, der durch ein freiwilliges Selbstopfer sterben muss, um den Zyklus der Natur zu gewährleisten – wobei auch die Natur als grausame erscheint. Die Hoffnung auf Versöhnung ohne Opfer, die unsere Gesellschaft so dringend braucht, kommt nicht in den Blick (Wacker, 1987, 33).

Neben der positiven Aufnahme von Bachofen seitens der Frauenbewegung gibt es auch wie gesagt vehemente feministische Kritik gegen ihn. Bachofens Stellung zur Frau sei widersprüchlich: Einerseits reduziere er die Frau auf das Mütterliche, das obendrein als das Stofflich-Dunkle dem hellen, männlich-geistigen Prinzip gegenüber abgewertet wird. Andererseits schwelge Bachofen in einer romantischen Verherrlichung des Mütterlichen, die ideologisch-faschistisch missbraucht werden konnte und kann. Das gilt im Übrigen auch für Jung und Neumann.

III. Theorien zur Entstehung des Patriarchats aus sozialgeschichtlicher, ökonomischer und ethnologischer Sicht

Nach Borneman und anderen Soziologen sind hauptsächlich folgende Ursachen bzw. das Zusammenwirken verschiedener Faktoren für die Entstehung des Patriarchats verantwortlich.

1. Das *Inzest-Tabu*: Solange in frühen Stammesgesellschaften der Zusammenhang von Zeugung und Geburt noch nicht bekannt war und wohl auch nicht beachtet wurde, galt die Frau allein als Lebensspenderin und wurde als Mutter verehrt, sowohl religiös wie sozial. Damit verbunden

Frauen in der Mythologie und Göttinnenwelt

galt das sogenannte Mutterrecht: also Matrilinearität und Matrilokalität. Mit der Kenntnis des Zusammenhangs von Zeugung und Geburt beginnen das so genannte Inzest-Tabu und damit die sexuelle Kontrolle über die Frau. Der Vater will wissen, wer seine Kinder sind, um ihnen sein Eigentum zu vererben. Damit ist schon ein zweiter wesentlicher Faktor angesprochen, nämlich:

2. Die Entstehung des *Privateigentums*: Bei indogermanischen Nomaden entstand durch Viehzucht erstmals mehrwerterzeugende Produktion und damit der Wunsch, die Nachkommen zu versorgen. Vieh bringt Zinsen in Form von Jungen (lat. *pecunia* – Geld, Wohlstand, abgeleitet von *pecus* – Vieh, Kleinvieh). Da Viehzucht ausschließlich Männergeschäft war, entstand das Interesse an männlicher Erbfolge und verbunden damit, wie schon erwähnt, die sexuelle Kontrolle über die Frau, die ihrerseits nun auch als Besitz angesehen wird.

3. Die Erfindung des *Pfluges* war nach Meinung der Soziologen ein weiterer Punkt, der zum Machtverlust der Frau beitrug. In den frühesten Gesellschaften hat die Sammeltätigkeit der Frauen zur Ernährung des Stammes beigetragen. Aus der Sammeltätigkeit und aus der Erfahrung, die Frauen im Umgang mit den gesammelten Pflanzen gewonnen hatten (Funktion von Samen), entwickelte sich mit dem Sesshaftwerden der Anbau von Pflanzen, also der Ackerbau. Auch dieser war zunächst die Domäne der Frau, die auch über die von ihr erzeugten Produkte verfügte. Kennzeichnend ist der Hackbau. Die hierzu verwendete Hacke gilt als ihre Erfindung, sowie im Übrigen auch das Töpfern, Spinnen und Weben. Als durch die Erfindung des Pfluges der Ackerbau in die Hände des Mannes, der auch den Pflug

bediente, überging, gewann er die Vorherrschaft über die Nahrungsversorgung, die obendrein – durch die größere Produktivität des Pfluges gegenüber der Hacke – effizienter war. Durch diese Effizienz wurde auch der einzelne „Bauer" unabhängiger von der großen Sippe, die nun zu kleineren Familieneinheiten zusammenschmolz, was wiederum den Nachweis der Vaterschaft und die sexuelle Kontrolle über die Frau leichter machte. Die sexuelle Freiheit oder Unfreiheit der Frau gilt im Übrigen meistens als ein Gradmesser für ihre Stellung in der Gesellschaft (Wesel, 1981, 82f). Die Unterdrückung der Frau ist immer verbunden mit Sexualtabus. So entstand Patrilokalität und Patrilinearität als Beginn des so genannten Patriarchats. Bis heute findet man übrigens in matrilokalen Gesellschaften noch den Hackbau und keinen Pflug. Es ist dies auch ein schonenderer Umgang mit der Erde. Die Ethnologen scheinen darin einig zu sein, dass das Entstehen von

4. *Patrilokalität* für die Frau größten Nachteil brachte, besonders in Verbindung mit dem Brautpreis, den es in matrilokalen Gesellschaften nicht gibt. (Von 40 daraufhin untersuchten noch vorhandenen Gesellschaften konnte nur in 3 eine Art Brautpreis festgestellt werden.) Bei Patrilokalität zieht die Frau in den Stamm ihres Mannes. Sie hat ihre Familie, aber auch ihre Götter und Ahnen verlassen und ist ganz auf den Stamm ihres Mannes angewiesen, der über sie und ihre Kinder zu bestimmen hat. Verlässt sie ihren Mann, muss sie ihre Kinder zurücklassen. Sie kann den Stamm ihres Mannes erst wieder verlassen, wenn sie diesem eine Reihe von Kindern geboren hat. Verlässt sie ihn früher, muss ihre Familie den Brautpreis zurückzahlen, was meist schwer durchführbar ist.

IV. Gesellschaftlicher Wandel bereits in der griechischen Mythologie

Das klassische Beispiel der griechischen Mythologie, das den gesellschaftlichen Umbruch vom Mutterrecht zum Vaterrecht spiegelt, liefert die Sage von Orest, die Aischylos im 458 v.Chr. dramatisiert hat. „Die Eumeniden" vertreten in diesem Drama das alte Mutterrecht, nachdem der Muttermord ein unsühnbares Verbrechen darstellt, während ein Mord am Gatten oder Vater weniger schwer wiegt, da dieser nicht mit der Frau oder den Kindern als blutsverwandt gilt. Orest, der seine Mutter Klytaimnestra getötet hatte, um den von ihr ermordeten Vater zu rächen, wird deshalb von den Erinnyen verfolgt. Apoll und Athene – als die neuen Götter und Vertreter des Vaterrechts – verteidigen Orest mit folgender Begründung, wonach Muttermord nicht mehr strafbar sei:

Apoll: *„Die Mutter ist nicht Ursprung ihres Kinds, wie mancher glaubt, sie nährt nur seinen Keim. Wer zeugt, erschafft; sie hegt ein fremdes Pfand, bewahrt den Sproß, den Gott erhalten will."*

Aber im Grunde geht es auch ganz ohne Mutter: Der Beweis für diese umwälzende biologische Theorie liefert die aus dem Haupt ihres Vaters entsprungene Athene. Apoll fährt deshalb fort:

„Und dafür höre deutlichen Beweis. Auch ohne Mutter wird man Vater; dies bezeugt vor uns das Kind des höchsten Zeus, von keines Mutterschoßes Nacht ernährt, doch herrlich wie kein andres Götterkind."

Als die Urteilsfällung unentschieden ist, wirft Athene ihre Stimme für Orest in die Waagschale:

„Mein ist das Werk, zu enden diesen Gang: Ich lege für Orestes diesen Stein. Da mich kein Mutterschoß gebar, so schlägt mein

Frauen in der Mythologie und Göttinnenwelt

Herz dem Manne, ohne Eheband. Ganz bin ich meines Vaters, ganz sein Kind. Nie schlag ich Tod der Frauen höher an als den des Mannes, der des Hauses Haupt."

Daraufhin ist Orest vom Muttermord freigesprochen. Die Eumeniden klagen:

O ihr neueren Götter,
Die alten Gesetze,
Ihr tratet sie nieder,
Entwunden sind sie der Hand,...
Mutter, vernimm mich
(Mutter Nacht):
mein Recht
mein Urrecht haben die Ränke
der jungen Götter verworfen."

Eine Erzählung des Varros, die Augustinus (De Civitate Dei, 18, 9) überliefert hat:

> Eine Sage aus Athen: Es brach zu gleicher Zeit aus der Erde ein Ölbaum, an einer anderen Stelle Wasser hervor. Der König erschrak, sandte nach Delphi und ließ fragen, was das bedeute und was zu tun sei? Der Gott antwortete, der Ölbaum bedeute Minerva, das Wasser Neptun und es steht nun bei den Bürgern, nach welchem Zeichen und nach welchen der beiden Gottheiten sie für passend erachten, ihre Stadt zu benennen. Da berief Cecrops eine Versammlung der Bürger und zwar der Männer und Frauen, denn es war damals Sitte, auch die Frauen an der öffentlichen Beratung teilnehmen zu lassen. Da stimmten die Männer für Neptun, die Frauen für Minerva und da eine Frau mehr war, so siegte Minerva. Da ergrimmte Neptun und bald darauf überflutete das Meer alle Länderei-

en der Athener. Um Gottes Zorn zu beschwichtigen, sah sich die Bürgerschaft genötigt, ihren Weibern eine dreifache Strafe aufzuerlegen. Sie sollten ihr Stimmrecht verlieren, ihre Kinder sollten nicht länger der Mutter Namen erhalten, sie selbst Athenäerinnen genannt werden. So waren sie nur mehr Bürgersfrauen und keine Bürgerinnen. Später sagte die Frau: Ubi tu Gaius, ibi ego Gaia. Nach dem alten Recht hatte der Mann sagen müssen: Ubi tu Gaia, ibi ego Gaius.

(Bachofen, 1982, 138)

Cato zur Lex Oppia:

Unsere Väter wollten es, dass die Frauen unter der Gewalt ihrer Väter, ihrer Brüder, ihrer Gatten stehen sollten. Erinnert Euch an das Gesetz, nach welchem unsere Väter die Freiheit der Frauen beschränkten, nach welchem sie sie unter die Macht der Männer gebeugt haben. Sobald sie unseresgleichen sind, werden sie uns überlegen

(Schreier, 1978, 80f)

V. Der männliche Gebärneid und seine Folgen

Hatte die Macht von Frauen in alten Zeiten mit ihrer Macht, Leben zu geben, in Zusammenhang gestanden, so war zweifellos ein wesentlicher Faktor des sich zwar langsam aber sicher vollziehenden gesellschaftlichen Wandels die Kenntnis von Zeugung und Geburt – die nun wissenschaftlich bzw. biologisch ausgebaut wurde. War sie früher allein die Leben-gebende gewesen, so wurde auf einmal der Spieß radikal umgedreht: Der Beitrag der Frauen am Prozess der Entstehung von Leben wird nun als minimal angesehen, während auf einmal der Mann daran den Hauptanteil hat. So ist es nun der Mann, der allein Leben zeugt und der seinen kostbaren Samen, der auch den „vollständigen Menschen" enthält, der Frau gleich einem Gefäß lediglich zur Aufbewahrung und Reifung anvertraut. Der Zusammenhang von Biologie und Macht bzw. Ohnmacht wird zu einem zentralen Thema des Patriarchats im Grunde bis heute, wenn wir die so genannte Reproduktionstechnologie, Invitro-Fertilisation, und das „Klonen" unter diesem Aspekt betrachten.

Literatur:
BACHOFEN, Johann Jakob, Das Mutterrecht. Eine Untersuchung über die Gynaikokratie der Alten Welt nach ihrer religiösen und rechtlichen Natur, in: Gesammelte Werke, Bde. 2 und 3, Basel 1982 (1. Auflage 1861).
BORNEMAN, Ernest, Das Patriarchat. Ursprung und Zukunft unseres Gesellschaftssystems, Frankfurt 1975.
GÖTTNER-ABENDROTH, Heide, Die Göttin und ihr Heros. Die matriarchale Religion in Mythos, Märchen und Dichtung, München 1980.
GOULD-DAVIS, Elizabeth, Am Anfang war die Frau. Die neue Zivilisationsgeschichte aus weiblicher Sicht, München 1977.
HOLLOMEY, Werner, Indianer des Südwestens, Graz 1985.
MEAD, Margaret, Mann und Weib. Das Verhältnis der Geschlechter in einer sich wandelnden Welt, Konstanz 1955.
MOLTMANN-WENDEL, Elisabeth, Das Land, wo Milch und Honig fließt. Perspektiven einer feministischen Theologie, Gütersloh 1985.

NEUMANN, Erich, Die große Mutter. Eine Phänomenologie der weiblichen Gestalt des Unbewußten, Zürich 1955.
VON RANKE-GRAVES, Robert, Griechische Mythologie, Bde. 1 und 2, Hamburg 1960.
SCHREIER, Josefine, Göttinnen. Ihr Einfluß von der Urzeit bis zur Gegenwart, München 1978.
WACKER, Marie-Theres, Die Göttin kehrt zurück. Kritische Sichtung neuerer Entwürfe, in: dies. (Hg.), Der Gott der Männer und die Frauen, Düsseldorf 1987, 11-37.
— / BRAULIK, Georg, Der eine Gott und die Göttin. Gottesvorstellungen des biblischen Israels im Horizont feministischer Theologie, Quaestiones disputatae 135, Freiburg i. Br. 1991.
WESEL, Uwe, Der Mythos vom Matriarchat. Über Bachofens Mutterrecht und die Stellung von Frauen in frühen Gesellschaften, Frankfurt 1980.

Altes Testament

Das Buch Ester[*]

I. Inhalt

Das Buch Ester ist eine Novelle, die im persischen Großreich am Hofe des Königs Ahasveros, Xerxes I., (Sohn des Dareios, 486 v.Chr.) angesiedelt ist. Dieser verstößt seine Frau, die Königin Vasti, und erhebt an ihrer statt Ester zu seiner Gemahlin und Königin. Ester ist Jüdin und Pflegetochter des Mardochai. Dieser rettet dem König das Leben, indem er eine Verschwörung gegen ihn aufdeckt. Aber Mardochai und die Juden überhaupt haben am Hof einen gefährlichen Gegner, den Großvesir Haman. Dieser erwirkt beim König einen Erlass zu ihrer Vernichtung. Sie wird durch das Los – *pur* – auf den 13. Tag des 12. Monats (Adar) festgesetzt. Mardochai erfährt davon, und auf sein Drängen hin erreicht Ester unter Einsatz ihres Lebens beim König die Rücknahme des Erlasses. Haman wird in einer zweideutigen Situation bei der Königin ertappt, gerät dadurch in Verdacht und wird an den Galgen gehängt, den er selbst zuvor für Mardochai hatte errichten lassen. Ester trägt dem König eine neue Bitte vor. Dieser gestattet daraufhin den Juden nun ihrerseits ihre Gegner auszurotten. Dies geschieht dann auch an jenem durch das Los ursprünglich bestimmten Tag, wo in der Hauptstadt Susa 500 und am darauf folgenden Tag in den Provinzen 75.000 Mann niedergemacht werden. Daraufhin werden die zwei dem Sieg folgenden Tage für die Juden zu Festtagen erklärt, dem Purimfest.[1]

---

[*] Bisher unveröffentlicht, Bibelarbeit, Klagenfurt 1981.

II. Entstehungsgeschichte

Das Buch Ester ist als Festlegende des Purimfestes in den Kanon gekommen, obwohl es bis heute vor allem wegen seiner unverhüllten Racheideologie heftigster Kritik ausgesetzt ist. Das Buch möchte die geschichtlichen Umstände der Entstehung des Purimfestes schildern. Dabei ist die Erzählung geschickt so gestaltet, dass sie die Feier des Purimfestes begründet, so als ob die erzählten Vorgänge tatsächlich zur Feier und Einsetzung des Festes geführt hätten, woraus auch die Verpflichtung abgeleitet wird, das Fest jährlich zu begehen.[2]

In Wirklichkeit (hier sind sich alle Kommentatoren einig) dürfte das Purimfest lange vor der Estererzählung entstanden sein und wahrscheinlich aus dem Diasporajudentum kommend im jüdischen Volk eine feste Tradition gehabt haben. Man nimmt auch mit ziemlicher Sicherheit an, dass es sich ursprünglich um ein heidnisches Fest gehandelt hat, über dessen Bedeutung man allerdings ziemlich im Dunkeln tappt, denn außer dem biblischen Bericht hat man keinerlei literarischen Hinweis. Dem jüdischen Verfasser aber konnte nichts dran gelegen sein, den heidnischen Ursprung zu erhalten oder zu erhellen. Im Gegenteil: Ester ist ein jüdisches Buch und soll ja gerade dazu dienen, das heidnische Fest, das offenbar eine so starke Tradition hatte, dass es nicht mehr abzuschaffen ging, zu judaisieren bzw. die Feier desselben zu legitimieren. (Wahrscheinlich ist das Fest von den Juden lange Zeit als Fest des Wirtsvolks in der Diaspora mitgefeiert worden, bis eine Judaisierung unumgänglich schien.)

Schon das Wort *pur* (aus dem dann die hebräische Mehrzahl *purim* gebildet wurde) weist auf den heidnischen Ursprung hin. Es stammt aus dem Akkadischen (Mesopotamien) und wird ins Hebräische übersetzt mit *goral*, das „Los" (Est 3,7). Die Mehrzahl bezeichnet dann die zwei Feiertage nach dem Sieg (Est 9,26).

Bardtke nimmt an, dass beim ursprünglich heidnischen Fest ein Los-Werfen zum Zweck der Schicksalsbestimmung (ähnlich unserem Bleigießen) Brauch gewesen sein könnte, was auf ein babylonisches Neujahrsfest weisen würde, dafür spreche auch das Datum: im letzten Monat des Jahres. Die Erklärung, die das Esterbuch gibt, indem Haman durch das Los den Tag der Vernichtung der Juden festsetzt, ist eine etwas mühsame Konstruktion für eine Namensätiologie.
Purim muss jedenfalls immer ein lustiges Freudenfest gewesen sein und hat seinen ausgelassenen Charakter auch später beibehalten. Ein Rabbinenspruch sagt, man müsse an den beiden Tagen so viel trinken, dass man nicht mehr unterscheiden könne zwischen „Gesegnet sei Mardochai" und „Verflucht sei Haman".[3]

Zur Frage der Geschichtlichkeit:

Die Gestalten und Ereignisse sind ungeschichtlich: Als Gemahlin des Perserkönigs Xerxes sind weder eine Königin Vasti noch Ester bekannt. Vielmehr hieß die Königin Amestris. Unglaubwürdig ist auch, dass der König durch einen Erlass die Niedermetzelung Tausender seiner eigenen Untertanen durch die Juden duldet, nur auf die Bitte einer schönen Frau hin u.v.a. Die geschichtliche Erfahrung sind Judenverfolgungen unter Fremdherrschaft, die der Verfasser ins Perserreich verlegt, wobei ihm Esra und Nehemia als

Quellen gedient haben mochten (Mardochai wird hier auf den Heimkehrerlisten genannt (Esra 2,2; Neh 7,7)).
Im Allgemeinen setzt man die Entstehungszeit des Esterbuchs an den Anfang des 2. Jh. v.Chr. wegen seiner Verwandtschaft mit dem hellenistischen Roman, aber auch Daniel und Judith.[4] Für Lebram (*VT 22*, 1972) ist das Esterbuch aufgrund der Parallele von Purim und Chanukka eine in hasmonäischer Zeit überarbeitete Festtradition, die aus Jerusalem stammt.[5] Die erste Erwähnung des Purimfestes außerhalb des Esterbuches findet sich im 2. Makkabäerbuch; es kommt weder im alttestamentlichen Festkalender noch im Neuen Testament vor.
Die (allerdings umstrittene) theologische Bedeutung des Buches wird in seiner Tendenz gesehen, Juden in der Verfolgungssituation Trost und Mut zur Selbstbehauptung zu vermitteln.

III. Das Buch Ester – Versuch einer Lesart unter feministischen Gesichtspunkten

III.1. Die Verstoßung Vastis – Est 1

Warum weigert sich Vasti, vor dem König und den Fürsten zu erscheinen? Diese Frage beschäftigt die Kommentatoren. Man sucht fieberhaft nach Gründen.
Die Targumisten interpretieren den Vers 11, in dem Vasti mit ihrem Diadem angetan vor den König geholt werden soll, so als ob diese *nur* mit ihrem Diadem, also nackt zu erscheinen hätte. Anders schien ihnen Vastis Weigerung wahrscheinlich gänzlich unverständlich! Diese Auslegung

wird aber heute allgemein nicht aufrechterhalten.[6] Bardtke betont im Gegenteil, dass die Königin „keineswegs in einer entwürdigenden Form" den Festteilnehmern gezeigt werden sollte, ja dass sich vielmehr „der König durchaus seiner Verpflichtungen bewusst" war, wenn er sie anlässlich eines „Auftretens in der Öffentlichkeit" im Diadem erscheinen lassen wollte. Er weist ferner darauf hin, dass der König Vasti durch die Einhaltung des höfischen Zeremoniells – indem er sieben Diener nach ihr schickte – durchaus die ihr gebührende Ehrerbietung erwies.[7] Dabei ist sich Bardtke des Zynismus seiner Äußerungen gar nicht bewusst!
War der Ungehorsam der Königin also lediglich eine momentane Laune? Aber auch dafür findet man im Text keine eigentliche Antwort.
Wie um Vasti gleichsam zu entschuldigen, führt man den Hinweis auf des Königs Weinlaune in Vers 7 und 10 an, und Bardtke lässt sich sogar zu der Äußerung hinreißen, dass „abendländisches Empfinden [...] diese Weigerung stets gebilligt"[8] habe, da die Königin doch schlecht in eine betrunkene Männerversammlung hineingehen konnte. (Nicht anders ist auch die Bemerkung Nöldekes zu verstehen, wenn er meint: „Die einzige Person, die sich untadelig benimmt, die Königin Vasti, wird dafür bestraft."[9])
Letztlich aber begnügt man sich mit der Feststellung, dass der Verfasser lediglich Vastis Ungehorsam schildern wollte, ohne einen näheren Grund dafür anzugeben.
Es stimmt, dass der Verfasser für Vastis Weigerung keinen Grund angibt, und das hat wiederum seinen besonderen Grund. Wollte er nämlich Vastis Weigerung begründen, käme das schon fast einer Entschuldigung gleich und nichts liegt ihm ferner; im Gegenteil: er stilisiert Vastis Ungehor-

sam zum Staatsverbrechen empor, das ja dann auch wie ein solches mit drastischen Mitteln, nämlich ihrer Verstoßung, geahndet wird. – Staatsverbrechen deshalb, weil Vastis Ungehorsam – nach Meinung des Verfassers – nicht nur einen Verstoß gegen den König persönlich, sondern auch gegen alle Fürsten und Völker des Riesenreiches darstellt, und überdies ihr schlechtes Beispiel bei anderen Frauen Schule machen könnte.[10] So scheint es mehr als gerechtfertigt, wenn Vasti ihre königliche Würde nunmehr einer anderen überlassen muss, „die besser ist als sie" (Est 1,19), und der Erzähler hat damit die geeignete Plattform für das Auftreten Esters geschaffen: denn nun kann er sehr wirkungsvoll der ungehorsamen Vasti die Idealfrau, nämlich die allzeit gehorsame Ester, gegenüberstellen.

III.2 Ester, das Idealbild einer gehorsamen Frau

Esters Gehorsam beginnt damit, dass sie sich von ihrem Onkel und Pflegevater, dem Juden Mardochai, der offenbar von Anfang an einen klugen Plan verfolgt, über seine schöne Pflegetochter am persischen Hof Einfluss und Macht zu gewinnen, in den königlichen Harem bringen lässt, um mit den schönsten Jungfrauen Persiens um die Gunst des Königs zu konkurrieren (Est 2,9-18). Dabei verschweigt sie auf Befehl Mardochais, dass sie Jüdin ist; zunächst auch dann noch, als sie bereits Königin ist. Dem Verfasser liegt offensichtlich daran, ausdrücklich zu betonen, dass das auch diesmal auf Befehl des Onkels hin geschieht. Möchte er damit sagen, dass Ester, die doch nunmehr als Gemahlin des Königs und diesem daher nach dem Recht untertan ist, trotzdem auch noch weiterhin ihrem Onkel gehorcht?

Das Buch Ester

Auch die Vorbereitungen, die notwendig sind, bevor sie das erste Mal dem König vorgeführt werden kann und die nicht weniger als ein ganzes Jahr lang dauern, lässt Ester widerspruchslos über sich ergehen. Dass sie dabei mit allen erdenklichen Schönheitsmitteln traktiert und buchstäblich wie eine Gans vor Weihnachten gemästet wird (Est 2,9 und 2,12), um nur ja dem König zu gefallen, scheint sie durchaus nicht als entwürdigend zu empfinden. Im Gegenteil, auch hier stets gehorsam und bescheiden, erwirbt sie nicht nur die Gunst des Haremvorstehers Hegai, sondern auch dessen besondere Protektion, was ihre Chancen bezüglich einer Wahl beträchtlich erhöht – die ihr natürlich dann auch gelingt![11]

So ist es dem Verfasser bereits bei der Einführung Esters (Est 2) voll und ganz geglückt, diese im Gegensatz zu Vasti als das Idealbild einer jüdischen Frau zu schildern, deren wichtigste Eigenschaften – wenigstens seiner Meinung nach – Tugend, sprich Jungfräulichkeit, Bescheidenheit, Schönheit und v.a. natürlich Gehorsam sind.
Besitzt eine Frau diese Tugenden, so kann sie, wie in der Folge gezeigt werden soll, zu höchsten Ehren gelangen und auch ihrem Volk von größtem Nutzen sein. Vorausgesetzt natürlich, dass sie immer dem weisen Rat eines Mannes gehorcht.
Denn was die viel gepriesene und bis heute im jüdischen Volk gefeierte Befreiungstat Esters betrifft, kommt sie auch letztlich nur auf diese Weise zustande. Ja, der Verfasser verabsäumt es nicht, ihre (typisch weibliche!) Ängstlichkeit vor der Tat zu schildern, zu der sie sich erst bereit erklärt, als sie von Mardochai buchstäblich erpresst und eingeschüchtert

wird. Als Ester sich nämlich weigert, beim König für ihr Volk vorzusprechen – mit dem Hinweis auf die Gefährlichkeit eines solchen Unternehmens – antwortet ihr der Vormund:

„Denke nicht, dass du dein Leben errettest,
weil du im Palast des Königs bist,
du alleine von allen Juden.
Denn wenn du zu dieser Zeit schweigen wirst,
so wird eine Hilfe und Errettung von einem andern Ort her
den Juden erstehen,
du aber, und deines Vaters Haus ihr werdet umkommen."
(Est 4,13f)

Das gibt den Ausschlag. Ester gehorcht, macht sich besonders schön und bekommt Audienz beim König. Diese nützt sie aber nun nicht, um direkt ihre Bitte vorzutragen, sondern um den König und dessen Großvesir Haman, den Feind Mardochais und der Juden, zu einem Gastmahl einzuladen. Bei einem zweiten Gastmahl gelingt es ihr dann endlich, den König, der in Weinlaune versetzt offensichtlich scharf auf seine schöne Frau ist und bereit, ihr jeden Wunsch zu erfüllen – „Und wär es das halbe Königreich" (Est 7,1ff) –, um ihr Leben und das ihres Volkes zu bitten. Haman wird nun als Bösewicht entlarvt und dann von Ester in typischer Weibchenmanier vollends vernichtet. Sie arrangiert eine Szene, in der Haman um sein Leben bittend ihr zu Füßen liegt, als der König ihr Gemach betritt.
Dieser – in der Meinung, Haman habe seine Frau vergewaltigen wollen – macht kurzen Prozess und lässt Haman seinen Großvesir hängen. Ester, die den Irrtum hätte aufklären können, unternimmt nichts dergleichen, sondern

schämt sich nicht einmal nach Hamans Tod, dessen Vermögen vom König als Geschenk anzunehmen (Est 8,1). Dieses Verhalten seiner Idealfrau wird vom Verfasser keineswegs kritisiert!
Die inzwischen absolut gewordene Hörigkeit des Königs ihr gegenüber nützt Ester erstens, um Mardochai eine Position bei Hof zu verschaffen, und dann, um dem König nochmals ihre Bitte um Rücknahme des Erlasses zur Tötung der Juden vorzubringen. Sie tut dies mit Weinen und Flehen und Worten, die ihrer, ihr vom Verfasser zugedachten Rolle entsprechen:

„Gefällt es dem König
und habe ich Gnade gefunden vor ihm
und dünkt es den König recht
und gefalle ich ihm [...]."

(Est 8,5a)

Als nach dem ersten Gemetzel, bei dem die Juden in der Hauptstadt Susa 500 Perser getötet hatten, der König Ester nach ihren Wünschen fragt, erbittet sie noch einen zweiten Tag, an dem die Juden sich ihrer Feinde, die ohnedies keine Gegenwehr leisteten, entledigen sollten. Obendrein verlangt sie, dass die 10 Söhne Hamans gehängt werden sollen, was auch prompt geschieht (Est 9,12ff).
Dass solche Grausamkeiten dem Idealbild einer Frau widersprechen könnten, kommt dem Verfasser offenbar nicht in den Sinn. Im Gegenteil: Schönheit und Tugend gepaart mit einem Schuss Brutalität und Blutrünstigkeit scheinen nicht reizlos zu sein bei einer Frau und vor allem ganz in Ordnung, solang es den Interessen des Volkes dient.

Aber damit hat Ester ihre Rolle auch schon erfüllt. Denn, was jetzt kommt, ist Männersache! Und so kann Mardochai nun voll in Aktion treten und die Macht im persischen Staat übernehmen. Werden bei der Einsetzung des Purimfestes noch beide, Ester und Mardochai, erwähnt, so ist am Schluss (Est 10) nur noch von den Taten Mardochais, seiner Macht und Herrlichkeit, die Rede, der der Erste ist nach dem König im Staat[12] und groß und beliebt unter den Juden (Est 10,1-3).

So wird den Lesern gezeigt, wie weit es eine Frau im – oder durch – Gehorsam und unter der Leitung eines klugen Mannes bringen kann. Gleichzeitig aber wird am Schluss ihre Position schön wieder ins rechte Lot gerückt und – gleichsam mit einem mahnenden Seitenblick auf das Schicksal Vastis – rechtzeitig deutlich gemacht, wer der eigentliche „Herr im Haus" ist, nämlich: wenn schon nicht der von Anfang an etwas lächerlich gezeichnete Perserkönig, so doch Mardochai, der Jude und Mann!

Ringgren weist auf den möglichen Zusammenhang des Namens *Ester* (altpersisch: Stern) – STAR! – mit dem Namen der babylonischen Göttin *Ischtar* hin.[13] Auch gab es in Susa einen Ischtartempel.[14] Es wäre m.E. durchaus denkbar, wenn die These der meisten Kommentatoren stimmt, wonach Purim ein ursprünglich heidnisches Fest gewesen sei, dass dieses ein Fest zu Ehren der Göttin (=Königin) Ischtar war und mit einem Ischtarkult gefeiert wurde. Dann aber musste bei einer Judaisierung die Göttin profanisiert in der Gestalt der Jüdin Ester adaptiert und v.a. (in Abwehr weiblicher Gottheiten!) unter männliche Kontrolle bzw. Herrschaft gebracht werden! Dies würde auch der These von Lebram (*VT* 22, 1972, 212) nicht widersprechen, wo-

nach eine palästinische Überarbeitung der östlichen Estertradition diese zugunsten Mardochais in den Hintergrund gedrängt habe.[15] So erwähnt auch das 2. Makkabäerbuch einen Mardochaitag, der am 14. Adar gefeiert wird.
Allerdings ist mit dieser Theorie die Vasti-Episode noch nicht erklärt. Dieser wollen wir uns zum Schluss noch einmal zuwenden.

III.3. Das Buch Ester und die Frauenfrage

Es ist auffällig, dass an keiner anderen Stelle des Alten Testaments in so radikaler Weise absoluter Gehorsam einer Frau ihrem Mann gegenüber gefordert wird wie in Est 1.[16] Wenn dort noch dazu der Ungehorsam der Frau als staatsgefährdend beschrieben wird, kann man daraus schließen, dass in Est 1 die patriarchalische Reaktion auf eine beginnende Frauenemanzipation bzw. Frauenbewegung entweder in der jüdischen Diaspora oder in Palästina selbst vorliegt.[17]
Parallelen in der Geschichte der Antike bestätigen diese These: So gab es im 3. u. 2. Jh. v.Chr. im römischen Reich eine starke Emanzipationsbewegung, bei der Frauen um ihre Rechte kämpften. Bedingt durch die Tatsache, dass die Männer hauptsächlich mit Kriegführen beschäftigt waren, hatten die Frauen, die sich nun um alles kümmern mussten, mehr Selbstständigkeit, aber auch eine gewisse ökonomische Unabhängigkeit erlangt und hatten v.a. auch angefangen, Berufe auszuüben, die bislang nur den Männern vorbehalten gewesen waren. Das betraf natürlich vorwiegend Frauen der Ober- und Mittelschicht. „Im Bewusstsein ihres neuen rechtlichen Status, der aber nirgends offiziell im Gesetz verankert war, begannen die Frauen zu prozessie-

ren", so schildert Borneman die damalige Lage.[18] Er fährt dann fort: „Im Jahre 195 vor unserer Zeitrechnung kam es zum ersten Eingriff der Frau in das römische Staatswesen. Eine Gesetzesvorlage, die den Frauen vorschreiben wollte, was sie anziehen und wie viel sie ausgeben durften, wurde durch tägliche Frauendemonstrationen zu Fall gebracht." Nach Livius' Beschreibung zogen die rebellierenden Frauen Tag für Tag zum Forum Romanum und forderten die Rücknahme des Gesetzes. So wurde die Regierung am Ende zur Kapitulation gezwungen, was Cato veranlasste, das Ende der Republik zu prophezeien:

> „Unsere Vorfahren wollten, dass die Frauen nicht einmal private Angelegenheiten ohne männlichen Vormund betreiben könnten, dass sie völlig in der Herrschaft ihrer Väter, Brüder und Gatten stehen sollten. Wir dagegen dulden, dass sie von der Republik Besitz ergreifen und sich sogar in die Volksversammlung einmischen [...]. Was die Frauen wirklich wollen, ist ja nicht Freiheit, sondern Zügellosigkeit, und dies in allen Dingen [...]. Wenn sie aber einmal angefangen haben, uns gleich zu stehen, werden sie bald überlegen sein [...]. Wenn jeder von uns nach dem Beispiel der Vorfahren seine Frau nur fest in die Hand nähme, hätten wir mit dem ganzen Pack nicht auch noch öffentlichen Ärger. Aber so, wie es steht, wird die Freiheit, die wir zu Hause verloren haben, auch noch in aller Öffentlichkeit auf dem Forum weiblicher Unverschämtheit in den Dreck gezerrt und mit Füßen getreten. Und weil wir nicht einmal der eigenen Frau standhalten können, fürchten wir auch alle anderen."
>
> (Livius, *Römische Geschichte* XXXIV, 11-111)

Das Zitat des Cato ähnelt in erschreckender Weise der Diktion von Est 1. Die Tendenz ist die gleiche: die Rettung des bedrohten Patriarchats. Auch der Tenor ist der gleiche: Patriarchalische Männer reagieren mit übertriebener, bis ins Lächerliche gehender Ängstlichkeit auf selbständig werdende Frauen.[19] Gleichzeitig mit deren Verdammung und Beschimpfung wird ihnen stets ein extrem unemanzipiertes Frauenideal gegenübergestellt, das zwar den ethischen Forderungen der Männer, aber niemals der Wirklichkeit entspricht.[20] Auch diese Komponente findet sich im Buch Ester: Der ungehorsamen Vasti wird die unemanzipierte, aber dafür gehorsame Ester gegenübergestellt. Solche Typisierung eignet sich dann auch vorzüglich für Predigten. So wird in der Predigt von Karl Boxler aus Vasti der Typus Eva, die durch den Sündenfall alles verscherzt, und aus Ester das Vorbild für Maria, die Fürbitterin.[21]

Doch um noch einmal auf die römische Emanzipationsbewegung zurückzukommen: Solche Bewegungen wie die in Rom sind gewiss nicht ohne Wirkung auf benachbarte Staaten geblieben bzw. wahrscheinlich auch sonst keine Einzelerscheinungen gewesen. Crüsemann weist darauf hin, dass auch die israelitische Frau in der Spätzeit des Alten Testaments eine gewisse ökonomische Freiheit erworben hatte, v.a. in der Klasse der freien Grundbesitzer.[22] Sie wird auch bedingt erbfähig (Num 27). Spr 31,10ff und das Hohe Lied zeigen, dass die Frau zumindest in gewissen Bereichen mehr Selbstbewusstsein und Selbständigkeit erlangt hatte.

So tritt uns auch mit Vasti eine Frau entgegen, die soviel Selbstbewusstsein hat, dass sie sich weigert, ihre Rolle als Sexobjekt und Besitz ihres Mannes weiterzuspielen. Natürlich bringt der Verfasser ihren Standpunkt nicht zur Sprache, wie überhaupt zu bemerken ist, dass es leider diesbezügliche Dokumente aus der Antike, die von Frauen selbst stammen, nicht gibt.[23] So erleben wir Frauenemanzipation in der Antike immer nur indirekt und negativ im Spiegel männlicher (patriarchalischer) Reaktion auf dieselbe.

Zusammenfassend könnte man Folgendes sagen:

Das Buch Ester ist nicht nur die Judaisierung und Legitimierung eines ursprünglich heidnischen Festes, sondern zugleich auch die „Maskulinisierung" eines Festes, das ursprünglich einer weiblichen Gottheit (Ischtar) gegolten hat. Gleichzeitig bekämpft es eine aufkommende Frauenbewegung, vor deren unabsehbaren Folgen jüdische Leser gewarnt werden sollen.

1 Vgl. FOHRER, Georg, Das Alte Testament (Bd. 2 u. 3), Gütersloh 1970, 129.
2 Vgl. BARDTKE, Hans, Das Buch Esther (Kommentar zum AT), Gütersloh 1963.
3 Siehe Megilla 7b (Vgl. BARDTKE, 1963, 245).
4 Vgl. FOHRER, 1970.
5 Vgl. LEBRAM, Jürgen C. H., Purimfest und Estherbuch, VT 22 (1972), 208–222.
6 In diesem Zusammenhang weisen die Kommentatoren auf die bekannte, von Herodot überlieferte Erzählung vom Lyderkönig Kandaules hin, der aus Besitzerstolz seine schöne Frau nackt zeigen will. Die Königin bemerkt es, zwingt Gyges, Kandaules zu töten und sie zu heiraten. (Vgl. RINGGREN, BARDTKE u.a.)
7 Vgl. BARDTKE, 1963, 286.
8 BARDTKE, 1963, 286.
9 Zitiert ebd., Anm. 9.
10 Siehe dazu Est 1,16ff; wenn hier der Verfasser etwas ironisch-humoristisch zu übertreiben scheint, so keineswegs um anzudeuten, dass Vastis Vergehen etwa weniger ernst zu nehmen sei – so Bruce William Jones, der im Buch Ester hauptsächlich eine Satire auf das Verhalten Adeliger zur Ermunterung jüdischer Diasporaminderheiten sehen möchte (vgl. JONES, Bruce William, Two Misconceptions about the Book of Ester, *Catholic Biblical Quarterly* 39 (1977), 171–181) – sondern höchstens um sich über die Perser lustig zu machen, die nicht im Stande seien, ihre Frauen richtig im Zaum zu halten. Vgl.

dazu auch RINGGREN, Helmer, Das Buch Esther (ATD), Göttingen 1958, 121, der auf einen von späteren Verfassern bezeugten persischen Neujahrsbrauch hinweist, nach welchem die Frauen einen Tag lang ihren Männern gebieten, sodass diese alle ihre Wünsche erfüllen müssen. Die Vasti-Episode wäre demnach eine Kritik des Verfassers an diesem Brauch.

11 Vgl. 1001 Nacht! (Handschriftliche Anmerkung von Evi Krobath, Anm. d. Hg.)
12 Vgl. die Josefsgeschichte.
13 Vgl. RINGGREN, 1958, 123.
14 Vgl. BARDTKE, 1963, 247.
15 Vgl. LEBRAM, 1972, 212.
16 Vgl. GERSTENBERGER, Erhard S., Frau und Mann, Stuttgart 1980, 79.
17 Vgl. CRÜSEMANN, Frank / THYEN, Hartwig, Als Frau und Mann erschaffen. Exegetische Studien zur Rolle der Frau, Gelnhausen 1978, 48.
18 Vgl. BORNEMAN, Ernest, Das Patriarchat. Ursprung und Zukunft unseres Gesellschaftssystems, Frankfurt a. M. 1975, 487f.
19 Vgl. in diesem Zusammenhang auch Zitate der Verfasser der Briefe im Neuen Testament, etwa 1 Tim 2 oder 1 Kor 14 u.a. als Reaktion auf predigende Frauen in der Urkirche; ebenso die Zitate von Kirchenvätern und Zitate Johannes Pauls II. als Reaktion auf die heutige Frauenbewegung.
20 Vgl. SCHOTTROFF, Luise, Frauen in der Nachfolge Jesu in neutestamentlicher Zeit, in: SCHOTTROFF, Willy / STEGEMANN, Wolfgang, Traditionen der Befreiung, Bd. 2, München 1980, 91–133, 93.
21 Vgl. BARDTKE, 1963, 407, Anm. 5.
22 V.a. durch häusliche Produktionsweisen.
23 Vgl. SCHOTTROFF, 1980, 93.

Wie du, Abigail...

Ein Lehrer-/Schülergespräch zu 1 Sam 25*

Wie du, Abigail,
möchte ich harten Männern unerschrocken entgegentreten,
wenn sie ausgehen zu zerstören,
wie du
für Leben und Frieden alles riskieren,
wie du
klug reden können, höflich und selbstbewusst, leidenschaftlich
und argumentativ,
sanft und kompromisslos.
Wie du, Abigail, möchte ich sein.

LEHRERIN: Wir haben von Frauen im Alten Testament gesprochen, und ihr habt kritisiert, dass die wenigen bedeutenden Frauen, die erwähnt werden, meistens etwas mit Krieg zu tun hatten, so eine Art Kriegsheldinnen waren: Mirjam, Deborah, Jael, Judith, Ester...
Ich möchte euch heute mit einer Frau im Alten Testament bekannt machen, auf die das nicht zutrifft. Ihre Geschichte steht übrigens in keinem Religionsunterrichtsbuch, sie ist überhaupt ziemlich unbekannt. Ich meine aber, dass es eine sehr wichtige Geschichte ist, weil sie zeigt, wie man Frieden machen kann, obwohl eine kriegerische Auseinandersetzung unausweichlich scheint, und natürlich weil die

---

* Veröffentlicht in: KROBATH, Thomas / SCHMALSTIEG, Dieter Olaf / SUDA, Max J. (Hg.), Befreiung in Zwängen. Für Kurt Lüthi, Wien 1986, 133-140. Wieder veröffentlicht in: *Handreichung. Mitarbeiterhilfe und Informationsdienst der Frauenarbeit der Evangelischen Kirche A. und H.B. in Österreich*, Nr. 3 (1986/87), 18-24.

Heldin eine Frau ist und von Frauen, wie ihr wisst, in der Bibel ohnedies viel zu selten die Rede ist.

Die Geschichte spielt in der Zeit, als David auf der Flucht vor Saul im Land umherzieht: ein Verstoßener, den kein Recht und Gesetz mehr schützt, ein Out-law, wie wir heute sagen würden. Eine große Schar von Männern hat er um sich gesammelt, von denen berichtet wird, dass sie – ähnlich wie er selbst – „in Not verschuldet und verbitterten Herzens" (1 Sam 22,2) waren. So richtige Desperados, die David zu ihrem Anführer gemacht haben. Sie lebten u.a. davon, reiche Herdenbesitzer vor Überfällen zu beschützen bzw. sie gegen Obergriffe und vor Diebstählen seitens der eigenen Gruppe zu bewahren und dafür Abgaben zu verlangen.

SCHÜLER/IN: So macht's die Mafia auch.

SCHÜLER/IN: Ihr habt einmal einen Film gesehen von der Mafia, da waren Geschäftsinhaber, deren Geschäfte von der Mafia nicht überfallen werden durften. Aber dafür, dass sie in Ruhe gelassen wurden, mussten sie der Mafia viel Geld bezahlen. Wenn einer nicht mehr bezahlt hat, der war dran – denn wenn die Mafia das einem durchgehen lässt, bezahlt keiner mehr.

SCHÜLER/IN: Dann war ja der David ein richtiger Mafioso!

LEHRERIN: Na ja, ganz so hart dürfen wir vielleicht nicht urteilen: Für cirka 600 hungrige Leute Essen zu beschaffen, war sicher nicht einfach. Und tatsächlich haben David und seine Männer den Hirten mit ihren Herden gegen andere räuberische Banden Schutz gewährt. Außerdem wäre es in Israel durchaus eine soziale Verpflichtung reicher Großgrund- und Viehbesitzer gewesen, aus ihrem Überfluss arme, besitzlose, der Schuldhaft entronnene Bauern oder

Wie du, Abigail ...

Sklaven mitzuernähren. Und von Nabal, einem Herdenbesitzer, der in unserer Geschichte eine Rolle spielt, wird erzählt, dass er sehr reich war.

Heute, bei uns, angesichts so vieler Arbeitsloser wird darüber diskutiert, ob es nicht notwendig und gerecht wäre, allen, eben auch den Arbeitslosen, eine Art Grundgehalt zu sichern.

Nun, die Hirten in unserer Geschichte berichten, David und seine Leute seien wie eine „Mauer" des Schutzes um sie gewesen, und außerdem sei ihnen nichts gestohlen worden! Da erwartete David wohl einen angemessenen Tribut anlässlich der Schafschur – die wurde groß gefeiert, wie etwa ein Erntedankfest – und er schickte Männer aus, um die Gaben abzuholen. Aber jetzt wollen wir doch die Geschichte selbst lesen. 1 Sam 25:

Es gab einen Mann in Maon, der hatte seine Wirtschaft in Karmel. Der Mann war über die Maßen reich, ihm gehörten zweitausend Schafe, dazu tausend Ziegen. Er weilte aus Anlass der Schafschur in Karmel. Der Name des Mannes war Nabal, der seiner Frau Abigail. Die Frau hatte einen klaren Verstand und war von schöner Gestalt, der Mann indessen war ein grober Klotz und tat nicht gut, er war übrigens ein Kalibbiter. Nun erfuhr David in der Steppe, dass Nabal daran war, seine Herde zu scheren. Darum sandte David zehn Burschen ab und wies sie an: „Ziehet hinauf nach Karmel und richtet Nabal meinen Friedensgruß aus und sagt so: ‚Weiter alles Gute, Heil werde dir zuteil, Heil deiner Familie, Heil allem was dir gehört. Nun aber, ich habe gehört, dass du Scherer bei dir hast; also, deine Hirten sind mit uns zusammen gewesen, wir haben ihnen nichts zuleide getan, es ist ihnen nichts abhanden gekommen all die Zeit über, wo sie in Karmel waren. Frag nur deine Leute, sie werden es dir bestätigen. Mögen dar-

Wie du, Abigail ...

um meine Freunde deine geneigte Anerkennung finden. An einem Freudentag sind wir ja gekommen, darum gib (ohne kleinlich zu sein), was dir gerade zur Hand ist für deine Knechte und deinen Sohn David.'" Darauf zogen Davids Leute hin und richteten im Namen Davids genau ihren Auftrag an Nabal aus. Danach blieben sie ruhig. Doch Nabal fuhr die Knechte Davids an und sagte: „Wer ist denn dieser David? Übergenug gibt es heute Knechte, die ihren Herren weggelaufen sind. Soll ich etwa mein Brot, meinen Wein und das Fleisch, das ich für meine Scherer geschlachtet habe, nehmen und Menschen geben, von denen ich nicht einmal weiß, wo sie her sind?" Da kehrten die Leute Davids dahin um, von wo sie gekommen waren, gingen zurück, kamen an und sagten ihm wieder, was sich zugetragen hatte. Da gab David seinen Männern Befehl: „Gürtet ein jeder sein Schwert um." Jeder gürtete sein Schwert um, und sie zogen hinauf hinter David her, vierhundert Mann stark – zweihundert waren bei dem Gepäck geblieben. Der Abigail, dem Weibe Nabals, hatte inzwischen einer der Leute mitgeteilt: „Denk nur, David hat aus der Steppe Boten geschickt, um unserem Herrn seinen Gruß zu entbieten, aber er ist gleich auf sie losgefahren. Dabei haben die Männer sich uns gegenüber wirklich gut benommen, wir sind nicht behelligt worden, und haben auch nichts vermisst die ganze Zeit über, wo wir draußen auf dem Felde mit ihnen herumzogen. Richtig eine Mauer sind sie um uns gewesen bei Nacht wie bei Tag, die ganze Zeit über, wo wir in ihrer Nähe die Herden weideten. Nun überlege du und sieh zu, was du tun kannst, denn sicher ist das Unheil schon fest beschlossen gegen unseren Herrn und über seine ganze Familie. Aber er ist ja viel zu nichtsnutzig, als dass man mit ihm überhaupt reden könnte."
Da nahm Abigail schnell zweihundert Brote, zwei Schläuche Wein, fünf schon zurechtgemachte Schafe, fünf Maß Röstkorn, hundert Rosinenkuchen und zweihundert Feigenkuchen und lud alles auf

Wie du, Abigail ...

die Esel und wies ihre Knechte an: „Geht mir damit schon voraus, ich komme euch gleich nach." Ihrem Mann Nabal hatte sie nichts gesagt. Als sie noch auf ihrem Esel saß und – vom Berg verdeckt – abwärts ritt, kamen David und seine Männer schon heruntergestiegen, geradewegs auf sie zu, so dass sie auf sie traf. Eben noch hatte David gesagt: „Es ist wirklich so, für nichts und wieder nichts habe ich all das, was dem Kerl da gehört, in der Steppe behütet, nichts von all dem, was er hat, ist weggekommen, und das vergilt er mir mit Bösem für Gutes. Gott tue dem David dieses und jenes, wenn ich bis zum Morgen auch nur einen übriglasse, der die Wand anpisst (männlich ist)." – Als Abigail David zu Gesicht bekam, stieg sie schnell von ihrem Esel, fiel vor David auf ihr Angesicht und neigte sich ehrfurchtsvoll bis zur Erde. Sie fiel ihm zu Füßen und sprach: „Bei mir ganz allein, mein Herr, liegt die Schuld. Erlaube trotzdem, dass deine Magd vor dir reden darf, und mögest du die Worte deiner Magd anhören. Mein Herr möge doch keinen Gedanken verschwenden an diesen nichtsnutzigen Kerl, den Nabal, er ist ja nur das was sein Name sagt: Schandnarr heißt er und Schändlichkeit ist sein Wesen. Aber ich, deine Magd, hatte die Knappen meines Herrn nicht gesehen, die du gesandt hattest. Nun aber, mein Herr, beim Leben Jahwes, bei deinem eigenen Leben, ja, Jahwe hat dich daran gehindert, in schwere Blutschuld damit zu kommen, dass deine eigene Hand dir Hilfe schaffte. Nun aber soll es deinen Feinden so ergehen wie dem Nabal, und denen, die auf das Verderben meines Herrn aus sind. Doch jetzt, die Ehrengabe hier, die deine Dienerin meinem Herrn mitgebracht hat, sie möge den Leuten gegeben werden, die die Wege meines Herrn mitgehen. Sieh deiner Magd ihre Vermessenheit nach. Jahwe wird ja meinem Herrn ein Haus errichten, das fest für immer steht, denn mein Herr führt doch die Kriege Jahwes, und Böses wird an dir nicht erfunden werden, all dein Leben lang. Und steht etwa ein Mensch

Wie du, Abigail ...

auf, der dich verfolgt und dir ans Leben will, so wird das Leben meines Herren eingebunden sein in das Bündlein der Lebendigen bei Jahwe, das Leben deiner Feinde aber wird er fortschleudern mit der Schleuderpfanne. Wenn dann Jahwe all das Gute meinem Herrn antun wird, wie er es über dich verheißen hat, und wenn er dich zum Herzog über Israel bestellt, dann braucht es dir kein Anstoß zu sein und meinem Herrn keine Gewissensnot verursachen, dass er ohne Grund Blut vergossen hat, damit dass mein Herr sich selbst zum Recht geholfen hat. Doch wenn Jahwe meinem Herrn Gutes erweist, dann gedenke deiner Magd." – Darauf gab David der Abigail zur Antwort: „Dank sei Jahwe, dem Gott Israels, dass er dich mir heute in den Weg geführt hat, Dank sei deinem Feingefühl, Dank dir selber, dass du mich davon zurückgehalten hast, damit in Blutschuld zu geraten, dass ich mir selber zum Rechte half. Aber beim Leben Jahwes, des Gottes Israels, der mich daran gehindert hat, dir ein Leid zu tun, wärst du mir nicht so unverzüglich entgegengekommen, bis zum Morgengrauen wäre dem Nabal auch nicht einer übrig geblieben, der an die Wand pisst." – Darauf nahm David von ihr, was sie ihm mitgebracht hatte; zu ihr aber sagte er: „Zieh getrost hinauf in dein Haus, denn siehe, ich habe auf dich gehört und dein Angesicht erhoben."

Als Abigail zu Nabal kam, veranstaltete er gerade ein Zechgelage in seinem Haus, wie das Gelage eines Königs. Nabals Herz war ihm guter Dinge und er war unmäßig betrunken, darum erzählte sie ihm kein Sterbenswörtchen bis zum Morgen. Als dann am Morgen der Weindunst von Nabal gewichen war, da berichtete ihm seine Frau, was sich ereignet hatte. Darüber erstarb ihm das Herz im Leib und er versteinte. Nach zehn Tagen schlug Jahwe den Nabal, dass er starb. Als David hörte, dass Nabal gestorben war, sprach er: „Dank sei Jahwe, der in der Schmach, die mir getan wurde, meine Sache gegen Nabal führt und damit seinem Knechte böse,

Wie du, Abigail ...

rasche Tat erspart hat, damit, dass er die Schändlichkeit Nabals auf sein eigenes Haupt zurückfallen ließ." Darauf sandte David hin und hielt um Abigail an, sie sich zum Weibe zu nehmen. Die Knechte Davids kamen zu Abigail nach Karmel, und also sprachen sie zu ihr: „David hat uns zu dir gesandt, dich ihm zum Weibe heimzuholen." Da stand sie auf, verneigte sich tief zur Erde und erwiderte: „Hier ist deine Magd, als Dienerin den Knechten meines Herrn die Füße zu waschen." Und Abigail brach eilends auf, stieg auf ihren Esel – ihre fünf Mägde schlossen sich ihr an – und folgte den Boten Davids und wurde sein Weib.

[Übersetzung: H. J. Stoebe,
Kommentar zum Alten Testament]

SCHÜLER/IN: Dass sie den David geheiratet hat, so brutal wie der ist ...!
SCHÜLER/IN: Vielleicht wollte sie gern Königin werden.
LEHRERIN: Manche Ausleger sind so boshaft und unterstellen Abigail, sie biete sich David förmlich an, wenn sie zu ihm sagt: „Wenn Jahwe dem Herrn Gutes erweist, dann gedenke deiner Magd." Aber andere weisen darauf hin, dass dies die übliche Ehrerbietungsgeste einem künftigen König gegenüber sei, der seinen Untertanen Wohlwollen gewähren möchte.
Glaubt ihr, der Sinn der Geschichte liegt darin, zu zeigen, wie Abigail sich einen König angelt?
SCHÜLER/IN: Nein, sondern dass sie verhindert, dass David an ihrem Stamm und ihrem Mann Rache übt und alle Männer umbringt.
SCHÜLER/IN: Das war ganz toll, wie sie das gemacht hat, denn Davids Männer waren sicher schon ganz aufgeheizt, voll Mordlust ...

Wie du, Abigail ...

SCHÜLER/IN: Ich hätte mich das nie getraut, – als Frau ganz allein – zu solchen Männern hinzugehen ...
SCHÜLER/IN: Sie hat wirklich ihr Leben riskiert. Bei der Mafia hätten sie sie einfach umgelegt ...
LEHRERIN: Versuchen wir einmal aufzuzeigen, wie Abigail die Sache im Einzelnen angeht: Obwohl die Situation mehr als bedrohlich ist, handelt sie nicht in Panik, sondern trotz der gebotenen Eile ruhig und wohlüberlegt.
Was tut sie als erstes?
SCHÜLER/IN: Sie beschließt, dass was geschehen muss, ohne ihrem Mann etwas davon zu sagen. Sie nimmt die Gaben für David ohne ihn zu fragen.
LEHRERIN: Warum versucht sie nicht doch noch mit Nabal zu reden, ihn zu überzeugen?
SCHÜLER/IN: Da hätte sie keine Chance gehabt, das sagen ja auch die Hirten. Der hätte höchstens gesagt: Davon verstehst du nichts, das ist keine Angelegenheit für Weiber ...
SCHÜLER/IN: Meine Mutter war einmal auf einem Offiziersbanquett eingeladen. Da wurde über Aufrüstung und Nachrüstung diskutiert. Meine Mutter war dagegen, da hat ihr ein Offizier gesagt: „Aber, gnädige Frau, das ist doch kein Thema für Damen!" Da war sie aber wütend!
LEHRERIN: Wie denkt ihr darüber: Sollen sich Frauen über militärische Fragen den Kopf zerbrechen, sich da einmischen?
SCHÜLER/IN: Ich finde, das passt nicht zu ihnen. Sie sollen nur grundsätzlich für den Frieden sein.
SCHÜLER/IN: Ich finde schon, dass die Bescheid wissen müssen, um mitreden zu können. Sonst nimmt sie auch niemand ernst!
LEHRERIN: Sie müssen ja auch wissen, welche Strategien

Wie du, Abigail ...

zum Frieden zielführend sind. Denkt nur an die Frauen von Greenham Common, die mit ihrem Protestmarsch gegen die Stationierung von Cruise Missiles und dann durch ihre jahrelange Belagerung des Stützpunktes durch ihr Ausharrungsvermögen immerhin erreicht haben, dass eine landweite Debatte in Gang kam. Schließlich haben die Arbeiterpartei und die anglikanische Kirche begonnen, sich für einen einseitigen Atomverzicht Großbritanniens einzusetzen.
Aber zurück zu Abigail: Wie hat ihre Strategie ausgesehen?
SCHÜLER/IN: Sie hat als erstes Geschenke geschickt.
SCHÜLER/IN: Sie hat eigentlich den Tribut geschickt, den ihr Mann verweigert hat. Sie wollte damit die Schuld ihres Mannes wieder gut machen und den David versöhnen.
SCHÜLER/IN: Ja, aber gleichzeitig hat sie sich dadurch der Gewalt gebeugt. Ich meine, den Mafiosis nachgegeben. Der Nabal, der von allen als Idiot hingestellt wird, hat da mehr Rückgrat gehabt. Der hat sich nicht einschüchtern lassen!
SCHÜLER/IN: Aber damit das Leben vieler Menschen aufs Spiel gesetzt. Ich finde, der Abigail blieb gar nichts anderes übrig, wenn sie das verhindern wollte.
LEHRERIN: Sie hat also die Lage ganz realistisch eingeschätzt; vielleicht auch Davids Forderungen als berechtigt angesehen. Wie auch immer, sie hat wohl das einzig Richtige getan. Für sie war es gar keine Frage, ihren bzw. ihres Mannes Stolz und Prestige oder das Leben von Menschen zu riskieren. Ihr Mann verhielt sich genau umgekehrt: Das Wichtigste für ihn war: Prestige zu wahren, nicht nachgeben, Verachtung zeigen, den starken Mann spielen um dem Gegner zu imponieren.

Wie du, Abigail ...

SCHÜLER/IN: Wie der Reagan!
SCHÜLER/IN: Wie die Russen!
LEHRERIN: Abigails nächster Schritt: Sie bricht selbst auf, um sich den kriegerischen Männern in den Weg zu stellen. Der Erzähler beschreibt ganz spannend, wie sie – verdeckt durch den Bergvorsprung – einander näher kommen, bis sie unerwartet aufeinander stoßen. Stellt euch das einmal vor: Eine einzelne Frau will einen Kriegszug von vierhundert schwer bewaffneten Männern aufhalten.
SCHÜLER/IN: Das klingt ziemlich verrückt.
SCHÜLER/IN: Eigentlich muss sie ja damit rechnen, dass sie gar keine Chance hat.
SCHÜLER/IN: Außerdem wird der David als Mann eine Frau auch nicht ernst nehmen.
SCHÜLER/IN: Aber es heißt ja, dass sie sehr schön ist, und der David steht auf schöne Frauen!
LEHRERIN: Wenn wir uns die Geschichte anschauen: War es ihre Schönheit oder ihre Rede, die David umgestimmt hat? Sehen wir uns einmal die Rede einer klugen Frau an ...
SCHÜLERIN: Sie ist viel zu unterwürfig. Tut ihm schön, wickelt ihn ein...
SCHÜLER/IN: Sie macht's auf die Weibchentour.
LEHRERIN: Das hat nur so den Anschein durch die höfliche, blumenreiche Art der orientalischen Redeweise, aber inhaltlich trifft das keineswegs zu. Zuerst einmal nimmt sie die ganze Schuld auf sich ...
SCHÜLER/IN: Typisch Frau!
LEHRERIN: Na ja, ich glaube, in dieser Situation will Abigail zweierlei:
Erstens, die Schuld von ihrem Mann abwälzen, indem sie ihn als unzurechnungsfähig hinstellt – der Eigenname Na-

Wie du, Abigail ...

bal bedeutet übrigens gleichzeitig so viel wie „Narr" – also, Nabal kann eigentlich gar nicht zur Verantwortung gezogen werden! Auf diese Weise will sie ihn und ihre Familie schützen, denn David wird doch nicht gegen Narren und Frauen Krieg führen! Zweitens aber, verstehe ich ihr Schuldbekenntnis in gewisser Weise als echt – und kann mich geradezu damit identifizieren – so als möchte sie sagen: „Ich bin genauso verantwortlich. Ich hätte besser aufpassen, mich kümmern müssen. Ich kann nicht einfach den Männern alles allein überlassen und mich hinterher darüber beklagen, wie die Welt aussieht."

Auch im weiteren Verlauf ihrer Rede erweist sich Abigail gar nicht als unterwürfige Bittstellerin, vielmehr als selbstbewusste Frau, ja als Prophetin, die David zu einem Bewusstseinswandel, zur Umkehr bewegen will.

Drei Momente sind es, die Abigails Rede eine prophetische Dimension verleihen:

Erstens: Sie tritt im Namen Jahwes auf! In seinem Namen will sie David hindern, eine schwere Blutschuld auf sich zu laden, die später sein Gewissen belasten und auch seiner Wahl zum König hinderlich sein könnte.

Zweitens: Sie weist darauf hin, dass Jahwe es ist, der für Gerechtigkeit sorgen und dem David sein Recht schaffen wird, wenn dieser darauf verzichtet, zur Selbsthilfe zu greifen und unschuldiges Blut zu vergießen.

Drittens: Sie kündigt David seine bevorstehende Königsherrschaft und den festen Bestand seines Königshauses durch die Gnade Jahwes an. Als künftigen König kann sie ihn auf seine politische Verantwortung, aber auch auf seinen Großmut hin anreden.

In ihrer Rede vollzieht Abigail gleichsam einen Rollen-

tausch: Nicht sie, sondern David wird zum Empfänger von Wohltaten, für die er sich bedanken muss: „Dank sei Jahwe, dass er dich mir heute in den Weg geführt hat... Dank sei deinem Feingefühl, Dank dir selber, dass du mich davor zurückgehalten hast, in Blutschuld zu geraten..." Wie immer David sein mag, eines muss man ihm hoch anrechnen: dass er von einer Frau eine Belehrung annimmt!
Abigail ist bei uns in Vergessenheit geraten, aber in der rabbinischen Tradition wird sie unter die sieben Prophetinnen Israels gereiht.
SCHÜLER/IN: Aber eines finde ich trotzdem nicht richtig: dass sie den David heiratet, als ihr Mann gestorben ist. Sie ist doch eine emanzipierte Frau, das hat sie doch nicht nötig!
LEHRERIN: Ich muss gestehen: Das geht mir auch gegen den Strich. Ich denke mir, sie kommt vom Regen in die Traufe. Was für eine Zukunft wird sie haben an der Seite eines machthungrigen Emporkömmlings, der sie wahrscheinlich nur heiratet, weil sie die Witwe eines reichen Wüstenscheichs ist und er durch die Heirat Macht über ein großes Gebiet gewinnt. Er wird ja dann auch später in Hebron, der Hauptstadt dieses Gebietes der Kalibbiter, gekrönt, von Abigail begleitet. Von ihr selbst wird nur noch ein Sohn erwähnt, im Zusammenhang einer Aufzählung von Davids Söhnen (2 Sam 3,3 und 1 Chron 3,1), dann hört man nichts mehr von ihr. Dafür umso mehr von anderen Frauen Davids, der ja über Leichen geht, um eine Frau zu bekommen, die er sich in den Kopf gesetzt hat, wie ihr wisst.
Was ist aus der starken, freien Abigail geworden?
Andererseits frage ich mich: Hätte sie überhaupt die Möglichkeit gehabt, Davids Antrag abzulehnen? Musste sie nicht

Wie du, Abigail ...

immer noch fürchten, dass David ihren Stamm zerstören und sie mit Gewalt zu seiner Frau machen würde?

Wir haben einen Höhepunkt in Abigails Leben kennen gelernt: ihre selbständige Entscheidung, ihre freie, mutige Tat – eine Tat von klugem Realitätsbewusstsein und prophetischem Weitblick. Sie hat großes Unheil verhütet und Frieden gestiftet. Konnte sie diesen Frieden erneut aufs Spiel setzen? So beugt sie sich wieder den Gesetzen einer Gesellschaft, in der mächtige Männer das Sagen haben. Sie kann aus dieser patriarchalischen Gesellschaft nur sehr begrenzt ausbrechen, gleichsam momentweise, punktuell. Sie kann nur Zeichen setzen für eine neue Welt, dafür wie sie aussehen könnte, wenn die Vernunft von friedfertigen Frauen über die unkontrollierten Emotionen von unvernünftigen Männern – wie Nabal und David – siegt. Aber dann ist diese Gesellschaft wieder um sie herum da, mit ihren Begrenzungen und Einschränkungen für Frauen, und sie kann sie nicht ändern. Sie sagt: „Hier ist deine Magd!" und wird Davids Frau.

Zum Glück ist dem Verfasser dieser Geschichte die Überlieferung dieser großen Frau und ihrer Tat zu Ohren gekommen und er hat sie – ganz gleich aus welcher Motivation heraus, vielleicht bloß, weil es sich um eine Frau Davids handelt – weitererzählt. Und das ist gut! Denn diese Geschichte kann Frauen Courage und Kraft geben, wenn sie sich klein und ohnmächtig fühlen – in unserer Gesellschaft, die auch nicht allzu viel dazugelernt hat. Abigail ist die starke Schwester, die uns durch die Jahrtausende alte Geschichte Mut zulächelt, wenn wir an unsere Friedensarbeit gehen.

Literatur

STOEBE, Hans Joachim, Das erste Buch Samuelis (Kommentar zum Alten Testament 8,1), Gütersloh 1973.

Die Totenbeschwörerin von Endor

*Eine ganz und gar ungewöhnliche Hexengeschichte**

I.

Dass die Geschichte des Christentums, beziehungsweise die der christlichen Kirche, nicht immer eine rühmliche war, ist bekannt. Lapidare Stichworte wie Kreuzzüge, Judenpogrome, Ketzerverfolgung und Inquisition können kaum noch die grauenvolle Wirklichkeit menschlichen Leidens vorstellbar machen, die sich dahinter verbirgt.

Zu den traurigsten Kapiteln dieser „schwarzen" *historia ecclesiae* gehört auch die Geschichte der Hexenverfolgung, die, lange mehr oder weniger tabuisiert, erst in den letzten Jahren aus dem Ort ihrer Verdrängung ins Bewusstsein der Gegenwart zurückgeholt wurde. Auslösendes Moment für die nun einsetzende neuere Forschung, die sich in einer Flut von sehr unterschiedlichen Veröffentlichungen niederschlug, war nicht zuletzt der Wunsch engagierter Historikerinnen, unbekannte Frauengeschichte bekannt zu machen. Denn zu den kaum je benannten Fakten dieser speziellen Geschichte gehört unter anderen auch die Tatsache, dass 80 bis 90 Prozent der Opfer Frauen waren. Das ganze Ausmaß von Frauenverachtung, Frauenhass und Frauenleid, das durch die Dokumente jener Zeit erschütternd deutlich wurde, löste in der Frauenbewegung verschiedenste Reaktionen aus:

---

* Veröffentlicht in: Evangelische Frauenarbeit in Österreich, zusammengestellt von RAUCHWARTER, Barbara, Worte wechseln, Wien 1990, 70-73.

Aus begreiflicher Sympathie mit den Opfern kam es unversehens zu einer Identifizierung und Überidentifizierung, die in einer neuen Hexenbewegung mündete, mit allen möglichen, oft fragwürdigen Begleiterscheinungen.

Aus einer verständlichen Sehnsucht nach der versunkenen Welt von starken, wissenden, weisen Frauen, die da und dort noch in Gestalt gütiger Feen aus dem Reich der Märchen und Mythen ihre verschlüsselten Botschaften senden, resultierte eine romantische Verklärung, die den historischen „Hexen" und ihrem Leid oft die Treue aufsagte.

Dieses Leid, das in sehr unverschlüsselten Botschaften dokumentiert ist, wieder hörbar zu machen, ist das Anliegen derer, die in politischer Solidarisierung mit den Hexen die Mechanismen aufzuzeigen versuchen, die solches Leid damals möglich machten und – offen oder subtil – teilweise heute noch wirksam sind.

II.

In der Trauer und Scham über die Sünden einer Institution, der man/frau sich zugehörig weiß, bietet sich allzu leicht der beschwichtigende Trost an: dies alles sei ja nur eine spätere Fehlentwicklung und hätte nichts mit den Ursprüngen zu tun. Zugleich aber fällt auf, dass es kaum eine kirchliche Verfehlung gegeben hat, für die nicht auch ein passendes Bibelwort zur Legitimation gefunden worden wäre. Wenngleich man einwenden kann, dass dies oft undifferenziert, ohne Rücksicht auf den jeweils verschiedenen geschichtlich-kulturellen und religiösen Zusammenhang des zitierten Wortes geschah, bleibt doch ein schmerzlicher Stachel zurück.

Dieser Stachel macht sich auch bemerkbar, wenn man/

frau erfährt, dass bereits um neunhundert nach Christi der Spruch aus dem 2. Buch Mose (Ex 22,17) – „Die Zauberinnen sollst du nicht am Leben lassen" – die Todesstrafe für so genannte Zauberer und Hexen legitimieren sollte, gleichsam als Auftakt für eine Verfolgung, die dann in der Zeit der Inquisition ihren traurigen Höhepunkt erreicht hat.

Natürlich lässt sich die Geschichte des Volkes Israel mit der des Mittelalters und der Neuzeit kaum vergleichen: ging es dort, in einer Zeit nationaler und religiöser Krise um vielleicht notwendige, zumindest erklärbare Abgrenzung gegenüber polytheistischen Kulten und den dazugehörenden mantischen Praktiken, so hier um die abergläubisch-böswillige Verleumdung von „Teufelsbuhlschaft" und ähnlicher Gräuel. Trotzdem machen die – leider auch im Alten Testament vorkommende – Intoleranz und Frauenfeindlichkeit betroffen, denn in einem Punkt scheinen sich beide Traditionen zu treffen: in der bewussten oder unbewussten Absicht, Frauen zu entmachten.
Immerhin ist über tatsächliche Exekutionen der oben genannten Maßnahme (Ex 22,17) in der Bibel nichts bekannt. Nach Protokollen von durchgeführten Hexenfolterungen sucht man/frau dort vergebens. Vielmehr ist die einzige mir bekannte Hexengeschichte, die das Alte Testament überliefert, eine für die christliche Tradition ganz und gar unübliche.

III.
Die Geschichte aus dem 1. Buch Samuel, Kapitel 28, geht auf eine alte Sage aus Endor zurück – einem kleinen Ort in der Nähe des Berges Tabor. Dort lebte und wirkte eine

offensichtlich weithin bekannte Totenbeschwörerin, von alten Übersetzungen etwas undifferenziert als „Hexe" bezeichnet. Ihr Name ist leider nicht überliefert.
Totenkult und Totenbeschwörung sind im ganzen Alten Orient besonders in Verbindung mit Frauen bezeugt. In einem religiös-kulturellen Gefüge, das Leben und Tod zusammengehörig empfand, gehörte der Kontakt zu den Toten so selbstverständlich in den Aufgaben- und Machtbereich von Frauen wie die Geburt. Das galt auch für die Religion Israels, bevor Zauberei, Wahrsagerei und Totenbefragung verboten wurden. Dies geschah allerdings erst in der späten Königszeit des vorchristlichen 7. Jahrhunderts oder danach, denn noch zur Zeit des Propheten Jesaja gehörte das Wahrsagen und Beschwören durchaus zur legitimen Erkundung des Gotteswillens (Jes 3,3 u. 29,4). Keinesfalls kann das Verbot schon aus der Zeit von König Saul, also um 1000 vor Christi, stammen, wie ein späterer Bearbeiter der Geschichte glauben machen möchte.
Die Absicht dieses Redaktors steht im Gesamtzusammenhang einer Geschichtsschreibung, die aus späterer Sicht die Verwerfung Sauls und den Aufstieg Davids religiös begründen möchte. Wenn man also Beweise sammelte, um Sauls Ungehorsam gegen Gott zu dokumentieren, so eignete sich auch sein Gang zur „Hexe" von Endor vorzüglich, allerdings unter der Vorraussetzung, dass Zauberei und Totenbeschwörung zu der Zeit schon streng verboten waren. Wer anders aber sollte so ein Verbot verhängt haben, wenn nicht der König selbst. So wird aus der ursprünglich wertneutralen Sage von Sauls Gang zur Totenbeschwörerin eine strafbare Handlung konstruiert mit der zusätzlichen Pointe, die darin besteht, dass der König die von ihm selber verfügten

Gesetze bricht. Brauchte es noch mehr an Beweisen für seine Charakterschwäche?
Für den Chronisten aus noch späterer Zeit – ca. 400 v.Chr. – ist es dann schon allgemein gültige Tradition, dass Sauls Tod weniger auf politische Umstände als auf dieses sein Vergehen zurückzuführen sei:

„So starb Saul seines Treuebruchs willen, mit dem er sich an dem Herrn versündigt hatte, weil er das Wort des Herrn nicht hielt, auch weil er die Wahrsagerin befragt, den Herrn aber nicht befragt hatte. Darum ließ er ihn sterben und wandte das Königtum David, dem Sohn Isais, zu."

(1 Chron 10,13f)

Das Problem schien nicht darin zu bestehen, dass man etwa Zweifel an den magischen Fähigkeiten solcher Wahrsagerinnen hatte – das wäre eine Fehlinterpretation aus modern-aufgeklärter Sicht –, sondern diese vielmehr in Konkurrenz zu Jahwe sah, dem allein das Recht, befragt zu werden, zustand.
Wie wird aber nun die Rolle der Wahrsagerin in Sauls Geschichte beschrieben, wie wird sie beurteilt?
Dem Interesse des Redaktors, Saul zu belasten, verdanken wir sowohl die Tatsache, dass die alte Sage überhaupt erhalten blieb, wie auch den erstaunlichen Umstand, dass die Totenbeschwörerin nicht nur nicht kritisiert oder verketzert wird, sondern – ganz im Gegenteil – menschlich-sympathische Züge erhält, ja, gewollt oder ungewollt zur eigentlichen Heldin der Geschichte wird mit allen Eigenschaften einer weisen Frau, die nicht nur magische Kräfte sondern auch Herz und Verstand besitzt – und mütterliche Güte.

Die Totenbeschwörerin von Endor

Die uns jetzt vorliegende Fassung überliefert auf diese Weise eine „Hexengeschichte" von besonderem Reiz.

IV.
Die Situation ist die:
Sauls Politik hatte fehlgeschlagen, die feindlichen Philister – immer mächtiger geworden – waren im Begriff, zum Todesstoß gegen Israel auszuholen. Als Saul seine ausweglose Lage erkannte, „fürchtete er sich und sein Herz verzagte sehr. Und er befragte den Herrn, aber der Herr antwortete ihm nicht, weder durch Träume, noch durch das Los noch durch Propheten" (1 Sam 28,5f). Saul hatte also – entgegen der späteren Darstellung des Chronisten – sehr wohl Jahwe befragt, war aber ohne Antwort geblieben. Auch seine eigenen Versuche magischer Praktiken waren fehlgeschlagen und Samuel, der Prophet Gottes und Ratgeber des Königs, war gestorben. Saul war im wahrsten Sinn des Wortes ratlos und allein. Obwohl er selbst das Gebot zur Vertreibung von Wahrsagern gegeben hatte, fragt der König nun seine Getreuen nach einer Frau in seinem Land, die des Orakelspruchs und der Totenbeschwörung kundig sei, und diese nennen ihm die Zauberin von Endor. Bei Nacht und Nebel und obendrein verkleidet, damit ihn niemand erkennt, macht sich der König von nur zwei Dienern begleitet auf den Weg – seinem eigenen Verbot zuwider handelnd. Die Wahrsagerin reagiert auch dementsprechend abwehrend auf die Bitte des fremden Mannes, indem sie sich auf das Verbot des Königs beruft: „Du weißt doch selbst, was Saul getan hat, wie er die Geisterbeschwörer und Zeichendeuter ausgerottet hat im Lande. Warum willst du mir denn eine Falle stellen, dass ich getötet werde?" (1 Sam 28,9) Als sie

Die Totenbeschwörerin von Endor

sich endlich doch erweichen lässt und für ihn den Totengeist Samuels zu beschwören beginnt, erkennt sie, als echte Seherin, in dem vermummten Bittsteller den König und schreit laut auf: „Warum hast du mich betrogen, du bist ja Saul!" (1 Sam 28,12) Als dieser ihr nochmals Straffreiheit zusichert, erbarmt sie sich aber des offensichtlich verzweifelten Mannes und lässt, wohl wissend in welche Gefahr sie sich damit begibt, den Geist des Propheten „heraufsteigen aus der Erde" (1 Sam 28,13). Dieser sagt Saul durch das Orakel der Frau den Sieg der Philister und seinen eigenen bevorstehenden Tod voraus. Saul bricht zusammen, er stürzt „zur Erde, seiner vollen Länge nach" (1 Sam 28,14) vor Angst und Schwäche. Die Frau, voller Mitleid mit dem König, dem sie doch ihre Achtung verdankt, schickt sich an, ein stärkendes Mahl für ihn zu bereiten. Saul, „höchst verwirrt" scheint dies abgelehnt zu haben, denn die Frau muss ihre ganze Autorität einsetzen, um ihm zu helfen: „Siehe, deine Magd hat deiner Stimme gehorcht, und ich habe mein Leben aufs Spiel gesetzt, indem ich deinen Worten gehorchte. So gehorche du nun auch der Stimme deiner Magd, dass du issest und zu Kräften kommst" (1 Sam 28,21f). Als Saul sich immer noch weigert und hilflos wie ein trotziges Kind reagiert – „Ich will nichts essen!" (1 Sam 28,23) – müssen auch die Diener auf ihn wirken, bis er der Frau gehorcht. Sie bereitet nun das gemästete Kalb und bäckt ungesäuertes Brot für ihn und seine Leute. Ist es ein rituelles Totenmahl für den beschworenen Geist oder eines für Saul, der am nächsten Tag im Kampf gegen die Philister sterben wird? Erweist die Frau ihrem König auf diese Weise die letzte Ehre? Sie, die allen Grund gehabt hätte, seine Niederlage mit Schadenfreude zu genießen? „Und als sie

Die Totenbeschwörerin von Endor

gegessen hatten, standen sie auf und gingen fort, noch in der Nacht" (1 Sam 28,25). So endet die Geschichte.

Eine Geschichte, die entgegen späterer Ächtung, die Tradition weiser Frauen bewahrt, die zeigt, wie mächtige Männer zusammenbrechen vor Angst und auf die Hilfe und Kraft solcher Frauen angewiesen sind.
Eine Geschichte, die Männer demaskiert, die einerseits Frauen ihrer magischen Fähigkeiten willen öffentlich verdammen und verfolgen, während sie sich andererseits heimlich diese Fähigkeiten zunutze machen. – Ein Phänomen, das in der Geschichte nur allzu oft und besonders in der Geschichte der späteren Hexenverfolgung als charakteristisches Merkmal vieler Männer nachgewiesen ist.
Kein Wunder also, dass die Geschichte aus dem ersten Buch Samuel ziemlich unbekannt blieb und von der christlichen Kirche kaum tradiert wurde. Die Erzählung von der weisen und gütigen Totenbeschwörerin aus Endor hätte den Verfolgern von Hexen schwerlich als biblische Legitimation dienen können.

Sünde / Schuld

*Altes Testament**

Die herrschende christliche Sündentheologie ist entscheidend von einer Auslegungstradition alttestamentlicher Texte geprägt, die weder diesem noch einem israelitisch-jüdischen Verständnis von Sünde und Schuld gerecht wird. Dies zeigt schon die unzulässige Abqualifizierung des so genannten Alten Testaments als Gesetzesreligion bzw. das christliche Unverständnis von jüdischer Tora als lebenserhaltender Weisung Gottes, der nicht Gefallen hat am Tod des Schuldigen (*rāšāʿ*), sondern vielmehr daran, dass er umkehre und lebe (Ez 18,23.32). Da Sünde nicht ontologisch, als Seinsbestimmung einer „gefallenen" Menschheit, also auch nicht deterministisch verstanden wird, sondern sich immer auf konkretes Tun bezieht (Hos 4,1f; Ez 18,10-13 u.a.), ist es für den Menschen grundsätzlich auch möglich, den Weg der Gerechtigkeit zu gehen (Ez 18,5-9) und als gerecht (*ṣaddiq*) vor Gott zu gelten (Gen 6,9; 7,1; 17,1; Ps 18,21 u.a.).
Selbst Tendenzen in Israels Spätzeit (exilisch-nachexilisch), „Sünde" zu verallgemeinern (Ijob 14,4; Ps 58,4; 143,2; 1 Kön 8,4f u.a.), sind nicht Nachweis einer theoretischen Sündenlehre, sondern auf konkreter Erfahrung beruhende „tiefe Einsicht in die schicksalhafte Schuldverfallenheit des Menschen" (Kraus).
„Sieh, in Schuld bin ich geboren, in Sünden hat mich meine Mutter empfangen" (Ps 51,7) und ähnliche Aussagen (Ps

---

* Veröffentlicht in: GÖSSMANN, Elisabeth u.a. (Hg.), Wörterbuch der Feministischen Theologie, Gütersloh 1991, 381-385.

Sünde/Schuld

58,4; Ijob 15,14) sind „weder kausal-erbbiologisch [...] noch moralisch sexuell zu verstehen" (Kraus) und haben zu Unrecht einer kirchlichen Lehre von der Erbsünde als Legitimation gedient. Sie deuten auch nicht auf eine besondere Nähe von Sünde und Frau, sondern sind Umschreibungen für menschliche Existenz. Ebenso wenig lässt sich aus Ijobs Klage „Wie kann ein Mensch gerecht sein vor Gott? Und wie rein sein ein vom Weib Geborener?" (25,4) eine für das Alte Testament grundsätzliche Auffassung ableiten, „daß das Weib an sich ein unreines Wesen sei [...], das für den Sündenfall und die Erbsünde völlig verantwortlich gemacht wird." (So Sung-Hee Lee-Linke. – Zur Interpretation von Gen 3 und seiner folgenschweren Rezeptionsgeschichte verweise ich auf die Untersuchungen von Schüngel-Straumann.)

Im Alten Testament wird sowohl die Sünde des Einzelnen als auch die der Gemeinschaft stets in ihrem konkreten sozialen Bezug und nie losgelöst von der Geschichte Gottes mit seinem Volk verstanden. Von den zahlreichen hebräischen Begriffen sind *ḥāṭāʾ* (sich verfehlen, sündigen), *ʿāwon* (Schuld, Schuldenlast) und *pešaʿ* (Verbrechen, Rechtsbruch) die prägnantesten. Als Trias formelhaft verwendet drücken sie die Menge aller möglichen Verfehlungen aus und ersetzen alle übrigen Sündenbegriffe. Der am häufigsten vorkommende Begriff *ḥāṭāʾ* meint in erster Linie nicht die Verfehlung gegen einzelne Gebote, sondern vielmehr die Verletzung eines Gemeinschaftsverhältnisses zwischen Menschen bzw. zwischen Menschen (Volk) und Gott. Insofern aber die Bewahrung dieses Gemeinschaftsverhältnisses durch Normen geschützt wird, ist *ḥāṭāʾ* auch die Verfehlung gegen diese. Unter dieser Voraussetzung muss auch

Sünde / Schuld

der speziellen Frage von Sünde und Frau nachgegangen werden. Dabei ergeben sich einige Schwierigkeiten. Da die einzelnen Gesetzeskorpora zu verschiedenen Zeiten entstanden sind und außerdem nicht immer israelitische Lebenswirklichkeit wiedergeben, vielmehr oft „gegen eine sich wandelnde Praxis fixiert" wurden, lässt sich aus ihnen nur mit Vorbehalt die Rechtslage der Frau in Israel, besonders in vorexilischer Zeit, bestimmen (Crüsemann). So wenig eindeutig das Frauenbild des Alten Testaments ist, so wenig eindeutig lässt sich auch die Frage nach spezifischer Frauenschuld oder -unschuld beantworten.

Im Prinzip sind in Israel nur Männer rechtsfähig. Die Adressaten des Dekalogs und anderer Rechtstexte sind erwachsene Männer als verantwortliche Repräsentanten des Gottesvolkes. Als Vormund ihrer Töchter, Schwestern und Frauen, die zu ihrem Besitz gezählt werden (Ex 20,17; Dtn 5,21), erscheinen sie auch grundsätzlich vor Menschen und Gott verantwortlich und haftbar für deren Verfehlungen, so etwa bei den Eidgesetzen – Num 30 („ ... so soll er ihre Schuld tragen" Num 30,16). Die harten Strafandrohungen gegen Frauen selbst betreffen in der Hauptsache Verfehlungen auf dem Gebiet der Sexualität, zu dem auch „Götzendienst", gleichbedeutend mit Hurerei, gerechnet wird. – Die gesetzlichen Maßnahmen machen deutlich, dass es dabei in erster Linie um den Besitz des Mannes geht, den die Frau durch ihre Verfehlung geschädigt hat: bei Ehebruch (Dtn 22,22), bei Unzucht oder Vortäuschung von Jungfräulichkeit vor der Heirat (Dtn 22,13-21), ja sogar bei Vergewaltigung, wenn diese in bewohntem Gebiet geschah (Dtn 22,24), u.a. mehr. Eine besondere Härte zeigt in diesem Zusammenhang auch der Brauch des so genannten Eifersuchtsordals (Num 5,12-

Sünde/Schuld

31): Die von ihrem eifersüchtigen Gatten des Ehebruchs verdächtigte Frau muss ein vom Priester gereichtes, bitteres „Fluchwasser" trinken. Wenn ihr Bauch davon aufquillt, gilt sie als ihrer Schuld überführt und verflucht, wenn nicht, als unschuldig. Selbst wenn es ungewiss scheint, ob alle angedrohten Sanktionen tatsächlich durchgeführt wurden oder eher gepredigtes als praktiziertes Recht wiedergebe wurde (Crüsemann), so bleibt doch die Tatsache bestehen, dass die Rechtsordnungen einer patriarchalen Gesellschaft, wie sie auch das Alte Testament spiegelt, für Frauen ungleich härtere Lebensbedingungen schaffen als für Männer. In vielen Fällen muss daher so genannte Frauensünde als eigentliche Männersünde an Frauen entlarvt und benannt werden, als Sünde des Patriarchats, das Frauen weit mehr zu Opfern als zu Täterinnen von Sünde macht. Frauen sind Opfer von Gewalt (Gen 34; Ri 19) und als Besitz von Männern auch Sündenbock von deren Schuld. So z. B. 2 Sam 12,11; 16,22: Das Leid der eigentlich gestraften, an Davids Sünde aber unschuldigen Frauen wird nicht zur Sprache gebracht. All diese traurigen Berichte besagen aber nicht, dass in Israel Vergewaltigung nur als Eigentumsdelikt verurteilt wurde. Der Dekalog beschränkt sich im Sinne der Zehn-Finger-Regel auf wenige Kapitalverbrechen. Dass zu diesen auch Vergewaltigung gehörte, zeigt 2 Sam 13,12f: Mit der für das Brauchtumsrecht verbindlichen Formel „So etwas tut man nicht in Israel" versucht Tamar ihrem Vergewaltiger die Ungeheuerlichkeit seiner Tat der Gottvergessenheit (*nebālāh*) vor Augen zu halten (Maag).
Frauen erscheinen im Alten Testament aber nicht nur als Opfer individueller und struktureller Sünde, sondern auch als Täterinnen oder Mit-Täterinnen. Der Mythos von der

Sünde/Schuld

unschuldigen Frau im Patriarchat ist genauso unhaltbar wie der Mythos von der Frau als Ursprung der Sünde. Drei Gesichtspunkte sollen das verdeutlichen:

1. Konkrete Mit-Schuld von Frauen, besonders der Oberschicht, die durch eine patriarchale Gesellschaftsordnung mitprofitieren, wird durch die Sozialkritik der Propheten zur Sprache gebracht. Sie bewohnen elfenbeingeschmückte Paläste, ruhen auf damastbezogenen Betten, haben Sommer- und Winterhäuser (Am 3,12-15), kleiden sich in Luxus auf Kosten der Armen und beeinflussen dahingehend auch ihre Männer (Jes 3,12.16-23). In ihrer Unersättlichkeit treiben sie diese zu immer größerer Leistung und damit auch zu größerem Unrecht an. „Hört dies Wort, ihr Basankühe, auf dem Berge Samariens, die ihr die Niedrigen unterdrückt und schindet die Armen und sprecht zu euren Herren: schafft herbei, dass wir schmausen" (Am 4,1-3).

2. Der Druck, den eine Herrschaftsstruktur erzeugt, wird jeweils nach unten weitergegeben. So unterdrückt die selbst vom Patriarchat betroffene freie Israelitin ihre Sklavin. Während die Männer des Hauses deren Sexualität ausbeuten (Am 2,7), kann die Herrin über den Reproduktionsbereich ihrer Sklavin verfügen (Lea und Rahel). Sara, die ihre Sklavin Hagar stellvertretend für sich Mutter werden lässt, betrügt sie dann um das Erstgeburtsrecht ihres Sohnes und verjagt sie (Gen 21,10). Ihr absolutes Verfügungsrecht geht aus Gen 16,6 hervor, wenn Abram zu Sarai sagt: „Da deine Magd in deiner Hand ist (bei Luther „unter deiner Gewalt"), tu mit ihr, was gut ist in deinen Augen."

3. Schuld von Frauen muss ganz selbstverständlich auch da angenommen werden, wo sie nicht konkret zur Sprache gebracht wird. Wenn im Alten Testament Männer ihre Schuld vor Gott bekennen, im Gebet des einzelnen oder des Volkes, im persönlichen oder rituellen Bekenntnis, so ist das Bekenntnis von Frauen, den androzentrisch bestimmten, inkludierenden Sprachgebrauch voraussetzend, zweifellos mitgemeint und wohl auch mitgesprochen worden. Eine Trennung von Männern und Frauen im Gottesdienst hat es in biblischer Zeit noch nicht gegeben.
Selbstaussagen von Frauen zum Thema Schuld begegnen selten, zeugen aber von einem für Frauen allgemein anzunehmenden tiefen Bewusstsein und zugleich autonomen Verantwortungsgefühl.
– Abigail nimmt in stellvertretender Verantwortung für ihren betrügerischen Gatten die Schuld (*ʿāwon*) nicht nur verbal auf sich, sondern macht auch den durch ihn verursachten Rechtsbruch (*pešaʿ*) wieder gut, um großes Unheil zu vermeiden. Durch ihre Tat will sie aber auch David davor bewahren, Blutschuld auf sich zu laden (1 Sam 25,24ff).
– Gegen den besonders an sie gerichteten Vorwurf der Sünde, die „Himmelskönigin" wieder zu verehren, bekennen sich die Frauen ihrerseits gerade dafür schuldig, ihrer Himmelskönigin die Treue aufgesagt zu haben (Jer 44,18f).
– Die Witwe von Sarepta, deren Sohn erkrankt und stirbt, nachdem sie Elija bei sich aufgenommen hatte, klagt: „Du bist zu mir gekommen, dass meiner Sünde gedacht und mein Sohn getötet würde" (1 Kön 17,18). Drückt sie damit die Vorstellung aus, dass Gott durch den Propheten an eine verborgene Schuld erinnert wurde, oder ihren Widerstand gegen gesellschaftlich bedingte falsche Schuldgefühle? Die

Sünde/Schuld

Wiederbelebung ihres Kindes erlebt sie auch als ihre Rechtfertigung durch einen gerechten Gott.

Die Schuld der Armen, Witwen, Waisen und Sklavinnen kann in der Relation nie so groß sein wie die Schuld der Mächtigen, deren oft unschuldige Opfer sie sind (Ps 10,8; Spr 1,11; Dtn 27,25; Jes 59,7; Jer 7,6) und die deshalb unter dem besonderen Schutz Jahwes stehen. Zu den gesellschaftlich Benachteiligten wird auch die kinderlose Frau gezählt (Ps 113,7-9). Da Fruchtbarkeit als „Inbegriff des Segens" gilt und als Lohn für Gehorsam gegen Gott (Dtn 28,3-5), gerät besonders die Frau unter gesellschaftlichen Leistungsdruck bzw. die Unfruchtbare in eine Situation der Unterdrückung (Fischer). Nach dem gängigen Schema des Tun-Ergehen-Zusammenhangs kommt sie automatisch in den Verdacht, damit für begangene Sünden gestraft zu sein. – Mit lebenslanger Kinderlosigkeit wird Sauls Tochter Michal dafür bestraft, ihren Mann verspottet zu haben (2 Sam 6,20-23). – Frauen und Männern wird Kinderlosigkeit als Strafe für bestimmte Inzestvergehen angedroht (Lev 20,20f). – Im apokryphen Buch 1 Henoch 98,5 wird festgestellt, „dass Frauen einzig infolge ihrer eigenen Missetaten mit Unfruchtbarkeit geschlagen werden" (Patai). Umgekehrt wird eine Frau, deren Unschuld beim Eifersuchtsordal erwiesen ist, mit Schwangerschaft belohnt (Num 5,28). Ist einerseits die Diskriminierung von unfruchtbaren Frauen und deren dadurch verletztes Selbstwertgefühl nicht zu übersehen („Schaffe mir Kinder, wenn nicht, so sterbe ich", Gen 30,1), fällt andererseits auf, dass sie in gegenläufiger Tendenz nicht nur die besondere Liebe ihrer Männer besitzen (Rahel, Hanna), sondern geradezu zum Symbol für Gottes Erwählung,

Gnade, ja revolutionärer Veränderung werden (1 Sam 2,5; Ps 113,9). Wenn Gott als Gleichnis für die Befreiung und Erlösung seines Volkes die Unfruchtbare fruchtbar machen will (Jes 54,1), ist das mehr als der Hinweis auf Sündenvergebung und Erbarmen. Es ist zugleich die Manifestation von Gottes ausgleichender Gerechtigkeit gegen ungerechte Schuldzuweisung an die von der Gesellschaft Benachteiligten, zu denen in besonderer Weise Frauen gehören.

Literatur

CRÜSEMANN, Frank, „... er aber soll dein Herr sein", in: DERS. / THYEN, Hartwig, Als Mann und Frau geschaffen, Gelnhausen 1978, 24f.

FISCHER, Irmtraud, „...und sie waren unfruchtbar", in: PAURITSCH, Gertrud / FRAKELE, Beate / LIST, Elisabeth (Hgg.), Kinder machen, Wien 1988, 116–126.

KNIERIM, Rolf, Die Hauptbegriffe für Sünde im Alten Testament, Gütersloh 1965.

—, Art. *pešaʿ*, Verbrechen, Theologisches Handwörterbuch zum Alten Testament II (1976), 490ff.

—, Art. ḥṭʾ, sich verfehlen, Theologisches Handwörterbuch zum Alten Testament I (1978), 542ff.

KOCH, Klaus, Art. *ḥāṭāʾ*, Theologisches Wörterbuch zum Alten Testament II (1977), 857ff.

—, Art. *ʿāwon*, Theologisches Wörterbuch zum Alten Testament V (1986), 1160ff.

KRAUS, Hans Joachim, Psalmen I, Biblischer Kommentar zum Alten Testament, Neukirchen 1961, 387ff.

LEE-LINKE, Sung-Nee, Frauengestalten im Alten Testament aus der Perspektive asiatischer Frauen, in: MOLTMANN-

WENDEL, Elisabeth (Hg.), Weiblichkeit in der Theologie, Verdrängung und Wiederkehr, Gütersloh 1988, 69ff.

VAN LEEUWEN, Cornelis, Art. *nqh*, schuldlos sein, Theologisches Handwörterbuch zum Alten Testament II (1976), 102ff.

MAAG, Viktor / SCHMID, Hans H., Kultur, Kulturkontakt und Religion. Gesammelte Studien zur allgemeinen und alttestamentlichen Religionsgeschichte, Göttingen 1980, 245ff.

PATAI, Raphael, Sitte und Sippe in Bibel und Orient, Frankfurt a. M. 1962, 88ff.

SCHÜNGEL-STRAUMANN, Helen, Die Frau am Anfang. Eva und die Folgen, Freiburg i. Br. 1989.

SEEBASS, Horst, Art. *peša'*, Theologisches Wörterbuch zum Alten Testament VI (1988), 792ff.

WESTERMANN, Claus, Theologie des Alten Testaments in Grundzügen, Göttingen 1978, 102ff.

Denn Gott bin ich und kein *Mann*[*]

Das menschliche Wesen, das Mann genannt wird – *isch* – hat sich in eine Richtung entwickelt, die keineswegs von mir so vorgesehen war, seufzt Gott. Ich habe wohl zu lange zugesehen ohne einzugreifen. Habe ich sie doch beide, Mann und Frau, als freie Wesen erschaffen. Frei zum Guten und zum Bösen. Frei, das wollten sie doch sein. Und was mich betrifft, sagt Gott, war mir das auch recht so. Unfreie Wesen sind keine Voraussetzung für eine gute Partnerschaft, keine Basis für einen Bund mit gegenseitiger Verpflichtung. Im übrigen sollten sie auch nicht die Möglichkeit haben, mir ständig alles in die Schuhe zu schieben, was allein sie vermasselt haben, sondern selbst verantwortlich sein und die Folgen ihrer Taten tragen. Wie konnte es geschehen, fragt sich Gott, dass dieses Erdwesen – *adam*, aus Ackererde – *adama* – genommen, sich zum Mann, zu einem männlichen Adam erklärte, wo doch unmissverständlich geschrieben steht, dass erst in späterer Folge aus diesem Erdgebilde Mann und Frau hervorgingen – *isch* und *ischa*. Diese Gleichzeitigkeit konnte er wohl schwer ertragen. Musste er doch unbedingt der Erste gewesen sein und so die Frau als Zweitgeschaffene minderwertig erscheinen lassen. Er selbst, dieser Lehmkloß, erklärte sich kühn zum Abglanz Gottes[1], die Frau hingegen sollte nur indirekt durch ihn, den Mann, glänzen, wie der Mond durch die Sonne, ein von seiner Herrlichkeit abhängiges Wesen. Die Folgen dieser männ-

---

[*] Veröffentlicht in: *Das Wort.* Österreichische Zeitschrift für evangelischen Religionsunterricht, Nr. 2 (1998), 30f.

lichen Überheblichkeit machen mich zornig und traurig, klagt Gott. Nicht nur, dass er die Frau unterdrückt, wie es ihm beliebt, er hat auch mich, Gott, missbraucht, indem er mich zu seinem Abbild machte: zum Bild des Mannes schuf er mich, zum machtgierigen Herrscher, zum gewalttätigen Krieger, zum rachsüchtigen Zerstörer. Er machte mich, Gott, zum Mann, um sich selbst zu Gott machen zu können. Ist es ein Wunder, wenn Frauen die Göttin suchten? In Baumhainen tanzten und mir als Himmelskönigin Kuchen backten, die ihr, der Frauen Abbild trugen?[2] Sie suchten und suchen die verloren gegangene Seite in mir, die verloren gegangene göttliche Frau, die *man(n)* ihnen genommen hat. Ach, all meine Versuche, ein einseitig männliches Bild von mir zu korrigieren, der männlichen Verabsolutierung meines heiligen Namens entgegenzuwirken, wurden von den Herren Theologen kaum wahrgenommen, klagt Gott. Ließ ich meine Botschafterinnen nicht deutlich genug verkünden, dass ich beide, Mann und Frau, zu meinem Bilde, zum Bilde Gottes schuf und beiden gleichermaßen die Erde und alles, was darauf ist, zur pfleglichen Herrschaft anvertraute?

Aber mein Volk hat mich vergessen,
mich, seinen Vater, den Fels, der es gezeugt hat.
Vergessen mich, seine Mutter, die es geboren hat unter Schmerzen.[3]

Ich zürne ihnen, diesen störrischen Männern, die Kriege führen in meinem Namen und die Tränen der Mütter nicht sehen wollen, die um ihre toten Kinder weinen. Ich, ich bin die Mutter, die um ihre Kinder weint, ruft Gott aus. Wie Rahel will ich mich nicht trösten lassen, weil sie dahin sind.[4]

Denn Gott bin ich und kein Mann

Jetzt haben sie, was sie wollten, eine zerstörte Erde, fruchtbares Land zur Wüste verkommen und ausgetrocknete Wasserströme. Lange habe ich geschwiegen und mich zurückgehalten, aber nun will ich schreien wie eine Gebärende, schnauben und schnaufen.[5]
Hab ich nicht alles für sie getan, für meine Menschenkinder? All meine Liebe habe ich an sie verschwendet. Und doch liefen sie weg von mir, liefen anderen Gottheiten nach, die nichts, aber auch gar nichts für sie getan haben, sie vielmehr ins Unglück stürzten.[6]

Dabei war ich es doch, die sie aufzog und pflegte,
an meinen Busen nahm und stillte,
ihnen zu essen gab, wann immer sie Hunger hatten.
Ich war es doch, die sie in meinen Armen wiegte, wenn sie weinten.
Doch nein, zum Baal laufen sie noch immer,
als ob der, dieses Mannsbild, in der Lage wäre, sie groß zu ziehen.
Und nicht, und nicht kehren sie zu mir zurück.
Nun wird es wohl so kommen, wie es kommen musste.
Das Schwert wird in ihren Städten wüten
und ihre Schwätzer vertilgen,
und sie werden die Suppe auslöffeln müssen,
die sie sich eingebrockt haben.
Ja, sie haben gerechte Strafe verdient.
Und dennoch, und dennoch...
allein bei dem Gedanken an ihre Vernichtung
dreht sich mein Innerstes um,
mein Herz gegen mich.
Meine Barmherzigkeit kehrt sich gegen meine Gerechtigkeit
und ganz und gar entbrannt ist mein Mutterschoß.
Nicht kann ich meinen glühenden Zorn an ihnen vollstrecken.

Nicht kann ich meine Kinder dem Verderben preisgeben.
– ki EL anoki w'lo ISCH –
denn Gott bin ich und nicht Mann
– in deiner Mitte heilig –
und nicht komme ich um zu zerstören, spricht Gott.

1 Nach 1 Kor 11,7.
2 Nach Jer 44,19.
3 Dtn 32,18.
4 Nach Jer 31,15.
5 Nach Jes 42,14f.
6 Der folgende Text ist frei nach Hos 11 unter Verwendung der Übersetzung und Exegese von Helen SCHÜNGEL-STRAUMANN, in: Denn Gott bin ich und kein Mann. Gottesbilder im Ersten Testament – feministisch betrachtet, Grünewald 1996, 33-47, (Alle gängigen Bibelausgaben übersetzen *isch* fälschlich mit Mensch statt mit Mann. Ausnahme: Martin Buber).

Mirjam, die Prophetin*

Das Zentrum jüdischen Glaubens und das zentrale religionspolitische Bekenntnis Israels bis heute ist die Exodus-Tradition, die im jüdischen Pesachfest vergegenwärtigt wird, als die befreiende Heilstat Gottes für sein Volk:

„In jeder Generation ist es Pflicht jeder Frau und jedes Mannes, sich selbst zu sehen, als ob sie/er selbst aus Ägypten wegzog. Du sollst deiner Tochter/deinem Sohn an jenem Tag erzählen: Das geschieht für das, was der Herr mir getan hat, als ich aus Ägypten wegzog."

(Pessach – Haggada)

Das 1. Gebot, das die Alleinverehrung Gottes fordert, wird damit begründet, dass Gott das Volk aus der Knechtschaft Ägyptens befreit hat. Die Erinnerung an den befreienden Gott ist die Erinnerung Israels schlechthin. Sie bestimmt die zentralen Aussagen der hebräischen Bibel, die ethischen Forderungen des Dekalogs und der Propheten.
Mit der Exodustradition verknüpft sind die Gestalten von Mose, Aaron und deren Schwester Mirjam.
Aber wer kennt Mirjam noch als eigenständige Persönlichkeit, die sie war? – Als charismatische Führerin, die das Volk aus der ägyptischen Sklaverei und durch die Wüste führte, zusammen mit Mose und Aaron, wie es die Tradition Israels bewahrt hat, – so besonders der Prophet Micha (6,4), der die drei Führerpersönlichkeiten gleichwertig – noch ohne Verwandtschaftsbeziehungen – nennt?

---

* Bisher unveröffentlicht, Bibelarbeit, Wien 2002.

Mirjam, die Prophetin

*„Ich habe dich aus Ägypten heraufgeführt
und dich frei gekauft aus dem Sklavenhaus.
Ich habe vor dir hergesandt Mose und Aaron und Mirjam."*

(Mi 6,4)

Das erste Mal wird Mirjam im Rahmen des so genannten „Schilfmeerliedes" (Ex 15) erwähnt, das das Wunder von Israels Errettung hymnisch besingt. Im Vers 21 heißt es:
*„Mirjam sang ihnen vor:
Singt dem Herrn ein Lied,
denn er ist hoch und erhaben!
Rosse und Wagen warf er ins Meer."*

(Ex 15,21)

Exegeten und Exegetinnen sind darin einig, dass dieser Vers der Ursprung des viel später entstandenen Schilfmeerliedes von Ex 15,1-21 ist, also sein Beginn und nicht, wie es uns in der jetzigen Fassung vorliegt, sein Ende. Literargeschichtlich gilt dieses so genannte Mirjamlied als ältester literarischer Text der hebräischen Bibel, der eine lange vorliterarische mündliche Tradition hat, und wahrscheinlich dadurch, dass er von Frauen im Kult gesungen und getanzt wurde, bis zu seiner schriftlichen Fixierung aufbewahrt und mit der Tradition einer Frau, mit der Tradition Mirjams, verknüpft blieb.

Einen Hinweis auf den Kult bildet der Vers Ex 15,20:
*„Die Prophetin Mirjam, die Schwester Aarons,
nahm die Pauke in die Hand, und alle Frauen zogen
mit Paukenschlag und Tanz hinter ihr her."*

(Ex 15,20)

Mirjam, die Prophetin

Über die Kultausübung von Frauen in Israel in der vorexilischen Zeit wissen wir wenig. Nach dem Exil waren Frauen – soviel wir jedenfalls wissen – von der Kultausübung ausgeschlossen. Über die Art des kultischen Feierns von Frauen finden sich Hinweise in Ps 68,25f:

„Wenn Gott im Heiligtum einzieht,
gehen die Sänger voran
und am Ende des Zuges die Spielleute,
in der Mitte die jungen Frauen,
die da Pauken schlagen."

(Ps 68,25f)

Vom Jahresfest (Weinlesefest) in Schilo heißt es (Ri 19,21), dass die Töchter des Heiligtums zum Reigentanz auftreten. Aus der Exilszeit klagt der Prophet Jeremia, in Jerusalem gebe es kein (kultisches) Fest mehr, keinen Reigen der Mädchen (Klgl 1,4; 5,15), und er träumt, dass, wenn Jerusalem aufgebaut wird, dieser Kult wieder stattfinden kann (Jer 31,3f).

„Du sollst wieder aufgebaut werden, Jungfrau Israel.
Du sollst dich wieder schmücken,
Pauken schlagen und herausgehen zum Tanz."

(Jer 31,4)

Mirjam wird Prophetin genannt (n^{e}biah = weibliche Form von *nabi*). Dass sie eine Prophetin ist und warum, wird nicht erklärt, sondern offensichtlich als bekannt vorausgesetzt.
Sie ist die einzige Prophetin im Pentateuch. (Der Zusatz „die Schwester Aarons" wird an dieser Stelle allgemein als Einschub aus späterer Zeit angenommen; so z.B. Martin Noth und Erhard Gerstenberger.)

Mirjam, die Prophetin

Dass es in christlicher Tradition als Lied der Mirjam kaum bewusst war, hängt mit seiner Eingliederung in das so genannte „Schilfmeerlied" zusammen, das erst spät, entweder im babylonischen Exil oder danach, also im 6. oder 5. Jh. v.Chr., aus der literarischen Quelle der Priesterschrift entstanden ist. Ex 15,1-21 wird in den Bibelüberschriften als Lied des Mose bezeichnet und beginnt mit den Worten „Damals sang Mose mit den Israeliten dem Herrn dieses Lied...", so dass nun das ans Ende gestellte Lied der Mirjam wie eine Wiederholung, ein Zitat des Moseliedes wirkt und so gelesen wird.
Einen interessanten exegetischen Hinweis versuchen die Autorinnen Athalya Brenner und Fokkelin van Dijk-Hemmes. Sie weisen darauf hin, dass es heißt:
„Mirjam sang ihnen vor" und dann in der Befehlsform, als Aufforderung „singt dem Herrn", während Mose für sich und die Israeliten dann, wie für einen folgsamen Männerchor antwortet: „Ich singe dem Herrn".

Noch ein paar Bemerkungen zum Inhalt des Liedes: Kritisch wird oft angemerkt, dass Mirjams Lied ein sehr martialisches ist. Dazu folgendes:
1. Es steht im Zusammenhang mit Israels wunderbarer Errettung aus einer aussichtslosen Lage, wo es um Sein oder Nichtsein, um Sklaverei oder Freiheit ging. Wobei das Wunder weniger im Zurückweichen und Wiederkommen des Meeres gesehen wird, als vielmehr in der Machtdemonstration Gottes gegenüber denen, die Macht schlechthin symbolisierten, nämlich die Rosse und Streitwagen Ägyptens. Die Geretteten sind die Ohnmächtigen, für die Gott Partei ergreift, mächtig wird, und die ohne seine Hilfe ver-

Mirjam, die Prophetin

loren sind. In der Schilfmeererzählung heißt es deshalb in Ex 14,14: „Der Herr wird für euch streiten und ihr werdet stille sein!"

Es bleibt ihnen auch gar nichts anderes übrig, denn sie sind unbewaffnete Flüchtlinge. Darum gilt das Lob allein Gott und seiner machtvollen Tat – und nicht etwa dem Mose als Anführer des Volkes.

2. In der hebräischen Bibel sind „Rosse und Wagen" Metapher für militärische Macht und Krieg und gleichsam widergöttliches Symbol. Darum warnen die Propheten Israels Könige vor jeder Bündnispolitik mit militärischen Großmächten, die einem Bündnisbruch mit Gott gleichkommt.

„Weh denen, die nach Ägypten ziehen um Hilfe
und sich verlassen auf Rosse
und hoffen auf Wagen, ...
aber nicht zum Heiligen Israels halten...,
denn Ägypten ist Mensch und nicht Gott
und seine Rosse sind Fleisch und nicht Geist ..."

(Jes 31,1.3)

3. Dass eine Frau speziell für Frauen und mit Frauen ein Siegeslob anstimmt, wird umso begreiflicher, wenn man daran denkt, was die Sieger besonders den Frauen der Besiegten antaten und noch tun. In der Bibel symbolisieren „Rosse und Wagen" nicht nur militärische Gewalt, sondern auch den damit verbundenen Männlichkeitswahn. Die klassische Stelle ist Psalm 147,10:

„Gott hat keine Freude an der Stärke des Rosses
und keinen Gefallen an den Schenkeln des Mannes"

(Ps 147,10)

Mirjam, die Prophetin

(...des kriegführenden Mannes, muss man/frau natürlich dazu sagen).

4. Über die missverständliche Problematik Gott, als Kriegshelden zu besingen, haben auch die Rabbinen reflektiert. Ein Midrasch erzählt, dass die Engel im Himmel das große Loblied zusammen mit den Israeliten singen wollten, nachdem das Volk gerettet war:
„Siehe doch, Herr: Deine Kinder sind gerettet!"
Aber Gott zürnte und sagte:
„Meine Kinder Israel sind gerettet,
aber meine Kinder Ägypten sterben!
Wie könnt ihr Loblieder singen,
wenn meine Kinder sterben!"
Und der Chor der Engel schwieg.

Die singende Prophetin Mirjam ist das Schlussbild der Exodusgeschichte, dessen Rahmen die Taten mutiger Frauen bilden, die wegen der Führungspositionen von Mose und Aaron leicht in den Hintergrund der erzählenden Tradition geraten. In den Kapiteln 1 und 2, dem Prolog der Geschichte, sind es die hebräischen Hebammen Schifra und Pua, die durch zivilen Ungehorsam die neugeborenen Söhne des Volkes retten – und die Frau des Levi, deren Klugheit den kleinen Mose vor dem Tod bewahrt (der mit Pech bestrichene kleine Kasten soll an die Arche des Noah erinnern: das hebräische Wort *tebah* wird neben Ex 2,3.5 sonst nur in Gen 6-9 verwendet). Von dem Mut der Schwester des Moses wird erzählt und von der Barmherzigkeit der Pharaonentochter, die sich gleichfalls dem Gebot des Vaters widersetzt. Wenn Mose von der Magd der Prinzessin aus dem

Schilf „gezogen" wird (*suf*, Ex 2,3.5), weist dies zeichenhaft auf die bevorstehende Rettung Israels aus dem Schilfmeer (*b'jam suf*, Ex 15,4), die Mirjam mit den Frauen besingt.
Der Exodus und die Errettung am Schilfmeer bedeuten noch kein Happy End, sondern den Beginn eines langen Weges durch die Wüste.

Numeri 12,1-16: Das Verhältnis
von Tora und Prophetie – ein Konflikt?

Im Zusammenhang der Wüstenwanderung ist eine Begebenheit überliefert, die Exegeten und Exegetinnen viel Kopfzerbrechen bereitet hat und Kontroversen auslöst. Während der Text von Num 12,1-16 lange als Konglomerat aus verschiedenen Quellen und Zeitabschnitten galt, wird er in neuesten Exegesen als Einheit (wahrscheinlich aus nachexilischer Zeit) gelesen. Für das Alter des Textes spricht die Tatsache, dass Mose, Mirjam und Aaron noch nicht als Geschwister angeführt werden, - so erst in Num 26,59: „... Jochebed...gebar dem Amram Aaron und Mose, sowie deren Schwester Mirjam" und in 1 Chron 5,29: „die Kinder Amrams waren Aaron, Mose und Mirjam".

Das angesprochene Verbot der Ausländerehe aber weist in die nachexilische Zeit unter Esra und Nehemia.
Die Konspiration von Mirjam und Aaron entzündet sich an der Ehe des Mose mit einer Kuschiterin, wobei unklar bleibt, ob es sich um die Midianiterin Zippora oder um eine Frau aus Kusch handelt. (Villeicht sind beide nach Habakuk 3,7 identisch.) Doch bildet die Frage nach der ausländischen Frau nur den Auftakt für eine grundsätzliche Kritik

und Infragestellung des besonderen Führungsanspruches von Mose, den Mirjam und Aaron als Zurücksetzung empfinden:
„Hat etwa der Herr nur mit Mose gesprochen?
Hat er nicht auch mit uns gesprochen?"

(Num 12,2)

Ist er etwa alleiniger Vermittler von Gottes Offenbarung? Gott selbst handelt an der Stelle von Mose, der als zu „demütig" gilt, um zu reagieren, und beordert alle drei vor das Offenbarungszelt. Dort erhalten Mirjam und Aaron ihre Belehrung über die Bedeutung des Prophetenamtes gegenüber der einmaligen Bedeutung des Mose, dem Gott sein „ganzes Haus" (Israel) anvertraut hat. – Zu den Propheten (und Prophetinnen) redet Gott in Träumen, durch Gesichte oder Gleichnisse, zu Mose aber von „Mund zu Mund". Ja, Mose darf auch die Gestalt des Herrn sehen (wenngleich er nach Ex 33,18-23 nur der vorübergehenden Gestalt Gottes von hinten nachschauen darf, denn „kein Mensch wird leben, der Gott sieht").

Das Problem, das in Num 12,1-16 durch Mose, Aaron und Mirjam personalisiert wird, deutet auf einen tiefgreifenden Konflikt in Israel um die Bedeutung der einmal am Sinai gegebenen Tora (vertreten durch Mose) und der weiterführenden Prophetie hin. Wenngleich Prophetie als Mittel der Verkündigung anerkannt wird – Gott spricht zu den Propheten in Träumen und Gesichten –, muss gleichzeitig festgehalten werden, dass die bleibende Zusammengehörigkeit Gottes mit seinem Volk Israel durch die Mosetora gewährleistet ist. „Sie ist das Zentrum, ist die Gestalt gewordene Verbindung zwischen Gott und seinem Volk", so der

Alttestamentler Frank Crüsemann (1997, 238). Gleichzeitig hält Crüsemann fest, dass „die Sinaioffenbarung nicht der Abschluss der Offenbarungen Gottes sein (kann). Israel empfängt auf seinem Weg zwischen Sinai und gelobtem Land neue Weisungen, immer wenn es ihrer bedarf" (1997, 421f). So ist auch die Prophetie in der Mosetora integriert, ist Auslegung der Tora. Auch die von Gott berufenen Propheten und Prophetinnen außerhalb des Pentateuch handeln im Namen Gottes und seiner Tora, deren Einhaltung sie fordern.

Dem in Num 12 personalisierten Konflikt geht der Bericht von Num 11 voraus, in dem Mose sich in seiner Führungsposition überfordert fühlt und bei Gott beklagt, die Last des Volkes allein tragen zu müssen „wie eine Amme ein Kind trägt" (11,12). Gott erhört Mose, indem er auf 70 ausgewählte Älteste seinen Geist (*ruach*) ausgießt – als sei es Geist von Moses Geist – und diese zu Propheten (und Prophetinnen) erweckt. Auf die Beschwerde von Josua über die zwei Propheten Eldad und Medad, die gleichsam von der Geistausgießung mitprofitierten, aber nicht zu den Siebzig gehören, antwortet Mose:
„*Wollte Gott, dass alle im Volk des Herrn Propheten wären und der Herr seinen Geist über sie kommen ließe!*"
(Num 11,29b)

Diese Vision des Mose entspricht der Prophezeiung des nachexilischen Propheten Joel, wenn er von Gott verkündet:
„*Über alles Fleisch schütte ich meinen Geist,
dass eure Söhne und Töchter prophetisch reden,*

Mirjam, die Prophetin

eure Alten Träume träumen,
eure Jünglinge Gesichte sehen.
Und auf die Knechte und Mägde
schütte ich in jenen Tagen meinen Geist."

(Joel 3,1f)

Diese Prophezeiung verkündet das Ende patriarchaler Vorherrschaft und Bevormundung: Söhne und Töchter, Knechte und Mägde sind gleichermaßen durch den Geist Gottes berufen.

Um zu der Geschichte von Num 12 zurückzukehren, müssen wir deshalb fragen:
Warum wird nur Mirjam bestraft?
„Kaum hatte die Wolke das Zelt verlassen,
da war Mirjam aussätzig – weiß wie Schnee."

(Num 12,10)

Gottes Zorn trifft beide, aber warum wird Aaron nicht bestraft? Warum nur Mirjam – und das, obwohl Mose selbst für sie zu Gott fleht: „Ach heile sie doch!" (Num 12,13)
Die Begründung für Mirjams Bestrafung, die die Verfasser Gott in den Mund legen, erschreckt durch ihre ungewöhnlich frauenfeindliche Diktion:
„Wenn ihr Vater ihr ins Gesicht gespien hätte,
müsste sie sich dann nicht sieben Tage lang schämen?
Sie soll sieben Tage lang aus dem Lager ausgesperrt sein"

(Num 12,14).

Zur Strafe des Aussatzes kommen noch Scham und Schande hinzu.

Mirjam, die Prophetin

Abgesehen von der besonderen Stellung Mirjams, die hier als Prophetin die Gruppe der Propheten als deren Wortführerin vertritt und somit die eigentliche Konfliktpartnerin von Mose ist, weist die unterschiedliche Behandlung von Aaron und ihr auch auf deren patriarchal geprägte Lebenszusammenhänge. Frauen, besonders wenn sie ein den Männern gleichgestelltes Amt innehaben, werden in einer männerzentrierten Gesellschaft oft als Gefahr empfunden und sind dementsprechend gefährdet.

Wir lesen diese Geschichte im Kontext eigener Erfahrungen von erlittener Ungerechtigkeit und Benachteiligung statt Gleichbehandlung (Butting, 2001, 64).

Eine andere Erklärung für die alleinige Bestrafung Mirjams bietet die Alttestamentlerin Irmtraud Fischer: Numeri 12 müsse im Kontext der folgenden Ereignisse der Wüstenwanderung gelesen werden und nicht isoliert davon. Aufgrund der negativen Berichte der Kundschafter über das verheißene Land (Num 13) beschließt Gott, dass alle Israeliten über zwanzig noch in der Wüste sterben sollen (Num 14,28f) – somit auch Mirjam, Aaron und Mose – wobei Aaron und Mose sich in ungläubigem Zweifel nicht an den Befehl Gottes halten, wenn sie zum Felsen (nur) sprechen sollen, Wasser zu geben. Deshalb werden sie das Volk nicht in das gelobte Land bringen können (Num 20,10-12). Von Aarons Tod wird wenige Verse später berichtet, von dem des Mose in Kapitel 34. Von Mirjams Tod und Begräbnis wurde bereits Num 20,1 erzählt, ohne dass dies mit einem Vergehen ihrerseits begründet wird. Demnach sei Num 12 – so Fischer – der Nachweis einer Schuldgeschichte auch für Mirjam, die deshalb in diesem Zusammenhang allein die Strafe trägt.

Die Aussatzerzählung entspräche damit in ihrer Funktion der so genannten Haderwassererzählung von Mose und Aaron. Aus diesem Grund sei nicht „explizite Frauenfeindschaft" die Botschaft von Num 12,1-16!
Wie immer man/frau die Bestrafung Mirjams interpretieren mag, tröstlich und aufbauend ist auf jeden Fall der Schluss der Erzählung:
„Das Volk zog nicht weiter, bis Mirjam [von ihrem Aussatz geheilt] wieder aufgenommen wurde" (Num 12,15b).
Das „bekräftigt ... die Führungsposition der Prophetin Mirjam innerhalb der Gemeinschaft Israels. Das ganze Volk weiß sich mit Mirjam verbunden. Während Mirjam sieben Tage außerhalb des Lagers vom Volk getrennt ist, trennt sich das Volk nicht von ihr" (Butting, 2001, 65).
Wenn man vom Erzählungsstil am Ende von Num 12 ausgeht, so findet man dort nicht Mirjams Beschämung, sondern ihre hohe Respektierung durch das Volk.

Literatur:

BRENNER, Athalya / VAN DIJK-HEMMES, Fokkelin, On Gendering Texts, Leiden 1993.

BUTTING, Klara, Prophetinnen gefragt. Die Bedeutung der Prophetinnen im Kanon aus Tora und Prophetie, Wittingen 2001.

CRÜSEMANN, Frank, Die Tora. Theologie und Sozialgeschichte des alttestamentlichen Gesetzes, Gütersloh 1997.

FISCHER, Irmtraud, Die Autorität Miriams. Eine feministische Relektüre von Num 12 – angeregt durch das jüdische Lehrhaus, in: HALMER, Maria u.a. (Hg.), Anspruch und Widerspruch. Festschrift für Evi Krobath, Klagen-

furt 2000, 23–28.
—, Gotteskünderinnen. Zu einer geschlechtsfairen Deutung des Phänomens der Prophetie und der Prophetinnen in der hebräischen Bibel, Stuttgart 2002.

Neues Testament

Das Magnificat

*Bibelarbeit zu Lukas 1, 46-55**

I. Verse 46-49

Das Lied der Maria, das Magnificat, wird von Lukas in folgenden Zusammenhang gestellt:
Maria hat vom Engel von ihrer Auserwählung erfahren und sie macht sich auf, um ihre Freude mit ihrer Cousine Elisabeth, die ebenfalls schwanger ist, zu teilen (Lk 1,28ff). Sie begrüßt die Verwandte, in diesem Augenblick hüpft das Kind in Elisabeths Leib und diese erkennt an dem Zeichen den Segen, der über Maria liegt. Darauf jubelt Maria und singt ihr Lied.

Wir kennen den Luthertext des Magnificat. Hier soll durch eine neue Übersetzung – Schürmann 1969[1] – einiges deutlicher werden.

46 Und es sprach Maria:
Groß macht meine Seele den Herrn,
47 und es jubelt mein Geist über Gott, meinen Heiland,
48 denn er hat hingesehen auf die Niedrigkeit seiner Magd.
Und siehe,
von nun an werden mich seligpreisen alle Geschlechter.
49 Denn es hat an mir Großes getan der Mächtige,

---

* Veröffentlicht in: *Handreichung*. Mitarbeiterhilfe und Informationsdienst der Frauenarbeit der Evangelischen Kirche A. und H.B. in Österreich, Nr. 4 (1988/89), 4-10.

Das Magnificat

dessen Name heilig ist.
50 Und sein Erbarmen (währt) auf viele Geschlechter hinaus
für die, welche ihn fürchten.
51 Er hat Macht geübt mit seinem Arm,
hat zerstreut, die hochmütig sind im Sinne ihres Herzens.
52 Er hat Mächtige vom Thron gestürzt
und Niedrige erhöht.
53 Hungernde hat er mit Gütern erfüllt
und Reiche leer davongeschickt.
54 Er hat sich angenommen Israels, seines Knechtes,
zu gedenken (seines) Erbarmens
55 – wie er geredet hat zu unsern Vätern,
zu Abraham und seinen Nachkommen – in Ewigkeit.

(Lk 1,46-55)

Vers 46: So fällt auf, dass hier steht: sie macht Gott groß (= *magnificat*). Kann ein Mensch, eine einfache Frau, Gott „groß machen"? Ist das nicht anmaßend?
Maria macht Gott groß als Antwort darauf, dass sie Großes von Gott erfahren hat (Vers 49). Ihr Jubel ist die Reaktion der Glaubenden auf einen Gott, der die Geringen groß macht. Gott segnet den Menschen und der Mensch segnet Gott, so können Menschen auch einander segnen. So erlebt die alttestamentarische Frömmigkeit Glauben: als Beziehung in Gegenseitigkeit zwischen Gott und Mensch.
Es gehört zu den geheimnisvollen Eigenschaften Gottes, dass ihm am Lob von Geringen – Verachteten, Kindern – mehr gelegen zu sein scheint als am Lob von Mächtigen, Großen, Königen: Als Jesus im Tempel Ordnung schafft und Kranke heilt, schreien ihm ein paar Kinder nach: „Hosianna, dem Sohn Davids", und als sich die Priester darüber

entrüsten, zitiert er den 8. Psalm: „Habt ihr nie gelesen: Aus dem Mund von Unmündigen und Säuglingen hast du (dir) Lob (eine Macht) zugerichtet, wirst du groß gemacht."

Exkurs:
Warum steht hier HERR? (Vers 46)
Der Gottesname jahwe bedeutet „ich werde da sein": Der fromme Jude darf den Namen Gottes nicht aussprechen. Das kommt aus der altorientalischen magischen Vorstellung: Wenn ich den Namen eines Menschen weiß, kann ich über ihn verfügen. Über Gott kann ich nicht verfügen! Daher spricht der Jude dort, wo jahwe steht, ADONAJ (= Herr), um ja nicht den Gottesnamen zu gebrauchen bzw. zu missbrauchen (siehe 2. Gebot). HERR ist also nicht unterdrückend gemeint.

Maria lobt Gott mit ihrem ganzen Wesen. Seele ist für den Israeliten gleichbedeutend mit Leben (= Geist und Körper). Ihr ganzes Dasein ist gemeint. (Erst im hellenistischen Dualismus sind Geist und Körper gespalten.) Es ist erstaunlich, wie Luther in seiner Magnificat-Auslegung das nachempfindet:

> „Meine Seel' macht ihn groß, das ist mein ganzes Leben, Weben, Sinn und Kraft [...], dass uns alle Worte und Gedanken zu wenig werden, und das ganze Leben und die Seele müssen sich bewegen lassen, als wollt es alles gern singen und sagen, was in uns lebt."[2]

Vers 47: Gott als Heiland ist eine Bezeichnung, die öfter im Alten Testament vorkommt und griechisch mit *soter*

Das Magnificat

(= Retter, Heiland) übersetzt wird. Eine Anspielung auf Jesus darf hier nicht vermutet werden.

Vers 48: Er hat die Niedrigkeit seiner Magd angesehen. – Wie geht es uns damit?
Als „niedrige Magd" wurde die Frau von der Gesellschaft (der Kirche) niedrig gemacht. Der Text wurde oft missbraucht als Idealbild wahrer Frauentugend (demütig, unterwürfig).
Aber was meint Maria, wenn sie von ihrer Niedrigkeit singt? Und wer ist der Herr, als dessen Magd sie sich bezeichnet? Es ist *der Herr*, der die Niedrigen erhöht, *ansieht*: das heißt, nicht wegsieht von ihrem Elend.

Man kann den Vers nicht von den folgenden trennen, ihn herausnehmen und zu einer Ideologie machen, etwa, wie die *ideale Frau* zu sein hat: eine niedrige, demütige Magd. Maria jubelt gerade über den Gott, der die Niedrigen, Kleinen, Geringen, Armen und Frauen erhöht hat.

Luther schreibt in seinem Kommentar zum Magnificat:

> „So ist ‚humilitas' nichts anderes als ein verachtet, unansehnlich, niedrig Wesen oder Stand; als da sind die armen, kranken, hungrigen, durstigen, gefangenen, leidenden und sterbenden Menschen […]"[3]

> „Das sind die Tiefen, davon droben gesagt ist, dass Gottes Auge nur in die Tiefe sehen und Menschenauge nur in die Höhe, das ist: sie sehen nach dem ansehnlichen, scheinenden, prächtigen Wesen und Stand. […]"[4]

Das Magnificat

„Denn dieweil er der Allerhöchste und nichts über ihm ist [...] muss er notwendig in sich selbst und unter sich sehen, und je tiefer jemand unter ihm ist, desto besser sieht er ihn. Aber die Welt und Menschenaugen tun das Gegenteil, die sehen nur über sich [...] (ihre) Augenbrauen sind in die Höhe gerichtet. Das erfahren wir täglich, wie jedermann nur über sich zur Ehre, zur Gewalt, [...] zu gutem Leben und alles, was groß und hoch ist, sich bemühet. Und wo solche Leute sind, da hängt jedermann an, da läuft man zu, da dienet man gern, da will jedermann sein und der Höhe teilhaftig werden [...]"[5]

„Wiederum in die Tiefe will niemand sehen, wo Armut, Schmach, Not, Jammer und Angst ist; da wendet jedermann die Augen ab."[6]

Wenn Gott die Niedrigkeit seiner Magd ansieht und nicht übersieht, bedeutet das, dass er mit dieser ihrer Niedrigkeit nicht einverstanden ist – sie nicht akzeptiert, sie vielmehr ändern will; so nämlich, dass er die Niedrigen erheben will, aus ihrer gesellschaftlichen und damit menschlichen Determinierung herausholen, befreien will.
Vor ihm demütig sein bedeutet dann gerade nicht, sich gedemütigt zu fühlen, gedemütigt zu werden, sondern im Gegenteil: gestärkt und aufgerichtet zu werden, wie die gekrümmte Frau von Jesus in der Synagoge (Lk 13) aufgerichtet wird.
Geliebt zu werden bedeutet erhöht zu werden, das macht frei und demütig zugleich:
Demütig, weil mich jemand stark macht, weil mich jemand liebt, obwohl ich vielleicht nichts Liebenswertes an mir finde.
Frei, weil das Bewusstsein, geliebt und anerkannt zu werden,

stark macht, frei von der Furcht, von Mächtigen gedemütigt werden zu können, und frei von dem Zwang (Krampf), sich ständig behaupten zu müssen. (Das gilt besonders für Frauen in der Männergesellschaft.) Geliebt werden macht selbstbewusst!

Vers 48b/49: „... nun werden mich preisen alle Geschlechter ...": Hier wird eine alte Formel israelitischer Mütter wieder aufgegriffen und gesteigert (z.B. Gen 30,13 – Lea: Als Silpa, ihre Magd, den zweiten Sohn geboren hatte: „Nun werden mich seligpreisen alle Töchter ...")
Hier geht es aber um die Geburt des Messias, sodass der alte Lobpreis auf alle kommenden Geschlechter ausgedehnt wird. Die Seligpreisung gilt nur indirekt der Maria, eigentlich jedoch der Tatsache, dass mit dieser Geburt das Heil und die Erlösung für alle Menschen gekommen sind.

Exkurs:
Zur Entstehung des Magnificat:
Lukas hat damit an die Psalmentradition angeknüpft. Sprachlich kommt das Lied aus dem jüdisch-palästinensischen Raum. Eine unmittelbare Vorlage ist das Lied der Hannah (1 Sam 2). Wenn Lukas dieses Lied aber tatsächlich als Präludium für die Heilsgeschichte adaptiert hat, wie die meisten Kommentatoren annehmen, hat er es redaktionell um die Verse 48 und 49 erweitert, um es auf das Christusgeschehen zu beziehen.

Neuere Forscher aber, besonders Luise Schottroff, fragen sich, wie Lukas eigentlich sein Evangelium geschrieben hat: War er ein Schreibtischliterat? Als Antwort wird angenommen, dass er von Ort zu Ort gegangen ist und auf die Tradition der früchristlichen Gemeinden gehört hat: Was er gefunden hat, waren die Befreiungslieder der unterdrückten Menschen, analog dem heutigen Liedgut in Südamerika.

Das Magnificat als Lied der Jesusbewegung ist nach Luise Schottroff eine literarische Einheit. Wahrscheinlich hat Maria dieses Lied selbst gesungen, ja vielleicht selbst gedichtet. Trotz der alttestamentarischen Tradition enthält das Magnificat ein völlig neues, eigenes Moment: Was Lukas vorgefunden hat, war das Lied der ersten Judenchristengemeinden in Palästina – in sozialer und politischer Not –, die Christus als Erfüllung ihrer Hoffnung auf Veränderung schon erfahren haben und deshalb diese Erfahrung mit der Hoffnung einer eschatologischen (endzeitlichen) Umkehr verbinden. Darum können sie in der Vergangenheit („er hat Mächtige ... gestürzt") sprechen, obwohl ihre Rettung noch aussteht.

Es ist wohl kein Zufall, dass die revolutionären Lieder der Bibel als von Frauen gesungen tradiert werden (Debora, Mirjam, Hannah). Frauen waren sicher in der patriarchalischen Gesellschaft unterdrückt. Aber ihre Stellung war dennoch vielfach eine andere als allgemein angenommen. So ist auch die emanzipatorische Tradition Israels mit Namen von Frauen verbunden.

II. Gottes Barmherzigkeit (Verse 50-54)

Mit dem Vers 50 weitet sich der Blick der Sängerin von sich selbst auf die weite Welt. Was an ihr geschehen ist, wird als Heilsgeschehen für die Welt gedeutet. So gilt ihr Jubel eigentlich dem Heil ihres Volkes, der Erlösung der Welt. Zugleich ist

Gottes Barmherzigkeit seine mütterliche Seite (*rächäm* = Mutterleib, zugleich Barmherzigkeit). Was hier besungen wird, ist nicht eine Aussage über das Wesen Gottes, sondern in Vers 51-53 eine sehr konkrete Aussage über Gottes Tun. Gottes Barmherzigkeit steht im krassen Gegensatz zu den unbarmherzigen Ordnungen dieser Welt, in der die Reichen an der Macht sind und die Armen keine Chance haben. Gottes Erbarmungstat besteht gerade darin, diese unbarmherzigen Ordnungen umzustoßen. Gott wirkt in der Geschichte nicht als Stabilisator bestehender Ordnungen, sondern durch den Umsturz, indem er das Unterste zu oberst kehrt.

Die Aussagen spiegeln die Wirklichkeit im jüdischen Land, die man sich gar nicht hart genug vorstellen kann, vergleichbar heute etwa mit den Lebensbedingungen in manchen Ländern der so genannten „Dritten Welt". Es ist die Realität von Fron und Sklaverei: So konnten römische Soldaten einen Mann ohne weiteres von seiner mühsam ergatterten Arbeitsstelle als Tagelöhner weg zum Mitgehen zwingen. Man versteht so gesehen ganz anders, was gemeint ist, wenn es heißt (Mt 5,41) „wenn einer dich nötigt, eine Meile mit ihm zu gehen, geh mit ihm zwei (und mach ihm bewusst, was für ein Unrecht er dir damit tut)". Wir dürfen den Schrei nach Gerechtigkeit hier nicht überhören!

Es steht dem Magnificat eine Reihe von Texten so nahe, dass man annimmt (Schottroff), sie wären Ausdruck derselben Gruppe:

- Mk 10,25: „Ein Kamel geht eher durch ein Nadelöhr..."
- Mt 20,16: „Die Letzten werden die Ersten sein"
- Lk 16,19-26: Lazarus: Gott schafft ausgleichende Gerechtigkeit.

Das Magnificat

Es ist begreiflich, dass wir auf solch radikale Äußerungen mit Erschrecken reagieren und versuchen, sie zu nivellieren bzw. zu spiritualisieren. Das haben auch schon die ersten Christen versucht. Vergleicht man die Seligpreisungen bei Lukas und bei Matthäus, so stehen den *Armen* bei Lukas (6,20-21) die *Geistlich-Armen* bei Matthäus (5,3.6) gegenüber, den physisch *Hungernden* (Lukas) diejenigen, die *nach Gerechtigkeit hungern* (Matthäus).

Man hat den Kirchen nicht zu Unrecht vorgeworfen, dass sie die Armen, Unterdrückten, Sklaven mit dem Hinweis auf ein besseres Jenseits vertröstet haben, und diese dadurch zu Handlangern ungerechter Machthaber geworden sind.

Die erste Jüngergemeinde konnte die Worte Jesu aus ihrer Situation begreifen (Schottroff). Sie hatte sicher nicht im Sinn, eine soziale Revolution anzuzetteln, konnte dies auch nicht; ihre Erwartung der Herrschaft Gottes war aber mit soviel konkreter Hoffnung auf soziale Veränderung verbunden, dass sie diese Hoffnung stark und selbstbewusst gemacht haben muss – aber gleichzeitig auch sensibel für Veränderungen, die sie selber herbeiführen konnte (wie wir aus der Apostelgeschichte wissen), und die (Gott sei Dank) in der Geschichte der Christenheit auch manchmal herbeigeführt werden.
Das Lied der Maria gilt auch für uns. Die von Maria besungene „Ordnung Gottes" gibt uns die Richtung an, die wir einschlagen sollen.
Gottes Barmherzigkeit gilt denen, die ihn fürchten:
Ist das eine Einschränkung? Zweifellos – aber sie ist folgerichtig. *Fürchten* heißt ja nicht etwa Angst haben, sondern

Das Magnificat

Ehrfurcht, Respekt haben, Gottes Willen in dieser Welt respektieren, ernst nehmen.

Aber gerade die, die mit Ernst auf Gottes Willen hören, werden seine Barmherzigkeit nicht nur als Barmherzigkeit für sich selber, sondern als Barmherzigkeit für die Welt, deren Ordnungen durch Unbarmherzigkeit gekennzeichnet sind, erfahren. Und sie werden versuchen, von dieser Barmherzigkeit nicht nur zu predigen, sondern sich auch realpolitisch für sie einzusetzen. Dieser Einsatz hat oft zwangsläufig revolutionären Charakter. Und schon das Wort Revolution löst bei Christen Schrecken aus – verständlicherweise –, ist es doch meistens mit Blutvergießen verbunden, mit Gewalt und Gegengewalt. Unterdrückte werden befreit, neue Unterdrückungen sind die Folge. Aber indem wir gebannt auf die Schrecken der Revolution blicken, sehen wir nicht die Schrecken der Unbarmherzigkeit und Ungerechtigkeit, das vielfache Sterben, das durch die Mächtigen verschuldet wird und das die Ohnmächtigen erst zu revolutionärem Handeln als oft letzten Ausweg treibt.

> „Diejenigen, die Ihn (Gott) fürchten, sind aber Menschen, die sein Erbarmen kennen, von seinem Erbarmen leben. Sie beteiligen sich an der Politik nicht als Kämpfer für die eigenen Interessen, für den eigenen Vorteil an Gütern, sondern für die Interessen der Hungrigen und Niedrigen mit dem Ziel, die unbarmherzigen Ordnungen dieser Welt in barmherzigere, menschlichere und also ‚gottgewollte' verwandeln zu helfen.
>
> Daß dabei Christen, wenn sie sich ernsthaft engagieren, fast notwendigerweise zwischen die Fronten geraten, scheint mir ein Merkmal christlicher Existenz zu sein."[7]

Das Magnificat

Was heißt nun Revolution in einer Situation – etwa der unseren –, wo kein unmittelbarer Leidensdruck eine Revolution notwendig erscheinen lässt? Sich erfassen lassen vom Leiden anderer, Mitleiden (d.i. kein weinerliches „Mitleid"), z.B. durch drastische, bildhafte Darstellung fremden Leidens, solidarisches Handeln. (Uns ist dies bei der Information zum Weltgebetstag oder für Brot für Hungernde möglich.) Eine revolutionäre Aktion kann auch das Sitzen vor Wackersdorf sein oder ein richtig betriebener Dritte-Welt-Laden. Beteiligung an der Veränderung von ungerechten Strukturen ist eine revolutionäre Aktion. Auch sie kann ins Leiden führen.

Was im christlichen Sinn Revolution bedeutet, drückt Wilhelm Dantine mit folgenden Worten aus:

„Die Teilnahme am sozialen Leiden bestimmter Menschengruppen hat ihre Möglichkeit bereits im Mitleiden wie im stellvertretenden Leiden. Beides kann bis zum Opfer der eigenen Existenz gehen. In und an solcher Teilnahme erwächst in der Regel auch die zwingende Erkenntnis, sich für eine revolutionäre Aktion zu entscheiden. Ohne jenes Opfer des Mitleidens und des stellvertretenden Leidens ist noch keine sinnvolle Revolution geschichtlich von Bedeutung geworden.

Die Christen sind deshalb sehr unbequeme Mitrevolutionäre, aber billiger dürfen sie es nicht machen, weder den anderen, noch sich selber. So steht ihnen nicht die Frucht des Sieges in Aussicht, sondern der erneute Aufruf, in veränderter Situation aus dem Zusammenhang von Aktion und Leiden die entsprechenden Folgerungen zu ziehen. Sie müssen sich daher

Das Magnificat

des neuen Leidens und der neuen Leidenden ebenso annehmen, wie sie sich des alten Leidens und früherer Leidender angenommen haben."[8]

III. „Er hat sich Israels angenommen" (Verse 54 und 55)

Die singende Maria (bzw. die singende früheste Christengemeinde) weiß sich in einer ungebrochenen Tradition mit der Geschichte des eigenen Volkes verbunden. Wenn sich auch der Blick durch das Christusgeschehen geweitet hat und die ganze Welt in das Erbarmungsgeschehen Gottes mit eingeschlossen sieht, so kehrt er nun gleichsam zu den eigenen Wurzeln zurück und macht deutlich: In allem, was Gott für die Menschheit tut, kommt zur Erfüllung, was er diesem kleinen Volk, „seinem Diener Israel", versprochen hat. Was für die niedrige Maria, die kleine, unbedeutende Frau, gilt, was für alle Erniedrigten dieser Erde gilt, dass nämlich Gott sie erhöht hat, gilt auch für das unterdrückte, ausgebeutete, von den Römern beherrschte Israel: Von ihm geht das Heil für die ganze Welt aus (Joh 4: „Das Heil kommt von den Juden.").

Es ist wichtig und heilsam für die Kirche, dass sie gleich am Beginn ihrer Geschichte, die mit der Geburt Jesu anfängt, zu Beginn des Evangeliums gesagt bekommt: Nur mit Israel zusammen gehört sie zu Jesus, weil Jesus untrennbar und zuerst zu Israel gehört. Denn Jesu Kommen bedeutet: „Er, der Gott Israels, hat sich seines Dieners Israel angenommen, indem er seines Erbarmens gedachte."

Natürlich wissen wir, dass die Schwierigkeiten im Gespräch zwischen Juden und Christen genau an dieser Stelle einsetzen, wo wir mit dem Magnificat sagen: Gott *hat* sein Versprechen erfüllt mit dem Kommen Jesu – und dieses Kommen *hat* die Welt verändert.

Martin Buber erzählt in den chassidischen Geschichten von dem törichten Mann, der am Sabbat das große Schoferhorn geblasen hätte, wie man es nur blasen dürfe, wenn der Messias kommt. Während die Leute aufgeregt auf die Straße stürzen, um den Messias zu empfangen, schaut ein weiser Rabbi zum Fenster hinaus und sagt: „Das ist keine Erlösung."

Juden sagen uns bis heute: Schaut zum Fenster hinaus: Noch immer sitzen die Mächtigen auf den Thronen und treten nach unten, noch immer gibt es satte Reiche und hungrige Arme, Krieg und Leiden: Das kann das Reich des Messias nicht sein. – Das sollten wir sehr ernst nehmen!

Auch wir Christen warten auf den noch ausstehenden Schalom: in der Spannung zwischen dem *Schon-jetzt* und dem *Noch-nicht*. Aber die Erfahrung des Schon-jetzt, das mit dem Kommen Jesu und seinem Schalom begonnen hat, soll uns in Bewegung setzen in die Richtung, in die das Lied uns den Weg weisen will: unsererseits alles zu tun, damit Niedrige erhöht und Hungrige satt werden.

1 SCHÜRMANN, Heinz, Das Lukasevangelium (Herders Kommentar zum NT 3,1), Freiburg i. Br. 1969.
2 LUTHER, Martin, Das Magnificat (Evangelische Lehr- und Trostschriften, Heft 5), bearbeitet v. Walter von Loewenich, München 1939, 15.
3 Ebd., 22.
4 Ebd.
5 Ebd., 6f.
6 Ebd., 7.
7 GOLLWITZER, Helmut, zitiert in DANTINE, Wilhelm: Hoffen – Handeln – Leiden. Christliche Lebensperspektiven, Wien 1976.
8 DANTINE, ebd.

Jesus, ein „Freund der Zöllner und Sünder" – ein Gegner der Pharisäer?

Eine sozialgeschichtliche Bibelauslegung*

Und als Jesus von dort wegging, sah er einen Menschen am Zoll sitzen, der hieß Matthäus; und er sprach zu ihm: Folge mir! Und er stand auf und folgte ihm. Und es begab sich, als er zu Tisch saß im Hause, siehe, da kamen viele Zöllner und Sünder und saßen zu Tisch mit Jesus und seinen Jüngern.
Als das die Pharisäer sahen, sprachen sie zu seinen Jüngern: Warum isst euer Meister mit den Zöllnern und Sündern?
Als das Jesus hörte, sprach er: Die Starken bedürfen des Arztes nicht, sondern die Kranken.
Geht aber hin und lernt, was das heißt (Hos 6,6): „Ich habe Wohlgefallen an Barmherzigkeit und nicht am Opfer." Ich bin gekommen, die Sünder zu rufen und nicht die Gerechten.

(Mt 9,9-13; par Mk 2,13-17, Lk 5,27-32)

Ein Text, der ins Zentrum neutestamentlicher Botschaft führt und von den Synoptikern fast gleich lautend überliefert wird. Bekannt und vertraut und doch durch eine lange Auslegungstradition von Missverständnissen geprägt. Das beginnt schon mit der Interpretation der Rolle der Pharisäer. Kaum eine andere Menschengruppe ist so pauschal von negativem Vorurteil belastet: Selbstgerecht und von strenger Gesetzlichkeit legen sie den Menschen unnötige Lasten auf, von denen Jesus sie befreit. Sie werden als die

---
* Veröffentlicht in: CPB (Christlich-Pädagogische Blätter) Nr.1 (2001), 2–5.

Jesus, ein „Freund der Zöllner und Sünder"

Gegner Jesu schlechthin dargestellt und zugleich als die Repräsentanten *des* Judentums in negativem Sinn. Die antijudaistische Stereotype des „Pharisäers" hat sich bis in unseren Sprachgebrauch erhalten, um gesetzliche, zugleich aber heuchlerisch-frömmelnde Menschen zu bezeichnen.
Die im NT zahlreich überlieferten Zusammentreffen Jesu mit Pharisäern werden meist undifferenziert als so genannte Streitgespräche bezeichnet, in denen die Pharisäer Jesus des Gesetzesbruches überführen wollen, dieser aber durch bessere Argumente Sieger bleibt. Die solchermaßen bloßgestellten Pharisäer trachten Jesus nach dem Leben.

Die historische Forschung vermittelt, wenn auch kein einheitliches, so doch ein völlig anderes Bild. Die im 2. Jh. v.Chr. entstandene Bewegung der Pharisäer bildet eine Art Zwischenglied zwischen der hebräischen Bibel und dem sich entwickelnden rabbinischen Schrifttum. Da Paulus seine Eltern als Pharisäer bezeichnet, kann man davon ausgehen, dass es auch Pharisäerinnen gegeben hat (Apg 23,6). Leider ist durch den androzentrischen Sprachgebrauch nichts Näheres über sie bekannt. Es dürften toragelehrte Frauen gewesen sein, von denen der Talmud sehr wohl berichtet, während die Bewegung der Pharisäer insgesamt wenig Erwähnung im rabbinischen Schrifttum findet. Historische Information überliefert in der Hauptsache der jüdische Geschichtsschreiber Flavius Josephus, der sich auch selbst zu den Pharisäern zählt.[1] Als breit gefächerte Bewegung gilt sie im 1. Jh. n.Chr. als besonders volksnah und großteils auch als regierungskritisch. Als so genannte Laien waren die Pharisäer auch kritisch gegenüber der Priesterschaft, deren Monopol auf die Auslegung der Tora sie bestritten. Gerade durch Einbeziehung der mündlichen Überlieferung (der „Alten") wollten sie das religiöse Leben erweitern. In grundsätzlichen Fragen der Tora können sie als einig mit der Lehre Jesu gesehen werden. Das gilt aber auch für den Glauben an die Auferstehung, der so im Pentateuch nicht verankert ist und von den Sadduzäern abgelehnt wurde (Apg 23,8; Mt 22,23-33). Andererseits entwickelten sie einen gewissen Rigorismus in Bezug auf priesterliche Reinheitsvorschriften, die sie auch für Laien geltend machten und so möglicherweise nach Ex 19,6 die Vision eines „Allgemeinen Priestertums" des Volkes zu verwirklichen trachteten.[2] Vielleicht hängt auch die Bezeichnung als die „Abgesonderten" (hebr. *perushim*, griech. *pharisaioi*) mit ihrem Rigorismus zusammen, der die Pharisäer u.a. auch Tischgemeinschaft mit Angehörigen des eigenen Volkes vermeiden ließ, wenn diese weniger penibel in Bezug auf die Reinheitsregeln waren.[3]

Auch waren gerade die Reinheitsgebote, um deretwillen jüdische Märtyrerinnen ihr Leben gelassen hatten, zu einer Bekenntnisfrage jüdischer Identität geworden. Die Makkabäerbücher geben ein erschütterndes Zeugnis davon.

Wenngleich es, wie der vorliegende Text zeigt, in diesem Zusammenhang zu Differenzen mit der Jesusgruppe kam (besonders auch in der Sabbatfrage), geht man heute sowohl christlicher- wie jüdischerseits davon aus, dass Jesus mit den Pharisäern mehr gemeinsam hatte als mit irgendeiner anderen Gruppierung seiner Zeit, ja möglicherweise selbst einer solchen Gruppe angehörte, so dass die meisten der so genannten Streitgespräche als innerpharisäische Diskurse über Auslegungsfragen der Tora interpretiert werden sollten. Ein klassisches, meist fehlinterpretiertes Beispiel ist die

Begebenheit, die Markus (2,23-28) überliefert, in der die Pharisäer das „Ährenraufen" der Jünger und Jüngerinnen als Verletzung der Sabbatheiligung ansehen und Jesus zur Rede stellen. Jesus geht auf ihre Frage ein. In Art einer halachischen Diskussion („habt ihr nie gelesen...") erinnert er sie an David, der in der Zeit der Hungersnot die verbotenen, nur den Priestern vorbehaltenen Schaubrote aß. Der bittere Hunger der Jesusleute rechtfertigt auch ihre Gebotsübertretung. In diesem Fall hat Hunger Vorrang vor der Sabbatheiligung, weil der Sabbat dem Leben dient (vgl. Heilungen am Sabbat).

Der Sabbat ist um des Menschen willen gemacht
und nicht der Mensch um des Sabbats willen.

(Mk 2,27)

Dieses Zitat entspricht fast wörtlich dem halachischen Midrasch Mechilta ki Tissa 5 zu Ex 31,14:
Der Sabbat wurde euch übergeben,
nicht ihr wurdet dem Sabbat übergeben.

D.h. Rettung von Menschenleben „verdrängt" den Sabbat.[4] Jesus zitiert eine rabbinische Auslegung des Sabbatgebotes und setzt deren Kenntnis bei den Pharisäern voraus, als wolle er sagen: Ihr wisst doch, dass der Sabbat dem Wohl des Menschen dient (der in Not ist) und nicht umgekehrt. Nach der traditionellen christlichen Lesart belehrt Jesus die Pharisäer durch eine neue, menschlichere, „christliche" Interpretation des Sabbat, den diese nur gesetzlich, sprich „jüdisch" verstehen, als meinten sie, „der Mensch sei um des Sabbats willen gemacht". Hingegen diskutiert Jesus mit den Pharisäern die gemeinsame jüdische Tradition, in der die

Pluralität von Meinungen durchaus üblich ist.
Unbestritten ist, dass nach dem Jahr 70 mit dem Verlust des Tempels als religiöser Mitte und den anhaltenden Repressalien durch die römischen Machthaber die pharisäische Bewegung zur religiösen Neuorientierung und für den Zusammenhalt des jüdischen Volkes einen unverzichtbaren Beitrag geleistet hat.
Die Schwierigkeit einer einheitlichen Beurteilung von vermeintlichen oder echten Auseinandersetzungen ergibt sich aus der Tatsache, dass die Evangelienberichte oftmals Konflikte der eigenen Gemeinden mit pharisäischen Gruppen aus der Zeit nach 70 in die Zeit Jesu übertragen. Im Zusammenhang solcher Konflikte wird auch die Schuld am Tod Jesu u.a. den Pharisäern zugeschrieben (Mk 3,6). In den synoptischen Passionsberichten werden sie aber nicht erwähnt.[5] Die matthäische Gemeinde scheint besonders heftige Auseinandersetzungen gehabt zu haben (vgl. bes. Mt 23), wobei es aber eher um Fragen des Verhaltens von Pharisäern als um ihre Lehre ging: „Alles was sie euch sagen, das tut. Aber nach ihren Werken sollt ihr nicht handeln..." (Mt 23,3) Im Übrigen werden auch im Talmud etliche Pharisäer der Heuchelei beschuldigt[6], so dass überlieferte Konflikte, zumindest was das 1. Jh. betrifft, noch als innerjüdische anzusehen sind. Gerade die matthäische Gemeinde betont die Treue zur Tora und zum Gott Israels in der Tradition Jesu (vgl. Mt 5,17-20).
Auch die Gruppe der Zöllner muss aus historischer Sicht differenziert dargestellt werden. Da gab es einerseits die Zollunternehmer, die vom römischen Staat Zollrechte pachteten, und andererseits die von ihnen angestellten so genannten Unterzöllner (*telonai*), die die eigentliche undank-

Jesus, ein „Freund der Zöllner und Sünder"

bare Arbeit der Eintreibung von Zöllen ausrichten mussten, etwa bei der Ein- und Ausfuhr von Handelswaren, als Grenz- oder Passierzölle u.a. Verachtet wurden beide: Die Oberzöllner als Kollaborateure mit Rom und um ihres oft ergaunerten Reichtums willen – wie z.B. der Oberzöllner Zachäus (Lk 19,1ff) und die vielen sozial ungeschützten Zollbediensteten, die wohl nicht viel mehr verdienten als das, was sie unrechtmäßig auf zu verzollende Waren aufschlugen (vgl. Lk 3,13), und die jederzeit bei Beschwerden entlassen werden konnten. Sie gehörten zu den Armen, die diese Arbeit annahmen, weil sie sonst keine fanden.[7]
Um einen solchen Zöllner handelt es sich auch bei Matthäus, den Jesus von seinem Zolltisch und damit aus unwürdigen Lebensbedingungen weg in seine Nachfolge beruft. Er erscheint nicht als Besitzer eines großen Hauses, um eine Menge Gäste bewirten zu können wie Zachäus oder der Zöllner Levi (Lk 5,29). In wessen Haus das Mahl stattfindet, wird nicht berichtet. Den VerfasserInnen geht es vielmehr darum, die Tradition von Jesus als „Freund der Zöllner und Sünder", wenngleich die Titulierung zwiespältig erscheint (Mt 11,19 par), als zum Zentrum der Botschaft von Jesus gehörend aufzuzeigen.

Jesu oft zitierte Vorliebe für Sünder und Sünderinnen muss gleichfalls sozialgeschichtlich konkretisiert werden. Hier ist weder eine allgemein menschliche Befindlichkeit gemeint („wir sind alle Sünder") noch ein Sympathisieren Jesu mit jeder Art von Sünde. Vielmehr ist anzunehmen, dass es sich gerade in Verbindung mit der Begriffsgruppe Zöllner auch bei den *„harmatoloi"* um eine „besondere, soziologisch zu definierende Personengruppe" handelt: Arme Leute, die jede Art von Arbeit annehmen müssen, um zu überleben, Angehörige verachteter Dienstleistungsberufe, die sich aber auch tatsächlich, wohl hauptsächlich berufsbedingter Vergehen schuldig gemacht haben.[8]

Dass solche Leute nicht immer ein Tora-gemäßes Leben führten, wohl auch ihrer Armut wegen nicht führen konnten, liegt auf der Hand. Das betrifft auch das Einhalten von Speise- und Reinheitsgeboten. Um diesen Bereich geht es u.a. den Pharisäern mit ihrer Frage an die JüngerInnen: „Warum isst euer Lehrer mit Zöllnern und Sündern?"

Die Frage drückt keine grundsätzliche Verachtung gegenüber „diesen Menschen" aus, vielmehr das Unverständnis, wie Jesus, den sie respektvoll als *„didaskalos"* bezeichnen, mit ihnen Mahlgemeinschaft halten kann. Nach jüdischem Verständnis bedeutet gemeinsames Essen und Trinken mehr als bloße Nahrungsaufnahme. Bis heute ist es Höhepunkt bei religiösen Festen und hat beinahe sakralen Charakter. Darum ist auch das kompliziert anmutende Bereiten von Speisen (*Kaschrut*) nicht nur äußeres Zeichen, sondern gleichsam Heiligung des Profanen. Traditionellerweise gehört es in den Verantwortungsbereich von Frauen, die dadurch einen wichtigen Beitrag zum religiösen Leben der jüdischen Familie und Gemeinde leisten.[9]

Zwar lässt sich für die Jesusgemeinde keine grundsätzliche Ablehnung der Reinheits- und Speisegebote feststellen, aber sie dürften nicht den gleichen Stellenwert gehabt haben wie in der pharisäischen Bewegung. Mahlgemeinschaft in der Gruppe um Jesus ist Ausdruck von Freundschaft und Solidarität, ist teilen, lieben, einander annehmen. „Dieser nimmt die Sünder an und isst mit ihnen" (Lk 15,1). Abgesehen von der Reinheitsfrage ist es die Intimität des gemein-

Jesus, ein „Freund der Zöllner und Sünder"

samen Essens mit diesen Gruppen, die Bedenken auslöst. Ähnliche Bedenken gab es in unserer Kirchengemeinde, als die Betreuerinnen von Flüchtlingen und Asylwerberinnen „zu oft!" mit ihren „Schützlingen" Feste feierten, indem sie miteinander aßen, musizierten, laut und lustig waren. Dafür war das Geld, das die Gemeinde für die Flüchtlingsarbeit zur Verfügung stellte, nicht gedacht. Es war schwer verständlich zu machen, dass die Flüchtlinge neben anderer notwendiger Hilfe gerade das brauchten. Es machte sie von Almosenempfängerinnen zu Freundinnen.

Im Matthäustext scheint es eine ernst gemeinte Frage der Pharisäer zu sein, auf die Jesus eine ebenso ernst gemeinte Antwort gibt: Die Schwachen, Elenden, Sünderinnen sind es, die ihn brauchen, weil sie die Ärmsten, die „Letzten" sind in diesem unter der Herrschaft der Römer leidenden Volk. Ihnen muss er sich zuwenden, ihre Gebrechen heilen, sie zu sich rufen. Nicht zur Buße und Umkehr, wie Lukas das versteht (5,32), sondern um sie vielmehr aufzurichten durch die Botschaft vom Reich Gottes, in dem die „Letzten" die „Ersten" sein werden (Mt 20,16; Lk 13,30), um sie in eine Gemeinschaft zu holen, die neue Lebensmöglichkeiten eröffnet. Die Pharisäer dagegen gehören in ihrem Bemühen um ein Tora-gemäßes Leben zu den Starken und Gerechten, die ihn weniger nötig brauchen. Das ist von Jesus keineswegs ironisch gemeint. Er wirbt vielmehr um ihr Verständnis und Einverständnis. Mit der für Rabbinen charakteristischen Formel „geht und lernt" erinnert er sie an ihre gemeinsame Tradition, an die Tora der Barmherzigkeit, die die Propheten im Auftrag Gottes beim Volk Israel einfordern. Die Reinheitsregeln werden damit nicht abgewertet, aber Barmherzigkeit ist das, was die „Zöllner und Sünder" in ihrer Situation am aller notwendigsten brauchen. Die von der Gesellschaft Ungeliebten brauchen Liebe.

Auffallend für Matthäus ist, dass er im Unterschied zu den Parallelen bei Markus und Lukas in seine Erzählung das Hosea-Zitat einfügt (vgl. auch Mt 12,7). Barmherzigkeit und Nächstenliebe sind für ihn zentrale Themen.

Barmherzigkeit ist nach biblischem Verständnis mehr als gefühlsmäßige Zuwendung von Geber zu Empfänger. Gottes Barmherzigkeit ist untrennbar verbunden mit Gottes Gerechtigkeit. Barmherzigkeit zu üben, bedeutet zugleich das Eintreten für das Recht der Rechtlosen. Gerade auch für Hosea:

„... halte fest an Barmherzigkeit und Recht und hoffe stets auf deinen Gott!" (12,7). So auch Matthäus in Jesu Strafrede an heuchlerische Pharisäer (s.o.), die das Wichtigste im Gesetz nicht beachten, „...nämlich das Recht, die Barmherzigkeit und den Glauben!" Damit sollen nicht andere Gebote der Tora aufgehoben werden, vielmehr „dies sollte man tun und jenes nicht lassen" (Mt 23,23). Nicht von ungefähr ist es gerade Matthäus, der auf die Frage nach dem „höchsten Gebot" der Tora, die die Pharisäer Jesus stellen, das so genannte Doppelgebot der Liebe zitiert: das Gebot der Nächstenliebe (Lev 19,18) steht dem der Gottesliebe (Dtn 6,5) in keiner Weise nach. Sie sind gleichwertig und bedingen einander. Die anderen Gebote sind durch sie nicht abgewertet, vielmehr in ihnen aufgehoben: „In diesen beiden Geboten hänget das ganze Gesetz und die Propheten" (Mt 22,34-40, vgl. Röm 13,8-10). Hierin stehen das Matthäusevangelium und die matthäische Gemeinde ganz in der jüdischen Tradition der Hillel-Schule, der möglicherweise auch Jesus angehört hat. Hillel (ca. 20 v.Chr.)

Jesus, ein „Freund der Zöllner und Sünder"

wird die so genannte „Goldene Regel" zugeschrieben, eine Umschreibung des Gebotes der Nächstenliebe, die nach Matthäus auch Jesus zitiert:

Alles, was ihr wollt, dass die Menschen euch tun sollen,
ebenso sollt ihr auch ihnen tun,
denn das ist das Gesetz und die Propheten.
(Mt 7,12).

Die „Goldene Regel" macht deutlich, dass es sich beim Gebot der Nächstenliebe weniger um die Gefühlsebene handelt als um eine ethische Praxis in Erfüllung der biblischen Gebote. Daran sollen die Tora-kundigen Pharisäer sich erinnern, um Jesu barmherzige Zuwendung zu Zöllnern und Sünderinnen zu verstehen und zu akzeptieren.

Der Talmud erzählt folgende Begebenheit:
Ein Nicht-Jude trat vor (Rabbi) Schammai und sprach: Mache mich zum Proselyten unter der Bedingung, dass du mich die ganze Tora lehrst, während ich auf einem Fuß stehe. Da stieß er ihn mit der Elle, die er in der Hand hatte, fort. Darauf kam der Mann zu (Rabbi) Hillel und dieser machte ihn zum Proselyten. Er sprach zu ihm: „Was dir nicht lieb ist, das tue deinem Nächsten nicht (an). Das ist die ganze Tora, alles andere ist Erläuterung. Geh und lerne sie!" (b Shab 31 a)

Literatur:

PETUCHOWSKI, Jakob J., Reinheit/Reinheitsgesetze, in: DERS. / THOMA, Clemens, Lexikon der jüdisch-christlichen Begegnung, Freiburg i. Br. 1989, 332-336.

HENZE, Dagmar, Rein oder unrein? Über die Bedeutung der Speisevorschriften im Judentum (Mk 7,1-23), in: DIES. (u.a.)., Antijudaismus im Neuen Testament. Grundlagen für die Arbeit mit biblischen Texten, in Zusammenarbeit mit Marlene Crüsemann, mit einem Vorwort v. Luise Schottroff, Gütersloh 1997, 107-113.

MÜLLER, Stefanie, Weh euch, ihr Heuchler! Zur Herkunft und Bedeutung der pharisäischen Bewegung im Judentum (Mt 23,1-39), in: HENZE, 1997, 138-150.

SCHOTTROFF, Luise, „Zöllner, Sünder, Dirnen, Bettler und Krüppel", in: DIES. / STEGEMANN, Wolfgang, Jesus von Nazaret. Hoffnung der Armen, Stuttgart 1978, 15-26.

—, War Jesus ein Gegner der Pharisäer? in: CRÜSEMANN, Frank (Hg.), Ich glaube an den Gott Israels. Fragen und Antworten zu einem Thema, das im christlichen Glaubensbekenntnis fehlt, Gütersloh 1998, 62-66.

1 PETUCHOWSKI, Jakob J., Pharisäer, in: DERS. / THOMA, Clemens, Lexikon der jüdisch-christlichen Begegnung, Freiburg i. Br. 1989, 294-299, 294.
2 Ebd., 334.
3 Ebd., 298.
4 SCHOTTROFF, Luise, Jesus und die Pharisäer, in: DIES., Befreiungserfahrungen. Studien zur Sozialgeschichte des Neuen Testaments, München 1990, 218-222, 218.
5 Ebd., 220.
6 PETUCHOWSKI, 1989, 297.
7 SCHOTTROFF, 1978, 18.
8 Ebd., 24f.
9 HENZE, 1997, 109.

Biblische Besinnung über Epheser 2, 11-14*

Ein sehr bekanntes Bibelwort aus dem Brief an die Epheser schien sich für unsere erste Begegnung förmlich aufzudrängen – da heißt es:

Denn er (Jesus) ist unser Friede, der aus beiden Teilen ein Ganzes gemacht hat und die Mauer, die dazwischen war, abgebrochen hat, nämlich die Feindschaft.

(Eph 2,14)

Kaum ein Text scheint geeigneter zu sein für ein Treffen christlicher Frauen aus Nationen, deren gemeinsame Geschichte sie verbindet und gleichzeitig trennt:
Es ist eine Geschichte aus Blut und Tränen, aus gegenseitiger Schuld und Schuldzuweisung, die darüber den Reichtum einer gemeinsamen Kultur in Vergessenheit geraten lässt. Und mitten dahinein ein Wort vom Ende der Feindschaft, von abgerissenen Mauern, von entfernten Grenzbalken, von versöhnter Einheit. Und das alles in einer Diktion, die nicht als Vision in ferne Zukunft weist, sondern eine bereits geschehene Realität proklamiert: Die Mauer ist abgerissen!
Wie sollen wir damit umgehen? Wir wissen doch, dass wir zusammen gekommen sind mit dem Wunsch, erste Steine abzutragen.

---

* Bisher unveröffentlicht, Vortrag im Rahmen des ersten Treffens christlich-ökumenischer Frauen aus Deutschland, Österreich und Tschechien, Budweis, 17.-19.10.2003.

Biblische Besinnung über Epheser 2, 11-14

Um den Text nicht vorschnell auf unsere Situation zu beziehen, müssen wir ihn zunächst im religionsgeschichtlichen Umfeld seiner Entstehung betrachten:
Der Verfasser des Briefes an die Epheser stammt aus dem Schüler- und Schülerinnenkreis des Apostel Paulus und schreibt diesen auch im Namen seines Lehrers – was damals durchaus üblich war, um dem Anliegen die nötige Autorität zu verleihen. Die Exegeten und Exegetinnen datieren ihn um das Ende des 1. Jahrhunderts.
Der Brief richtet sich nicht nur an die Epheser, sondern allgemein an kleinasiatische Gemeinden, in denen Streit herrschte, und zwar an getaufte Juden und Christen. Besser sollten wir sagen: an Messias-gläubige Juden sowie an so genannte Heiden, die auf Grund der missionarischen Tätigkeit des Paulus den Glauben an den Juden Jesus als Messias, griechisch *Chrestos* = Christus, angenommen hatten. Obwohl für beide Gruppen in den neu gegründeten Gemeinden dieser Glaube eine gemeinsame Basis bedeutete, bildete ihre unterschiedliche Kultur – die unterschiedlichen religiösen Wurzeln mit ihren Bräuchen und kultischen Ordnungen, die bis in die Essgewohnheiten reichten – eine schwer zu überbrückende Barriere, eine Mauer von Feindschaft, die die neu gewonnene Gemeinsamkeit zutiefst gefährdete. Die Konflikte waren vorprogrammiert: Sollten die Messias-gläubigen Heiden erst Juden werden und deren Gesetze halten, um zum Volk Gottes zu gehören? Oder sollten die Christus-gläubigen Juden ihre an die biblische Tradition, ihre an die Tora gebundene Lebensweise, von der Jesus selbst nie abgewichen war, nicht mehr ernst nehmen?
Hatten ursprünglich viele Judenchristen die Beschneidung

der hinzugekommenen Heiden gefordert, so waren es nun die so genannten Heidenchristen, die die immer größer werdenden Gemeinden zu dominieren begannen. Gegen die Beschneidung argumentierend fühlten sie sich als das neue, das geistige Israel.

Das also war der Anlass für den Verfasser des Briefes, der offensichtlich selbst Judenchrist war, die streitenden Gemeinden zu ermahnen – in dem Fall besonders die Heidenchristen in ihrer Überheblichkeit:

Erinnert euch (mnemoneuete) –
denkt daran, dass ihr einst Heiden wart
und von denen, die beschnitten waren,
‚Unbeschnittene' genannt wurdet (wörtlich ‚Vorhaut').
Und dass ihr zu jener Zeit ohne den Messias wart,
ausgeschlossen vom Bürgerrecht Israels.
Ihr wart Fremde ohne den Bund der Verheißung.
Deshalb hattet ihr keine Hoffnung
und lebtet ohne Gott in der Welt.
Jetzt aber – durch den Messias Jesus –
seid ihr – die ihr einst Ferne wart –
Nächste geworden – durch das Blut des Christus.
Denn er ist unser Friede,
der aus beiden ein Ganzes gemacht hat
und die Mauer, die dazwischen war,
abgebrochen hat, nämlich die Feindschaft.

(Eph 2,11-14)

Die Erinnerung an die in Jesus gegebene Einheit soll das Ende der trennenden Feindschaft sein. Das bedeutet ja nicht, dass sie von nun an gleichgeschaltet sein sollten, ohne

Biblische Besinnung über Epheser 2, 11-14

erkennbare Unterschiede. Es bedeutet nicht Verlust der eigenen Identität, der eigenen Geschichte und religiösen Tradition, sondern die Möglichkeit, trotz gelebter Verschiedenheit, Schwestern und Brüder zu sein, einander in gegenseitiger Anerkennung und Liebe zu begegnen in der Gemeinsamkeit des Glaubens an den Messias Jesus, der ihre Feindschaft aufgehoben hat und ihren Frieden begründet. Die zwanghafte kulturelle und religiöse Gleichmacherei gehört wohl zu den größten Sünden der späteren christlichen Kirchen durch die Jahrhunderte.

Wenn wir den Text aus dem Epheserbrief heute für uns hören, für uns als Tschechen und Deutsche, als Tschechinnen und Österreicherinnen, so müssen wir mit Trauer bekennen, dass der gemeinsame christliche Glaube unsere Völker nicht daran gehindert hat, blutige Kriege zu führen, die perverser Weise gerade auch als Religionskriege begründet wurden. Bis in die jüngste Vergangenheit haben politische Sünden trennende Mauern zwischen unseren Nationen aufgerichtet, Feindschaft gestiftet und Frieden verhindert.
Der alttestamentarische hebräische Begriff für Frieden heißt *schalom* und bedeutet Heil im umfassenden Sinn, religiös und politisch; Heil und Wohlergehen, das Menschen ermöglichen soll, in Frieden und Gerechtigkeit zu leben. *Schalom* zu verwirklichen, musste stets von den Propheten eingefordert werden.
Dieser biblische Friedensbegriff wurde im Christentum nach und nach in trauriger Weise verändert:
Er wurde entpolitisiert, verinnerlicht und privatisiert: Indem die Gewissheit einer persönlichen Erlösung den Frieden der Seele garantieren sollte, konnte man daneben ge-

Biblische Besinnung über Epheser 2, 11-14

trost Schwerter segnen und sich gegenseitig den Schädel einschlagen. Wenn es in der Bergpredigt nach dem griechischen Text heißt „Selig sind die Friedensmacher, die Friedensschaffenden" (*eirenopoioi*), was harte Arbeit signalisiert, so wurden daraus abgeschwächt – jedenfalls in deutschen Übersetzungen – die „Friedensstifter" oder gar die „Friedfertigen".
Die Friedfertigen, das sollten dann in erster Linie die Frauen sein, deren Aufgabe es in einer bürgerlich-christlichen Gesellschaft war, den inneren Seelenfrieden, den häuslich-familiären Frieden zu sichern, damit – frei nach Schiller – die Männer getrost „hinaus" gehen konnten „ins feindliche Leben".
Der verinnerlichte Friedensbegriff verhinderte politischen Einsatz für Frieden und Gerechtigkeit. Das hat sich heute jedoch vielfach verändert. Widerstands- und Friedensbewegungen, gewaltfreie Protestaktionen werden besonders auch von Frauen getragen und unterstützt.[1] So haben auch die Frauen des Ökumenischen Forums, als christliche Frauen aller Konfessionen, im Februar – anlässlich des großen Friedensmarsches in Helsinki – gegen den Irakkrieg ein Votum veröffentlicht, in dem es unter anderem heißt:

„Als Frauen wissen wir, dass Kriege tiefe Spuren von Leid und Zerstörung, Verwirrung und Traumatisierung hinterlassen. Es sind meistens die Frauen gewesen, die die Scherben wegzuräumen und die Toten zu begraben hatten. Es sind die Frauen, die NEIN sagen zur Verschwendung von Leben, das mit viel Sorgfalt in die Welt gesetzt wurde, und zur Zerstörung der Mittel zum Lebensunterhalt, die so nötig sind, damit alle leben können."[2]

Biblische Besinnung über Epheser 2, 11-14

Wenn es von Jesus heißt: „Er ist unser Friede", so bedeutet diese Zusage für Christen und Christinnen zugleich eine Mahnung, sich für Frieden und Versöhnung einzusetzen, um dieser Gabe glaubwürdig gerecht zu werden.

Der Wunsch als „versöhnte Nachbarn zu leben" hat uns hier zusammengeführt. Versöhnung ist ein Heilungsprozess vergangener Verletzungen, und Heilungsprozesse brauchen ihre Zeit. Vielleicht beginnen sie mit dem Wunsch, einander kennen zu lernen, einander die jeweils eigene Geschichte zu erzählen, einander verstehen und respektieren zu lernen. Versöhnungsarbeit ist harte Arbeit:
Mauern alter Feindschaft abzutragen – Stein um Stein –, erinnert uns an die schwere Arbeit des Sisyphus. Doch ich denke, Frauen haben ein besonderes Talent, nicht aufzugeben.

Abschließend sei eine kleine Hoffnungsgeschichte, eine Legende aus Nord-China erzählt:

Es lebten einmal im Norden des Landes eine Frau und ein Mann. Sie wohnten in einem Tal, am Fuß zweier großer Berge, Taihung und Wangwu. Die Berge versperrten die Sicht auf die Sonne. Entschlossen machten sich die beiden alten Leute mit ihren Töchtern und Söhnen daran, mit Hacke und Schaufel die Berge abzutragen. Die Nachbarn lachten sie aus. „Ihr werdet nie euer Ziel erreichen!" – „Wenn wir sterben", sagten die Alten, „werden unsere Kinder weitermachen. Wenn diese sterben, werden unsere Enkel weitermachen. Die Berge sind hoch, aber sie wachsen nicht weiter. Wir haben Geduld und ein Ziel und unsere Kraft kann

Biblische Besinnung über Epheser 2, 11-14

wachsen. Es ist besser, etwas zu tun, als über den ewigen Schatten zu klagen."
Und so gruben sie weiter – Wochen, Monate, Jahre. Das rührte Gott. Er schickte zwei seiner Engel auf die Erde, die trugen die Berge auf ihren Rücken davon.

1 Handschriftlicher Vermerk Krobaths: „Frauen in Schwarz: Beginnend in Israel, dann übernommen von den ‚Frauen in Schwarz', die während des Jugoslawienkrieges solidarisch gegen die jeweiligen eigenen Regierungen während des ganzen Krieges Mahnwachen abhielten" (Anm. d. Hg.)
2 EFECW NEWS, April 2003.

*Die leid-tragenden Frauen**

I. Gesellschaftlich bedingtes Leid

In der Kleinen Zeitung vom 9. März 1991 konnte man/frau nur bei ganz genauem Studium bzw. eher durch Zufall eine winzige Notiz am Rande entdecken. Da hieß es:
„Der oberste Gerichtshof der Philippinen hat das Urteil gegen den Arzt ‚Sowieso' aus Oberösterreich, der für den Tod einer 11-jährigen Kinderprostituierten verantwortlich gemacht wurde, aufgehoben", da es – so heißt es weiter – der Anklage nicht gelungen sei „einen zweifelsfreien Beweis für die Schuld des ‚Sex-Touristen' vorzulegen".

Was sich hinter dieser kaum beachteten Notiz und dem zynischen Begriff „Sextourismus" verbirgt, ist das unermessliche Leid von Frauen und Mädchen, Noch-Kindern, die – bedingt durch wirtschaftliches, soziales Elend – der Sucht übersättigter West-Touristen nach fernöstlicher Exotik zum Opfer fallen.

Doch wir müssen leider nicht nur in die Ferne schweifen, um unsichtbares und unsichtbar gemachtes Leid von Frauen, Mädchen und Kindern in unserer mitteleuropäischen Gesellschaft sichtbar und hörbar zu machen. Erst vor wenigen Jahren erschienen Veröffentlichungen über die erschreckend hohe Anzahl von Kindesmisshandlungen und sexuellem Missbrauch an kleinen Mädchen von Seiten eige-

---

* Bisher unveröffentlicht, Vortrag im Pfarrzentrum Graz-Kalvarienberg, 20.3.1991.

Die leid-tragenden Frauen

ner Verwandter: Väter, Stiefväter, Onkel, etc.
Zu den bei uns immer noch mehr oder weniger tabuisierten Themen gehören Gewalt gegen Frauen und Vergewaltigung. Obwohl Frauenhäuser und Beratungsstellen Hilfe anbieten und leisten, bleibt die größte Zahl der Delikte weiterhin im Dunkeln.
Angst, Scham und diffuse Schuldgefühle lassen noch heute viele Frauen und Mädchen lieber schweigen und schweigend weiter dulden, als an die Öffentlichkeit zu gehen, Anzeigen zu erstatten, demütigende Verhöre über sich ergehen zu lassen, die oft zusätzlich die Tendenz haben, die Opfer für schuldig zu erklären.
Die Kirche, die nicht mit Kritik spart, wenn es gilt, Frauen zu verurteilen, die sich zu einer Abtreibung entschlossen haben – selbst wenn eine Vergewaltigung der Anlass war –, geht keineswegs mit gleicher Vehemenz auf die Barrikaden, wenn es gälte, öffentlich gegen Gewalt an Frauen einzutreten, etwa durch Kanzelaufrufe, Hirtenbriefe oder Enzykliken. Die Tendenz kirchlicher Predigten geht vielmehr mehr dahin, Frauen zu ermahnen, ihr Schicksal, welches immer es auch sei, als von Gott auferlegt geduldig zu ertragen.

In einer Zeit – ich spreche vom ausgehenden Mittelalter – als sexuelle Enthaltsamkeit und Askese ganz allgemein und für die Frau der Stand der Jungfräulichkeit als christliches Ideal höher gewertet wurden als die Ehe, hat zwar die Reformation eine Aufwertung von Ehe und Sexualität als „guter Gabe Gottes" und „gottgewollten Stand des Christenmenschen" gebracht, nicht aber eine wirkliche Befreiung der Frau von ihren Leiden, die gerade mit diesem Stand der Ehe verbunden waren.

Die leid-tragenden Frauen

Auch Luther sieht die Herrschaft des Mannes über die Frau, ihren Gehorsam ihm gegenüber, durch „Evas Sünde" legitimiert und als die von Gott bewirkte Strafe für alle Frauen als Töchter Evas. Er hält sich an die Bibelstelle von 1. Timotheus 2,15, wonach die Frau nur errettet werden kann durch Kinderkriegen, auch wenn diese – nach Luther – daran zugrunde gehen sollte.

> „Darum soll man die Weiber in Kindesnöten vermahnen, dass sie ... ihre höchste Kraft ... daran stecken, dass das Kind genese, ob sie gleich darüber sterben".

Und an die Frau gerichtet:

> „Gebet das Kind her und tut dazu mit aller Macht; sterbet ihr darüber, so fahret hin in Gottes Namen, denn ihr sterbet im edlen Werk und im Gehorsam Gottes."[1]

Dass die Opferrolle der Frau gerade auf dem Gebiet der Sexualität und Reproduktion zur christlichen Tugend hochstilisiert wurde, hat ihre Auswirkungen bis in unsere Zeit nicht verloren.
Ein katholisches Büchlein, das zu Anfang unseres Jahrhunderts herausgegeben wurde und den schönen Titel trägt: „Die Hausfrau nach Gottes Herzen" (es sollte wohl eher heißen „nach Mannes Herzen"), will Frauen für die Ehe vorbereiten. Über die Sexualität in der Ehe heißt es darin:

> „Vielleicht ist gerade die Leistung des hier besprochenen Gehorsams, auch für dich, christliche Gattin, wie für viele deinesgleichen, ein Opfer und ein Kreuz, am Ende das Schwerste

im ganzen Eheleben. Wohlan! Harre treu und mutig aus in diesem Opferleben, und wahrlich, dein Ehestand wird zu einem Wandel verklärt, der Gott zur Ehre und deiner Seele zur Läuterung und zum Heile gereicht. Und sollte, nach Gottes Ratschluß, deiner treuen Gattenliebe und der willigen Leistung des gegenseitigen Gehorsams sogar dein leibliches Leben zum Opfer fallen, o dann stirbst du ja, wie die Martyrin, in Erfüllung deiner Pflicht, und auch du wirst des Lorbeers ewigen Triumphes und der Palme heiligen Martyriums teilhaftig werden."[2]

Nun könnte nach dem bisher Gesagten der Eindruck entstehen, ich sei der Meinung, die Gesellschaft sei gewissermaßen in zwei Hälften geteilt: in eine der Täter, das wären die Männer, und in eine der Opfer, damit wären die Frauen gemeint.
Eine solche simplifizierende Sicht oder Diktion entsteht heutzutage oft als verständliche Reaktion von Frauen, die sich gegen aufoktroyierte Leiden zu wehren beginnen und den prügelnden Ehemann und anderes Unrecht nicht mehr als das ihnen auferlegte „Kreuz Christi" geduldig zu tragen bereit sind. Damit soll nicht etwa gesagt sein, dass es nicht echte Leidensbewältigung gibt in der Nachfolge Christi, mit Hilfe des Glaubens und der Hilfe von Mitmenschen, die einen in der Not tragen, aber trotzdem möchte ich hier auf die gesellschaftlichen Zusammenhänge und Verflechtungen hinweisen, auf Unrechtsstrukturen, die es den „Mächtigen" ermöglichen, Leid an weniger Mächtige oder Ohnmächtige zu delegieren und sie obendrein noch zu ermahnen, dieses geduldig zu tragen. Dafür darf das Kreuz Christi nicht herhalten, nicht auf solche Weise missbraucht werden.

Die leid-tragenden Frauen

Auch wissen wir, dass in einer so komplexen Gesellschaft wie unserer die Grenzen zwischen Opfern und Tätern oft verschwimmen und Schuld und daraus resultierendes Leid nicht nur als individuelles, sondern vielmehr auch als strukturelles Problem gesehen werden müssen.

Auch Männer sind Opfer patriarchaler Systeme und Ordnungen. Auch Frauen werden schuldig und mit-schuldig am Leid anderer Menschen und Menschengruppen, besonders als Angehörige reicher Industrieländer, werden zwangsläufig mit-schuldig an der Armut der Armen in dieser Welt, an deren Ausbeutung sie mit-profitieren, werden mit-schuldig am Elend von Männern, Frauen und Kindern, an den Opfern nicht selbstverschuldeter als vielmehr gemachter Armut und gemachten Hungers.

Nicht nur Frauen und Kinder sind unschuldige Opfer von Krieg und Gewalt – auch Männer sind Opfer. Auch Männer leiden.

Und doch gibt es auch unter den Ärmsten der Armen so etwas wie ein innerfamiliäres Machtgefälle, das die Frauen um noch einige Stufen ärmer erscheinen lässt. – Die letzten beißen die Hunde!

Fast in allen Gesellschaften dieser Erde haben Männer aus dem naturgegebenen Umstand, dass nur Frauen Kinder empfangen, gebären und stillen können, ihren Nutzen gezogen. Sie haben ein ganzes System von Pflichtverteilung ersonnen, in dem sie alle Aufgaben, die binden und abhängig machen, die Mobilität und Vorwärtskommen verhindern, den Frauen zudiktiert haben, um selber mehr oder weniger mobil und unabhängig zu sein.

Sie haben – gesellschaftlich gesehen – damit auch den ganzen Bereich von Versorgen, Pflegen, Lieben, Trösten, Mit-

Die leid-tragenden Frauen

Leiden an die Frauen delegiert und sich selbst davon zwar befreit, aber zugleich auch einer ganzen Dimension des Mensch-Seins beraubt.

Ein Beispiel aus Brasilien, das sicher auch auf andere Länder der so genannten Dritten Welt zutrifft und auch bei uns kein unbekanntes Phänomen ist:

Ca. ein Drittel der 160 Millionen zählenden Bevölkerung gehört zu den Landlosen oder „Migrantes". Sie ziehen von Ort zu Ort oder in die großen Städte in der Hoffnung auf Arbeit, die sie nicht bekommen. Sie hausen in den Favelas, den Vorortslums mit selbstgebastelten Blechhütten in desolaten Verhältnissen. Wir kennen diese traurigen Bilder: meistens sind es hier noch die Frauen, die mit unglaublicher Anstrengung und Phantasie Überlebensstrategien entwickeln und kämpfen, während die Männer in Lethargie verfallen, trinken oder gar ihre Familien verlassen – einfach weggehen, weil sie – wie sie sagen – das Elend ihrer Frauen und Kinder nicht länger mit ansehen können. Ganz selten aber kommt es vor, dass Mütter ihre Kinder im Stich lassen – dann aber ist die Empörung der Umwelt ungleich größer! – In der Regel aber bringen Frauen das nicht fertig.

Diese Unfähigkeit der Mütter, ihre Kinder preiszugeben, wird für den Propheten zur Parabel für Gottes Treue zu seinem Volk Israel. Ja, selbst wenn das Unvorstellbare vorzustellen wäre, Gott ist noch verlässlicher als die treusorgendste Mutter:

„Kann denn eine Frau ihr Kindlein vergessen,
eine Mutter ihren leiblichen Sohn?
Und selbst wenn sie ihn vergäße:
Ich vergesse dich nicht!"

(Jes 49,15)

Die leid-tragenden Frauen

Durch eigenes Leiden trainiert sind Frauen befähigt, auch das Leiden anderer mit-zu-tragen, mit-zu-leiden, auszuharren, wo Männer oft davon laufen, hinzusehen, wo Männer gern die Augen verschließen.
Trägt diese Erfahrung dazu bei, die Haltung der Frauen in den Passionsberichten zu verstehen?

II. Die Bedeutung der Frauen in den Passions- und Osterberichten

In einem Passionsgebet heißt es – als Schuldbekenntnis formuliert:
*„Herr Jesus,
dein Volk hat dich verworfen,
alle deine Freunde haben dich verlassen."*

Ohne hier auf die auch vorhandene antijudaistische Tendenz eingehen zu können, möchte ich auf den verallgemeinernden Sprachgebrauch des 2. Satzes hinweisen: „...alle deine Freunde haben dich verlassen.", was soviel bedeuten soll wie: die gesamte Jüngerschar. Dieses und viele andere Beispiele zeigen, wie stark die kirchliche Tradition von dem Verhalten der männlichen Jünger in den Passionsberichten geprägt ist – ein schuldhaftes Verhalten, mit dem sich bis heute durch zahlreiche Lieder und Gebete auch Frauen identifizieren müssen und das auch tun, obwohl dies sowohl den historischen Texten wie auch meist ihrer eigenen Lebenserfahrung widerspricht.

Der Verrat des Judas, die Verleugnung des Petrus, sind weit stärker im Bewusstsein der kirchlichen Passionsgemeinde

Die leid-tragenden Frauen

als die Frauen, die Jesus die Treue hielten, obwohl sie – die Frauen – in den Passions- und Osterberichten eine zentrale Rolle spielen und zwar in allen vier Evangelien, was auf eine einhellige gesicherte Überlieferung hinweist.

Verstärkt wird die historische Glaubwürdigkeit der Texte noch durch folgende Gesichtspunkte:

1. Die Predigt von Leiden, Tod und Auferstehung Jesu, das Weitererzählen der Passions- und Ostergeschichten gehörten zum ältesten Traditionsgut der christlichen Gemeinden – lange bevor Paulus seine Briefe und die Evangelisten ihre Leben-Jesu-Berichte schrieben.

Das bedeutet, dass die spätere schriftliche Fixierung – ganz besonders was Ostern und das Verhalten der Frauen betrifft – auf eine allen noch bekannte Tradition zurückgreifen konnte, die auch – bis auf wenige Divergenzen – eine erstaunliche Übereinstimmung in der Berichterstattung bewirkte, wie sie sonst so von kaum einem Ereignis im Leben Jesu zu finden ist.

2. Der zweite Aspekt, den man berücksichtigen muss, wenn man die herausragende Bedeutung der Frauen in den Berichten richtig einschätzen will, ist die Tatsache, dass die antike Geschichtsschreibung – zu der auch die Evangelien zählen – von Männern geschrieben, aus dem Blickwinkel von Männern überliefert wurde, und zwar in einer männlichen Sprache, die Frauen nicht speziell erwähnt, auch dann nicht, wenn sie durchaus mitgemeint sind. (Eine Sprachtradition, die wir im Großen und Ganzen heute noch vorfinden.)

Das heißt aber für unser Bibelverständnis: Wenn von Jüngern die Rede ist, sind Jüngerinnen automatisch mitgemeint; wenn Paulus seine Briefe an Gemeinden von „Brüdern" adressiert, sind für ihn die Frauen selbstverständlich

Die leid-tragenden Frauen

mit eingeschlossen, zumal ja viele von ihnen durchaus gemeindeleitende Funktionen hatten.

Das heißt aber nun: Wenn Frauen speziell und womöglich namentlich erwähnt werden, dass sie entweder besonders herausragten oder es sich ganz einfach nicht vermeiden ließ.

Ein Bespiel aus dem Markusevangelium soll das verdeutlichen: Es ist eine kurze Notiz im 15. Kapitel, Verse 40f und vermutlich der älteste uns bekannte Hinweis auf Frauen in der Nachfolge Jesu. Markus berichtet ausführlich von der Passion, der Kreuzigung und dem Sterben Jesu. Dann schreibt er:

„*Und es waren auch Frauen da,*
die von ferne zuschauten,
unter ihnen Maria von Magdala
und Maria, die Mutter Jakobus, des Kleinen,
und die Mutter des Joses und Salome,
die ihm nachgefolgt waren,
als er in Galiläa war,
und ihm gedient hatten
und viele andere Frauen,
die mit ihm hinauf nach Jerusalem gegangen waren."

(Mk 15,40f)

Während Markus diesen Bericht schreibt und die Namen der Frauen, die ihm überliefert sind, aufzählt, wird ihm offensichtlich bewusst, dass seine Leser ja noch gar nichts von diesen Frauen wissen können, da er sie bisher in seinem Buch zwar immer mitgemeint aber nie speziell erwähnt hatte, obwohl sie ja von Anfang an dabei waren. Nun muss er das Versäumnis gleichsam nachholen, um ihr Zugegensein

Die leid-tragenden Frauen

bei der Kreuzigung verständlich zu machen: „...die ihm (*Jesus*) nachgefolgt waren, als er noch in Galiläa war (*und sein Wirken begann*), die ihm gedient hatten...", und nicht nur die namentlich Erwähnten, sondern noch „viele andere Frauen (*waren bei der Kreuzigung dabei*), die mit ihm (*von Galiläa*) nach Jerusalem hinaufgezogen waren."

Warum Markus die Frauen nun speziell erwähnen muss, liegt auf der Hand: Die männlichen Jünger waren nicht dabei – sie waren geflohen.
Warum das so war, – darüber geben die Evangelien keine Auskunft und es liegt demnach bei uns, uns darüber Gedanken zu machen.

Warum sind die Frauen bei der Kreuzigung dageblieben?
Waren sie mutiger als die Männer?
Es wäre wahrscheinlich ungerecht, den Mut der Frauen gegen eine so genannte „Feigheit" der Männer auszuspielen. Vielleicht müssen wir uns noch mal die Gewaltherrschaft der Römer vor Augen führen, die mit einem Schreckensregiment, der so genannten *Pax Romana*, Ruhe und Ordnung in den unterjochten Provinzen aufrecht zu erhalten suchten. – Jedes geringste Anzeichen von Aufruhr wurde daher strengstens bestraft, meist mit dem Kreuzestod. Nach einem niedergeschlagenen Aufstand in Galiläa – das übrigens dann immer als Zentrum der Rebellen galt!! – hatte Varus, der römische Feldherr und Prokurator von Syrien, allein zweitausend galiläische Freiheitskämpfer kreuzigen lassen. Die Kreuzigung Jesu war also keine Einzelerscheinung. Die Kreuzigung eines Menschen hatte auch Folgen für dessen Freunde und Verwandte: Dem Gekreuzigten war die letzte

Die leid-tragenden Frauen

Ehrenbezeugung, nämlich die Bestattung, verwehrt. Sein Leichnam musste am Kreuz hängen bleiben – zum Zeichen der Schmach und Abschreckung.
So wurden die Kreuze von römischen Soldaten strengstens bewacht, um eine Abnahme des Gekreuzigten zu verhindern, aber auch um genauestens zu registrieren, wer eventuell in die Nähe kam, um zu trauern, denn so konnten Sympathisanten ausfindig gemacht und ebenfalls bestraft werden.
Sowohl der römische Geschichtsschreiber Tacitus wie auch der jüdische Geschichtsschreiber Flavius Josephus berichten von der Hinrichtung Trauernder oder von Freunden als Sympathisanten so genannter Verbrecher.
So war das Dabei-Sein und Beweinen ein gefährlicher, lebensgefährlicher Akt der Solidarisierung. Wer wollte denjenigen als feig bezichtigen, der das vermied!?

War es für Frauen etwa weniger gefährlich, Sympathie zu zeigen? Keineswegs: Flavius Josephus berichtet, dass die Römer durchaus nicht davor zurückschreckten, auch Frauen und Kinder zu kreuzigen.[3]
Von daher ist es unvorstellbar, dass die weiblichen Jünger weniger Angst gehabt hätten als die männlichen. Aber, so wird berichtet, sie standen von ferne und sahen zu. Unter dem Kreuz zu stehen war verboten – aber sie waren da! Das ist entscheidend.
Vielleicht war es nicht ihr größerer Mut, als vielmehr die Unfähigkeit, einen geliebten Menschen im Stich zu lassen – positiv ausgedrückt: ihre Fähigkeit zu lieben und mit-zu-leiden war stärker als Angst und Vorsicht, also weniger ein besonderes Verdienst, als eine durch ihre Lebensumstände erworbene Fähigkeit, im Leiden und Mitleiden aus-

Die leid-tragenden Frauen

dauernder und stärker zu sein – als Männer, generell gesehen.

Was es für sie bedeutet haben muss, zuzuschauen, mit ansehen zu müssen, wie Jesus, der geliebte Freund, am Kreuz mit dem Tod ringt, ist kaum vorstellbar. Aber eben: Sie sahen zu! Sie wandten sich nicht ab. Sie verschlossen ihre Augen nicht, sondern sahen zu und litten mit. Damit ließen sie ihn nicht im Stich, nicht allein. Sie waren da und hielten sein Leiden aus, bis zuletzt. Es war das Einzige, was sie noch tun konnten und das taten sie.

Wenn es in den Evangelien – außer den namentlich genannten – noch heißt: „und viele andere Frauen waren da, die mit ihm gezogen waren...", dann bedeutet das: Die Frauen beim Kreuz repräsentieren hier stellvertretend die ganze Jüngergemeinde!

III. Frauen lernen den aufrechten Gang

Noch eindrücklicher als beim Kreuzesgeschehen erscheint die zentrale Rolle der Frauen bei den Auferstehungsberichten. Sie lautet in einem kurzen Satz zusammengefasst etwa so:
Die Frauen, die Jesus in seinem Leiden nicht verließen und bei seiner Grablegung dabei waren, werden nun in Konsequenz dieser Haltung auch die ersten Zeugen bzw. Zeuginnen seiner Auferstehung und zugleich die ersten Botinnen, Verkünderinnen dieses Ereignisses.

Deutlich stellen die Evangelisten dem Glauben und Verkündigungsauftrag der Frauen den Unglauben, Kleinglauben und das Zweifeln der männlichen Jünger entgegen.
Im Schluss des Markusevangeliums, der ein späterer Zusatz

ist, wird die allen bekannte Tradition zusammengefasst:
„Als aber Jesus auferstanden war
früh am ersten Tag der Woche,
erschien er zuerst Maria Magdalena,
von der er sieben böse Geister ausgetrieben hatte.
Und sie ging hin und verkündet es denen,
die mit ihm gewesen waren
und Leid trugen und weinten.
Und als diese hörten, dass er lebe
und sei ihr erschienen,
glaubten sie es nicht!"

(Mk 16,9-11)

Matthäus berichtet vom Verkündigungsauftrag der Frauen, aber nicht von der ersten Reaktion der Jünger.

Dafür meint Lukas: Als die Frauen ihren Auftrag ausführen und den Jüngern von der Auferstehung berichten, hielten diese „das alles für Geschwätz und glaubten ihnen nicht" (Lk 24,11).

Das Johannes-Evangelium erzählt die Geschichte vom zweifelnden Thomas. Zugleich stellt der Verfasser wie kein anderer die herausragende Rolle der Maria Magdalena ins Zentrum seiner Auferstehungsberichte.

IV. Maria Magdalena

Obwohl die Namen der Frauen bei Kreuz und Auferstehung in den Berichten zum Teil divergieren, fällt auf, dass alle vier Evangelien Maria Magdalena nennen und zwar meist als ersten Namen der aufgezählten Frauen. D.h., dass in den frühchristlichen Gemeinden ihre Bedeutung noch allen be-

Die leid-tragenden Frauen

kannt war. Noch im 4. Jahrhundert nennt der Kirchenvater Augustin sie die Apostelin der Apostel: *apostola apostolorum.* Und im 11. Jahrhundert sagt noch Bernhard von Clairvaux von ihr, ihr Auftrag sei „das erste und wahre Apostolat."
An ihrem Namenstag wurde in der Kirche das Credo für sie gesungen – was sonst nur den männlichen Aposteln und Maria, der Mutter Jesu, zustand. Merkwürdigerweise hat sich dieser Brauch bis 1954 erhalten und wurde erst dann abgeschafft. Ihr Bild hatte sich in der kirchlichen und ikonografischen Tradition aber schon viel früher verändert: Aus der Apostelin, der ersten Zeugin der Auferstehung – aus einer bedeutenden Führungsgestalt der Jüngergemeinde – war die große Sünderin und Büßerin geworden. Als „*magna peccatrix*" wurde sie zum Vorbild für „gefallene Mädchen", die Buße tun sollten. Erst 1978 wurde diese Bezeichnung „große Sünderin" für Maria Magdalena im römischen Brevier gestrichen.

Mit Maria Magdalena traten auch viele andere bedeutende Frauen der Jüngergemeinde und der paulinischen Gemeinden in den Hintergrund der Tradition einer Männerkirche. Nicht die starken, predigenden Frauen blieben im Gedächtnis der Kirche, nicht die, die durch die Begegnung mit Jesus Selbstbewusstsein erhalten hatten und den aufrechten Gang gelernt hatten, sondern vielmehr die leidenden, leidtragenden, unter dem Kreuz weinenden, klagenden Frauen. Nicht Maria Magdalena, wie sie vor der verängstigten Jüngerschar steht und ihnen verkündet „ich habe den Herrn gesehen", sondern Maria, die Mutter, mit dem Leichnam ihres Sohnes auf den Knien – Inbegriff und Symbol für das Leiden unzähliger Frauen und Mütter, die den Tod ihrer

Die leid-tragenden Frauen

Kinder, Söhne, Männer beweinen, und denen die Gesellschaft weiterhin alles Leid dieser Welt aufbürden möchte.

V. Die Heilung der gekrümmten Frau

Ich möchte schließen mit der Erinnerung an eine Heilungsgeschichte. Sie steht im 13. Kapitel des Lukas-Evangeliums und erzählt davon, wie Jesus am Sabbat eine Frau heilt, die schon 18 Jahre lang krank war, einen gekrümmten Rücken hatte, nicht mehr aufrecht gehen konnte, am Leben der anderen wohl kaum noch teilnehmen konnte, wohl kaum arbeiten geschweige denn gehen, laufen, tanzen konnte. Jesus sah sie in der Synagoge beim Gottesdienst, rief sie zu sich und sprach zu ihr:
„Sei frei, befreit von deiner Krankheit!" Ich ergänze: von der unerträglichen Last, die du trägst, von deinem Leiden. Als er seine Hände auf sie legte, heißt es: „Sie richtete sich auf und pries Gott."
Diese Geschichte ist für mich zum Symbol geworden für das Geschenk des aufrechten Ganges, für das Mit-Leid Jesu mit gekrümmten Frauen, aber auch für den Protest Jesu gegen zu viel Leid, das auf ihre Rücken gelegt wird, zum Symbol dessen, was Auferstehung jetzt und hier schon heißen kann.

1 Predigt 1925, zitiert nach FRIEBE-BARON, Christine, Pflicht und Moral aus der Sicht der feministischen Theologie, *Junge Kirche* 7/8 (1988).
2 Zitiert bei STROBEL, Regula, Vortrag „Dahingegeben für unsere Schuld", Freiburg – Schweiz (leider keine genaue Quellenangabe).
3 JOSEPHUS, Flavius, Jüdischer Krieg II, München 1962, 307; BLINZLER, Josef, Der Prozess Jesu, Regensburg 1969, 386, Anm. 14; siehe dazu auch SCHOTTROFF, Luise, Maria Magdalena und die Frauen am Grabe Jesu, *Evangelische Theologie* 42 (1982), 3–25.

Judentum

Stellungnahme feministischer Theologinnen zum Vorwurf des Antijudaismus

Die christliche Theologie ist von ihren Ursprüngen her mit antijüdischen Denkmustern durchsetzt. Sie hat Anteil am Antijudaismus und daher auch Mitschuld am Antisemitismus und seinen geschichtlichen Auswirkungen. Darum ist alle christliche Theologie nach Auschwitz zur selbstkritischen Reflexion und Veränderung ihrer Methoden und Aussagen gerufen.

Auch wir als feministische Theologinnen schleppen das Erbe des christlichen Antijudaismus mit uns und reproduzieren ihn – häufig unreflektiert – z.B. in der Kritik am Patriarchat des Judentums. Deshalb bekennen wir uns mitschuldig am christlichen Antijudaismus. Wir distanzieren uns von theologischen Entwürfen, die eine christliche Liebesreligion idealisieren vor dem dunklen Hintergrund eines jüdischen Gottes, der zum Urbild des Patriarchats erklärt wird.
Wir werden daran arbeiten, feministische Theologie weiter zu entwickeln unter folgenden Gesichtspunkten:
- Kritik am Antijudaismus der herrschenden Exegese;
- Wahrnehmung des Selbstverständnisses jüdischer Traditionen, insbesondere rabbinischer Überlieferungen;
- Entdeckung jüdischer Frauengeschichte, nicht nur als Unterdrückungs-, sondern auch als Befreiungsgeschichte;
- Entwicklung einer Jesusdeutung ohne jüdisches Feindbild.

Stellungnahme feministischer Theologinnen

Zugleich stellen wir fest:
Es ist ungerecht, pauschale Antisemitismusvorwürfe an Einzelformulierungen festzumachen, ohne die Gesamttendenz einer feministischen Autorin zu berücksichtigen.
Es ist ungerecht, den Vorwurf des Antijudaismus allein an die Adresse der feministischen Theologinnen zu richten, weil so der Schuldzusammenhang christlicher Theologie verschwiegen wird. Diese isolierte Diskussion, die den Antijudaismus in der herrschenden Theologie nicht benennt, ist ein Versuch, die christliche Frauenbewegung zu diskreditieren.

Anne Jensen
Evi Krobath
Elisabeth Moltmann-Wendel
Elke Rüegger-Haller
Luise Schottroff
Helen Schüngel-Straumann
Dorothee Sölle

21. Februar 1988

„Weh, ich bin geblendet..."

Zum Bild von Ekklesia und Synagoge*

Elisabeth Moltmann-Wendel, der Lehrerin und Freundin, in Dankbarkeit zugeeignet. – Sie lehrte mich u.a. Frauenbilder zu entdecken, neu zu sehen und der hinter ihrer Symbolik verborgenen Entstehungs- und Wirkungsgeschichte nachzugehen. Darum soll auch dieser Beitrag die Geschichte eines Bildes sein, des Bildes von Ekklesia und Synagoge.

I. Die Frauen unter dem „Lebenden Kreuz"

Nahe der italienischen Grenze, in dem kleinen Kärntner Ort Thörl, dem „Tor zum Süden", steht etwas abseits, umgeben von Wiesen und Feldern inmitten einer lieblichen Berglandschaft, die kleine gotische Andreaskirche. Nur wenige Kunstbeflissene verirren sich hierher, um die in ihrer Gestaltungskraft bemerkenswerten Fresken des Meisters Thomas von Villach zu bestaunen. Ihre Entstehungszeit wird um das Jahr 1480 datiert. Unter den die Seitenwand und das Gewölbe bedeckenden Malereien mit biblischen und kosmisch-himmlischen Motiven befindet sich auch eine der seltenen Darstellungen, die in der Kunstgeschichte als „Lebendes Kreuz" oder „Handelndes Kreuz" bezeichnet werden.[1]

Während der am Kreuz hängende Jesus sterbend sein Haupt zur Seite geneigt hat, beginnt das Holz des Kreuzes

---

* Veröffentlicht in: PISSAREK-HUDELIST, Herlinde / SCHOTTROFF, Luise (Hg.), Mit allen Sinnen glauben. Feministische Theologie unterwegs [Festschrift Elisabeth Moltmann-Wendel]), Gütersloh 1991, 124–139.

„Weh, ich bin geblendet…"

eine Art gespenstisches Eigenleben zu entwickeln. Aus den vier Enden der Balken wachsen Arme mit Händen hervor, die auf merkwürdige Weise tätig werden. Die Arme sind mit dem gleichen lila Tuch bekleidet, wie es auch das Gewand Jesu auf den Passionsbildern zeigt. Die obere Hand, die sich aus dem mittleren Balken erhebt, öffnet mit einem großen Schlüssel das Tor zum Paradies, diejenige am unteren Ende zerschlägt mit einem Hammer das Schloss der Höllenpforte. Unter dem rechten und linken Kreuzesbalken sind je zwei Frauengestalten sichtbar. Es sind aber nicht die aus der Bibel und Ikonografie vertrauten, nicht die Frauen, die Jesus das letzte Geleit geben. Es sind vielmehr Gestalten, die einer unheilvollen Typologisierung weibliche Körper leihen mussten, um ein trauriges Kapitel abendländischer Kirchengeschichte auf erschreckende Weise sinnfällig werden zu lassen. Es sind zwei einander entgegen gestellte Frauengruppen: zur Rechten Ekklesia und Maria, die Seite des Lebens symbolisierend, zur Linken Synagoge und Eva, auf der Seite der Verdammnis und des Todes.

Ekklesia ist mit einem purpurfarbenen Königsmantel bekleidet und reitet auf einem aus Löwen, Ochs, Adler und Mensch zusammengesetzten Wesen, einer Art viergestaltigen Einheit der Evangelisten. Sie trägt in einer Hand die Fahne der Auferstehung, in der anderen das Modell einer Kirche. In harmonischer Einheit, gleichsam als zweite Verkörperung von Ekklesia sieht man neben ihr Maria, die vom Baum des Lebens eine Hostie pflückt, um sie an die vor ihr Knienden weiterzureichen: an Papst, Klerus und Kirchenvolk. Eine leuchtende Aureole umgibt ihr Haupt.

Wie anders das zweite Frauenpaar: In einem grünlich-gelben Kleid sitzt die zusammengesunkene Gestalt der Synagoge

„Weh, ich bin geblendet..."

auf einem blutenden Esel, dessen Sehnen an Hals und Beinen durchschnitten sind, in der einen Hand einen geknickten Fahnenschaft, in der anderen den Kopf eines Ziegenbockes haltend. Wie üblich sind die Augen mit einem Tuch verbunden, ihre Blindheit demonstrierend. Daneben steht Eva, nackt. Während sie mit einer Hand den Apfel aus dem Maul der Schlange entgegennimmt, reicht sie ihn mit der anderen in verwandelter Form als Totenschädel an die sich in Verzweiflung krümmenden Menschen weiter. Gleichzeitig empfängt sie selbst durch den Schwanz der Schlange, der sich wie ein Dolch in ihr Herz bohrt, den Todesstoß.

Die Bilder lassen an Symbolkraft nichts vermissen: Sie spiegeln die Realität einer juden- und frauenfeindlichen Kirche in drastischer Zusammenschau. Was aber bei dem Motiv des „Lebenden Kreuzes" erschreckend hinzukommt, ist die Tatsache, dass Jesus selbst als Akteur des Geschehens, gleichsam als ihr Urheber eingesetzt wird: denn während seine Hand, die zur Rechten aus dem Kreuzesbalken herauswächst, der Ekklesia die Krone aufs Haupt setzt, durchbohrt die Hand zur Linken die Gestalt der Synagoge mit einem langen Schwert, das dieser durch Kopf, Brust und Hand dringt. Die Krone ist ihr vom Haupt geglitten. Spruchbänder in lateinischer Sprache erklären die Tätigkeit der Hände:

„... die Rechte die Krone verleiht ...
er hat als Braut sie erwählt
und mit Mühe vom Tode errettet."
„... doch die Linke bezwingt die Verwesung."

Ein weiteres Spruchband lässt Synagoge klagen:
„Weh, ich bin geblendet, durchbohrt und der Krone beraubt..."[2]

Sollte der Künstler am Ende gar Mitleid mit der von ihm

geschaffenen Gestalt empfunden haben? Ist ihr so anschaulich dargestelltes Elend ein indirekter Protest gegen Judenfeindlichkeit? Es ist kaum anzunehmen. Das Abendmahlsfresko in Gerlamoos (Kärnten) macht seine Einstellung deutlich: Während elf christliche „Arier"-Apostel Jesus umgeben, könnte Judas mit Hakennase und Geldbeutel als antisemitische Karikatur dem „Stürmer" entsprungen sein. Das spiegelt die damalige gesellschaftliche Situation der Juden in Österreich. Gehasst wegen ihrer wirtschaftlichen Tüchtigkeit, hatten sie hier im 15. Jahrhundert besonders zu leiden. So wurden 1421 wegen angeblicher Hostienschändung allein in Enns an der Donau zweihundert jüdische Frauen und Männer öffentlich dem Scheiterhaufen übergeben. In der Folge kam es zu Vertreibungen mit gleichzeitiger Konfiszierung ihres Vermögens. Durch den Trienter Ritualmordprozess 1475 bekam der Judenhass in Süddeutschland und Österreich neue Nahrung. 1496, etwa fünfzehn Jahre nach Entstehung der Fresken des Villacher Meisters, wurden die Juden endgültig aus Kärnten und der Steiermark vertrieben.

II. Der Schleier der Synagoge

Die typisierende Gegenüberstellung von Frau Synagoge und Frau Kirche für ein verworfenes Judentum zugunsten eines erwählten Christentums ist seit dem 9. Jahrhundert ein beliebtes Motiv in der bildenden Kunst des Mittelalters. Die literarischen Vorlagen aber gehen bis in die Zeit der Kirchenväter zurück und auf deren antijudaistische Interpretation biblischer Texte. Obwohl es durchaus auch Versuche gab, mit dem Motiv von Synagoge und Ekklesia die innere Einheit und Zusammengehörigkeit von Altem und Neuem Testament zu bezeugen, haben sich, v.a. was die Wirkungsgeschichte betrifft, die Schriften der so genannten Adversus-Iudaeos-Literatur ungleich nachhaltiger durchgesetzt. Eine andere, damit zusammenhängende Problematik erwuchs aus der Tatsache, dass historisch bedingte Situationen und Erfahrungen, zu denen auch Konflikte und teilweise harte Auseinandersetzungen zwischen Juden und Judenchristen bzw. zwischen juden- und heidenchristlichen Gemeinden gehörten, ihres historischen Kontextes beraubt in verfälschender Weise ideologisiert werden konnten. Auf konkrete Ereignisse Bezug nehmende Aussagen wurden so zu immer gültigen, besonders gegen das Judentum anwendbaren Lehrmeinungen hochstilisiert. Dies war umso leichter möglich, als das Christentum – zur Religion der Sieger geworden – auch die politische Macht bekam, die religiösen Konkurrenten auszuschalten. – Was die Anwendung der Bibel als Argumenten-Lieferantin betraf, konnte von der alttestamentlichen Literatur über die Evangelien bis zum Judenchristen Paulus über den Raster der Enthistorisierung und Typologisierung alles benützt werden, was dem Zwecke dienlich war. So wurde Jakob, als der jüngere Bruder, der über den älteren, enterbten Esau (= Judentum) herrschen soll, zum Prototyp der christlichen Kirche als dem wahren Israel. Mit der gleichen Aussage konnten für das Modell *Synagoge – Kirche* auch alttestamentliche Frauengestalten Patin stehen: Rahel, als junge, schöne, erwählte für die Kirche gegen Lea, als ungeliebte, „schwachaugige"(!) für die Synagoge. Sara, die Freie, deren Kinder die rechtmäßigen Erben sind, gegen Hagar, die Sklavin, deren knechtische Kinder ersteren (der Kirche) zu dienen haben.

Auf sozial-politischer Ebene, in enger Verflechtung mit der Kirche, wurden auf diese Weise Gesetze legitimiert, die den Juden bereits in der Römerzeit unter anderem die Haltung sowohl christlicher wie heidnischer Sklaven verbot, wie auch späterhin die Beschäftigung christlicher Diener, Ammen und Ärzte, ebenso die Bekleidung öffentlicher, übergeordneter Ämter. Denn wie sollte ein freier Christ dem zum Knecht deklassierten Juden dienen? Vielmehr musste es umgekehrt sein. Die kirchliche Lehre vom *„Servitus Iudaeorum"*, der ewigen Knechtschaft der Juden, konnte im 13. Jahrhundert Gesetze rechtfertigen, die die Juden im deutschen Recht zu Menschen ohne Staatsbürgerschaft und zu „Leibeigenen der königlichen Kammer" erklärten.[3] Zum Motiv der Knechtschaft des Judentums kommt besonders noch das seiner „Blindheit" im Sinne der „Verstockung" hinzu, das die Synagoge zu einer „Heimstätte des Irrsinns und Irrglaubens, die Gott selbst verdammt habe" stempelt, zum Ort, „wo Christus geleugnet wird", so Ambrosius von Mailand.[4] Hier dienten die Evangelien als Legitimation, die eine im 7. Jh. v.Chr. an Israel gerichtete prophetische Bußpredigt gegen zeitgenössische Ungläubige verwenden, die Jesus nicht als Messias bekennen: „Darum konnten sie nicht glauben, denn Jesaja hat gesagt: ‚Er hat ihre Augen verblendet und ihr Herz verstockt, damit sie nicht etwa mit den Augen sehen und mit dem Herzen verstehen und sich bekehren...'" (Joh 12,37ff, par., Jes 6,9ff). Von daher erhält Frau Synagoge in ihrer späteren bildlichen Darstellung das Merkmal, das ihr traurige Berühmtheit verliehen hat: die verbundenen Augen, den Schleier. Auch Paulus sollte dazu eine biblische Begründung liefern. Auf die Stelle in Exodus 34,29-35 anspielend, die er typologisch interpretiert,

spricht er von der Decke, die Moses vor sein Angesicht tat, wenn er die Tora verlas, damit die Kinder Israels nicht die vergehende Herrlichkeit (des Gesetzes) darauf sehen sollten. „Aber ihre Sinne wurden verstockt", denn „bis auf den heutigen Tag, wenn Moses gelesen wird, liegt eine Decke (Schleier) auf ihrem Herzen. Wenn aber Israel sich bekehrt zum Herrn, wird die Decke abgetan" (2 Kor 3,12-18).
In direkter Anspielung auf diese Stelle erscheint Frau Synagoge in einem Evangeliar des frühen 11. Jahrhunderts mit einer Torarolle bekleidet und dem Messer der Beschneidung in der Hand, sich vom Kreuz weg wendend. Daneben besagt ein Spruchband: *„Lex Tenet Occasum"*, das Gesetz neigt sich dem Ende zu. Ähnlich im Sakramentar vom Tegernsee, wo eine entrollte Tora ein Auge der Synagoge bedeckt, während sie mit dem anderen zum Kreuz zurückblickt.[5] – Ein Zeichen der Hoffnung auf ihre mögliche Bekehrung?
Darauf deuten auch Darstellungen, in denen Jesus selbst der Synagoge den Schleier von den Augen nimmt. *„Sensa revelat"* besagt die Inschrift darunter.[6] In einigen Elfenbeinschnitzereien aus der judenfreundlichen Zeit der Karolinger und auch vereinzelt danach kann Synagoge sogar noch scheinbar gleichberechtigt mit Ekklesia gezeigt werden. Beide gleich groß und mit aufrechter Fahne im Sinne einer christlich verstandenen Concordia: von Altem und Neuem Bund, von Verheißung und Erfüllung. Synagoge trägt hier keinen Schleier vor den Augen, sondern einen Ysopzweig als Zeichen der Versöhnung in der Hand.[7] Doch stehen beide Frauen unter dem Kreuz und es ist nur eine Frage der Zeit, wann Synagoge von dort weggehen kann oder muss, weil sie eigentlich überflüssig geworden ist.
Mit Beginn der Kreuzzüge werden die Darstellungen zuneh-

mend judenfeindlicher. Sie spiegeln einerseits Judenhass als gesellschaftliche Realität und heizen gleichzeitig die Pogromstimmung an, deren schreckliche Auswirkungen für die jüdischen Gemeinden des Mittelalters bekannt sind. Im Essener Missale (um 1100) trägt die Synagoge statt ihrer Krone den spitzen Judenhut oder erscheint im gelben Kleid der Jüdinnen (Freiburger Münster, 14. Jahrhundert). Sie repräsentiert nun nicht mehr den Alten Bund, sondern in Gestalt einer jüdischen Frau das Judentum ihrer Zeit. Mit Marterwerkzeugen in den Händen oder den Werkzeugen des Todes Christi: Speer, Schwamm, Essigkrug und Dornenkrone, wird sie als seine Mörderin gebrandmarkt. In einer Darstellung des Messopfers stößt Synagoge mit verbundenen Augen einen Speer ins Opferlamm, aus dessen offener Wunde Ekklesia das Blut im Kelch auffängt.[8] Ihre gefallene Krone, der zerbrochene Herrschaftsstab und die Binde vor den Augen sind von nun an ihre stetigen Attribute. Am eindrücklichsten dargestellt durch die großen Plastiken der gotischen Kathedralen von Bamberg, Straßburg u.a. im frühen 13. Jh. lassen diese ob ihrer künstlerischen Vollendung kaum noch die Tragik ihrer theologischen Aussage bewusst werden.

III. Das Turnier

Diese aus der Sicht der Kirchenväter verblendeten, unwissenden, dem toten Buchstaben des Gesetzes verfallenen, nicht verstehen wollenden, unbelehrbaren, unbekehrbaren Juden, hatten nach dem Untergang ihres Tempels 70 n.Chr. – als nach christlicher Tradition ihre religiöse Existenzberechtigung eigentlich aufhörte – in Wirklichkeit eine Stunde geistiger Erneuerung erlebt. In den Gelehrtenschulen Galiläas war die mündliche Auslegung der Tora schriftlich niedergelegt worden im epochalen Werk des palästinischen Talmud. Die Synagogen wurden geistige Zentren der Verkündigung, Glaubensunterweisung und Bildung, die eine große Anziehungskraft auf ihre heidnische und christliche Umgebung ausübten, wodurch die christlichen Gemeinden unter starken Konkurrenzdruck gerieten. Das war auch der Hintergrund für die berühmtberüchtigten „Predigten gegen die Juden", die Johannes Chrysostomos zwischen 386 und 388 in Antiochia hielt, wo Christen mit Juden seiner Meinung nach zu einvernehmlich verkehrten und Gemeinschaft hatten „mit denen, die Christus kreuzigten". Seine derben Schimpfworte gegen die Synagoge waren sicherlich für die ersten Brandlegungen von jüdischen Gotteshäusern bald danach mitverantwortlich. „Nenne einer sie Hurenhaus, Lasterstätte, Teufelsasyl, Satansburg, Seelenverderb ... oder was immer, so wird er noch weniger sagen, als sie verdient hat."[9] Da die jüdischen Gottesdienste und Feste besonders gern von Frauen besucht wurden, warnte er christliche Männer, sie dorthin gehen zu lassen: „Sie werden den Teufel in ihrer Seele heimbringen."[10] – Ganz ähnliche Beweggründe veranlassten im 9. Jahrhundert Erzbischof Agobard und seinen Nachfolger Amulo, von den Kanzeln Lyons ihre judenfeindlichen Predigten zu halten. Sie waren die Reaktion auf die judenfreundliche Politik der Karolinger, die – in Missachtung der auf Justinian zurückgehenden gültigen Kirchengesetze – den Juden unerlaubte Freiheiten gestatteten, indem sie sie unter den persönlichen Schutz des Kaisers stellten. Verbote bezüglich Mischehen, Tischgemeinschaft und besonders die Sklavenfrage betreffend wurden verletzt. Großes Ärgernis erregte auch die philosemitische Haltung Ludwigs des Frommen und seiner zweiten Gemahlin Judith, die am Judentum nicht nur wirtschaftliches, sondern auch geistig-religiöses Interesse hatten und die Predigten jüdischer Rabbinen denen der eigenen Priester vorzogen. In einem Brief an Bischof Nibridius von Narbonne 828 greift Agobard die Symbolik von Ekklesia und Synagoge auf, an die Kirchenväter anknüpfend: „Unwürdig unseres Glaubens ist es, daß auf die Kinder des Lichtes durch ihren Umgang mit den Söhnen der Finsternis ein Schatten falle [...] und daß die Kirche Christi, die ohne Makel und Fehl ihrem himmlischen Bräutigam zugeführt werden soll, durch die Berührung mit der unreinen, altersschwachen und verworfenen Synagoge verunstaltet werde [...] und die unbefleckte Christus anverlobte Jungfrau mit einer Hure beim gemeinsamen Mahle sitzen zu sehen."[11] – Das Bild der von Christus geliebten Gemeinde, die nach Eph 5,27 „herrlich sei" ... "ohne Flecken und Runzel", war besonders von Augustin aufgegriffen worden, für den Ekklesia die neue „mit dem Wort vermählte Braut" anstelle der abgesetzten Synagoge des Fleisches war: „Von wem denn ist der Sohn Gottes im Fleisch geboren worden? Von jener Synagoge. Jener wird Vater und Mutter verlassen. [...] Und wer ist die Mutter, die er verlässt? Es ist das Volk der Juden, die Synagoge."[12] – Dass dies, durch kirchliche Lehre und Predigt verbreitet, zum allgemeinen christlichen Glaubensgut gehörte, zeigt u.a. ein italienisches Elfenbeinrelief aus dem 11. Jahrhundert, auf dem ein Engel die kostbar gekleidete Braut Ekklesia dem Kreuz zuführt, während ein anderer Synagoge, als altes Weib dargestellt, das wehklagend die Arme hebt, von dort wegbringt.[13]

„Weh, ich bin geblendet..."

Es ist gewiss kein Zufall, dass gerade in der Zeit Agobards die pseudo-augustinische Schrift entsteht, die Ekklesia und Synagoge einander im Streitgespräch gegenüberstellt, *„De altercatione Ecclesiae et Synagogae dialogus"*: Zwei Frauen streiten sich vor Gericht um das Erbe des Weltreiches. Die Witwe Synagoge, wegen Ehebruchs und anderer Vergehen enterbt, will die Herrschaft an Ekklesia nicht abtreten, die das Land „nach kaiserlichem Recht" besitzt und ihrerseits Anspruch darauf erhebt, da sie jetzt die „Braut des Herrn" und die „gekrönte Herrin" sei, der die andere als Magd zu dienen habe. Als Synagoge sich auf den alten Bund beruft und ihre Argumente mit alttestamentlichen Zitaten belegen will, werden diese von Ekklesia nur benutzt, um sie christologisch zu interpretieren und so die Gegnerin außer Gefecht zu setzen. Der von dieser angeführte Bund der Beschneidung dient ihr lediglich zur zynischen Bemerkung, dass ja demnach jüdische Frauen von der Gnade ausgeschlossen seien! Im Streit um die göttliche Natur Jesu wird Synagoge schließlich als „die unglücklichste, elendste und törichteste aller Frauen und eine Mörderin" beschimpft. Sie muss aufgeben und verstummt.[14] Der Streit ist im Grunde ein fingierter, weil er nur den christlichen Standpunkt darstellt. Synagoge erscheint nicht als wirkliche Repräsentantin des Judentums, sondern lediglich als düsterer Hintergrund, vor dem sich Ekklesia umso strahlender abheben kann. Zeigt die *„Altercatio"*, wie sehr das Christentum den Antijudaismus und die antijudaistische Exegese für sein Selbstverständnis und seine Selbstbestätigung brauchte?[15]

„Wenn es in dem Europa von damals (Mittelalter) überhaupt keinen lebendigen Juden gegeben hätte, wäre doch das Judentum als Inbegriff einer heilsgeschichtlichen Tatsache ein gewichtiges Motiv der christlichen Theologie geblieben, stellte

es doch nach den als klassisch geltenden Formulierungen der alten Kirche die Verkörperung einer durch verhängnisvolle Entscheidung verwirkten Erwählung dar." So in vornehmer Zurückhaltung der jüdische Historiker Hans Liebeschütz.[16]
Ihren bildlichen Ausdruck findet die „*Altercatio*" in Elfenbeintäfelchen des 9. Jahrhunderts. Ekklesia, die rechts vom Kreuz das Blut Christi im Kelch auffängt, verlässt ihren angestammten Platz, um zu der vor ihrem Tempel sitzenden Synagoge nach links zu gehen und besitzergreifend die Hand auf die Erdscheibe zu legen, oder um mit drohend erhobenem Zeigefinger Synagoge von ihrem Thron zu weisen.[17] Im Skizzenbuch eines französischen Künstlers aus dem 12. Jahrhundert sitzen Ekklesia und Synagoge im Disput begriffen einander gegenüber. Erstere wirft einen bösen Blick auf die Gegnerin und hebt abwehrend die linke Hand. Synagoges Schleier windet sich in der Gestalt einer Schlange um ihren Kopf, um ihr die Augen zu bedecken.[18] Aus dem Streitgespräch entwickelt sich zunehmend das Motiv eines Turniers, in dem die beiden Frauen gegeneinander zum Kampf antreten. Während Ekklesia mit Kelch und Fahne stolz zu Pferde sitzt, zieht Synagoge im gelben Kleid, mit zerbrochener Lanze und verbundenen Augen auf einem hinkenden Esel in den ungleichen Kampf.[19] Als zusätzliches Attribut erhält sie von nun an einen abgeschnittenen Bockskopf, das Emblem der Wollust. Eine andere Darstellung zeigt Ekklesia zu Pferd, mit Schild und einer auf Synagoge gerichteten Lanze bewaffnet, die der Angreiferin auf einer Sau (!) entgegen reitet und durch den Judenhut gekennzeichnet ist.[20] Den Ausgang der so genannten „*Altercatio*" versinnbildlicht die Gestaltung einer Initiale, bei der Ekklesia in Siegerpose auf der unter ihren Füßen liegenden

Gegnerin steht und dieser den Kreuzesstab in den Nacken drückt. Schließlich wird Synagoge in einem Sarkophag liegend mit ihren Gesetzestafeln in Händen von Ekklesia und Jesus begraben.[21] – Erst im 15. und 16. Jahrhundert taucht das Motiv des „Lebenden Kreuzes" auf, bei dem Synagoge nicht von ihrem Sohn fortgeschickt, sondern in einer Art „Endlösung" von ihm getötet wird. – Damit verlassen Ekklesia und Synagoge die Bühne der christlichen Ikonografie, um anderen Bildern und einer noch tragischeren Geschichte des Judenhasses Platz zu machen.

IV. Feministisch-theologische Assoziationen

1. „Mit allen Sinnen glauben" – diese Wendung bringt ein feministisch-theologisches Grundanliegen zum Ausdruck: die Sehnsucht nach Ganzheit, nach der Einheit von Denken und Fühlen, die auch Religion sinn-haft erlebbar werden lässt. Darin kann uns die jüdische Religion Lehrmeisterin sein. Damit soll nicht behauptet werden, dass es im Judentum, als Teil einer patriarchalen Gesellschaft, keine frauenfeindlichen und somit zu bekämpfenden Traditionen gäbe. Doch sind diese mit den christlichen schwer vergleichbar, deren eigentlicher Nährboden die hellenistisch-griechische Philosophie und Anthropologie wurde. Dem jüdischen Denken ist eine dualistische Trennung von Leib und Seele, Herz und Verstand fremd. Die Sinnenfreude, die im Feiern der Feste zum Ausdruck kam (und kommt), war sicher mit ein Grund für Christen und besonders Christinnen, jüdische Gottesdienste aufzusuchen (s.o.). Das Tora-Freudenfest (Simchat Tora) zum Beispiel, bei dem die Gemeinde ihrer Freude über Gottes Weisung Ausdruck verleiht, indem sie

„Weh, ich bin geblendet..."

mit Schriftrollen den Toraschrein umtanzt, lässt sich schwer mit der Vorstellung einer „toten Gesetzesreligion" vereinbaren. – „Mit allen Sinnen glauben" – sichtbares Symbol dafür ist auch das Anlegen der Gebetsriemen, die, nach der Weisung von Dtn 6 Kopf, Herz und Hand – Denken, Fühlen und Handeln – im Gebet vereinen sollen. – Ist es ein makabrer Zufall oder lästerliche Absicht des Freskenmalers von Kärnten, dass das christliche Schwert, das die Synagoge tötet, ihr durch Kopf, Herz und Hand dringt?

2. Doch, so ist nun weiter zu fragen: Was haben Ekklesia und Synagoge mit feministischer Theologie zu tun, abgesehen von der Tatsache, dass ihnen die Körper von Frauen verliehen wurden? Rechtfertigt allein schon die bildliche Darstellung von Frauengestalten, auch wenn diese der Typisierung einer nicht direkt frauenspezifischen Thematik dienen, überhaupt feministisch-theologische Assoziationen? Ich denke ja.

Die Verwendung der Frau und des weiblichen Körpers in der Absicht, ein ideologisches, theologisches Problem zu versinnbildlichen oder ein wie immer geartetes Produkt zu verkaufen, kann nicht ohne Rückwirkung auf den Betrachter / die Betrachterin bleiben und zwingt daher zu Rückfragen nach den dahinter liegenden männlichen, machtpolitischen Interessen. Das Medium Bild spricht Emotionen unmittelbarer an als das geschriebene oder gesprochene Wort und erschwert kognitive Analyse und kritische Distanzierung. Es verstärkt, je nach Befindlichkeit des Betrachters / der Betrachterin schon vorhandene Aggressionen oder existentiellen Leidensdruck und geht weit über die mit dem Bild angesprochene Thematik hinaus. – Was die typisierende Darstellung der Frau in der christlichen Ikonografie be-

„Weh, ich bin geblendet…"

trifft, lässt sich als häufiges Muster die Gegenüberstellung der so genannten braven, gehorsamen, reinen zur so genannten bösen, ungehorsamen und lasterhaften beobachten, egal ob sie Maria und Eva heißen, Ekklesia und Synagoge o.a. Neben anderen Intentionen kommt auch massive Frauenfeindlichkeit zum Tragen. Ebenso wird der Versuch einer patriarchalen Kirche deutlich, Frauen unter Kontrolle zu bringen, ihnen ihren Platz zuzuweisen und sie obendrein nach dem Motto *„divide et impera"* gegeneinander auszuspielen. So spiegeln diese Bilder zugleich männliche Ängste und Projektionen. Mit der körperlichen Ermordung der Synagoge kommt nicht nur die christliche Angst vor einer sinnenfreudigen Religion, sondern auch die Angst des Mannes vor dem weiblichen Körper auf erschreckende Weise zum Ausdruck. Eine Angst, die oft genug durch Ausgrenzung, Abspaltung oder Tötung „aus der Welt geschafft" wurde.

3. Feministische Theologie, die sich als Befreiungstheologie versteht, hat mit der Leidensgeschichte von Frauen immer auch die anderer unterdrückter und verfolgter Gruppen im Blick, zu denen Männer, Frauen und Kinder gehören. Sie hat ihren Platz nie auf der Seite der Sieger, sondern immer auf der Seite der Besiegten – im Kontext des Bildes von Ekklesia und Synagoge gesprochen also auf der linken Seite unter dem Kreuz. Der entwürdigte, blind gemachte, seiner Sinne und seines Lebens beraubte Frauenkörper wird zum Sinnbild für das Leiden unzähliger Frauen bis heute, und gleichzeitig zum grausamen Sinnbild des christlichen Antisemitismus, als dessen letzter Auswirkung „Israels Leib aufgelöst in Rauch" durch die Schlote von Auschwitz sein Leben aushauchte (Nelly Sachs). Er wird aber zuletzt auch zum Sinnbild des gemarterten Messias selbst, des leiden-

den Gottesknechts, der nicht „oben" am Kreuz als „Täter", sondern gleichfalls links darunter als Opfer inmitten seiner jüdischen und christlichen leidenden Schwestern und Brüder „gekreuzigt" wird.

4. Zur feministischen Vision gehört die Solidarität von Frauen. Auch die Vision, dass über den Graben einer zweitausendjährigen oder erst jüngst vergangenen Geschichte hinweg Frauen sich auf jeden Fall zusammengehörig wissen und nicht mehr von patriarchalen Institutionen gegeneinander ins Turnier schicken lassen. Doch hat der Schwesternstreit jüdischer und christlicher Feministinnen gezeigt, dass uns die Tiefe des Grabens nicht bewusst war. Als christliche Feministinnen, die wir uns nur links vom Kreuz, auf der Seite leidender Frauen wähnten, mussten wir erkennen, im Sog unserer eigenen christlich-patriarchalen, antijudaistischen Tradition ungewollt auch auf die Seite der *Ecclesia triumphans* geraten zu sein. – Nach einer vielleicht vorschnellen Illusion von Gleichheit und Schwesterlichkeit gilt es zunächst, die vielleicht schmerzliche Erfahrung des Andersseins der Anderen auszuhalten, um sie dann als Bereicherung zu erleben. Im Bewusstsein meiner eigenen Geschichte und Tradition kann ich auch die der „fremden" Schwester kennen lernen und ernst nehmen, kann ich die Andere anders sein lassen, ohne sie in vorschneller Umarmung erneut ihrer Identität zu berauben. Ich kann mir ohne Angst die Binde von den eigenen Augen nehmen lassen, um sehen zu lernen. Das könnte der Beginn einer neuen Beziehung sein.

„Weh, ich bin geblendet..."

1 ZAUNER, Friedrich, Das Hierarchienbild der Gotik – Thomas von Villachs Fresko in Thörl, Stuttgart 1980, 39ff.
2 Obwohl Zauners Interesse lediglich der kunstgeschichtlichen Bedeutung des Freskenmalens gilt, mutet es doch eigenartig an, dass er sich auch angesichts der besonders brutalen Darstellung jeder Antijudaismuskritik enthält und nur dem allgemein überlieferten Interpretationsmuster folgt:
„Synagoge, das Sinnbild der alten Gemeinschaft", „Ekklesia, das Sinnbild der neuen Gemeinschaft". Die Darstellung kommentierend meint ZAUNER: „Das Wissen, das einer alten Einweihung entstammt, hat seine Kraft verloren. Um den Christus aufzunehmen, braucht der Mensch ein neues, lebendiges Denken." AaO., 40f.
3 RUETHER, Rosemary R., Nächstenliebe und Brudermord. Die theologischen Wurzeln des Antisemitismus, München 1978, 192.
4 KÜHNER, Hans, Der Antisemitismus der Kirche, Zürich 1976, 34.
5 SEIFERTH, Wolfgang, Synagoge und Kirche im Mittelalter, München 1964, 24f (Miniatur im Uta-Evangeliar um 1050, München Staatsbibliothek; Wien, Rossiana, Codex 4/VIII, 143, 11. Jh.).
6 AaO., 149–151, Abb. 31 (Fenster, Abteikirche von Saint Denis, Paris 12. Jh.).
7 AaO., 18 und 27 (Nikasius-Dyptichon um 900, Kirchenschatz von Notre Dame, Abb. 2; Elfenbeintafel 9. Jh., Metzer Werkstatt, London, Albert Mus., Abb. 3; Elfenbeintafel aus Lüttich, frühes 11. Jh., Domschatz Tongern, Abb. 12; Elfenbeintafel, Brüssel, Altertumsmus., Abb. 13).
8 AaO., 141f (Essener Missale, Düsseldorf Landesbibliothek; Tucher-Fenster, Freiburger Münster, nach 1300; Fenster, Kathedrale von Chalons-sur-Marne, Museum, 12. Jh.; Tragaltar von Stavelot, 1150 Brüssel; Missale von Noyon, vor 1250, Art Gallery Baltimore).
9 KÜHNER, 1976, 36.
10 KELLER, Werner, Und wurden zerstreut unter alle Völker. Die nachbiblische Geschichte des jüdischen Volkes, Zürich 1966, 127.
11 AaO., 196; vgl. auch SEIFERTH, 1964, 94.
12 SEIFERTH, 1964, 53 (Augustins Erklärung zu Psalm 45).
13 AaO., Abb. 11 (Berlin-Dahlem, Staatl. Museum)
14 LIEBSCHÜTZ, Hans, Synagoge und Ecclesia. Religionsgeschichtliche Studien über die Auseinandersetzung der Kirche mit dem Judentum im Hochmittelalter, Heidelberg 1983, 173f (Da Liebschütz zur Emigration gezwungen war, konnte sein 1938 fertig gestelltes Manuskript nicht veröffentlicht werden. Dies ist erst 1983 posthum geschehen.); Zur „Altercatio" vgl. auch Seiferth, 1964, 56ff.
15 Dazu RUETHER, 1978, 167.
16 LIEBSCHÜTZ, 1983, 17.
17 Vgl. SEIFERTH, 1964 (Buchdeckel des Bamberger Evangeliars, um 870, Mün-

chen Staatsbibliothek, Abb. 5; Buchdeckel des Evangeliars aus Metz, um 900, Paris Nationalbibliothek, Abb. 6).
18 AaO., Abb. 22 (Amiens, Städt. Bibliothek, um 1197).
19 AaO., 48, Abb. 28 (Tucher-Fenster, Freiburger Münster).
20 Katalog für die Ausstellung „Judentum im Mittelalter" im Schloss Halbturn, Burgenland 1978, Abb. 58 (Chorgestühl – Holzschnitzarbeit, Erfurter Dom, um 1400-1410).
21 Ebd., Abb. 24 (Initiale Q im Homiliar des Beda von Verdun, Verdun, Bibliothèque Municipale, Ende 12. Jh.), Abb. 26 (Bible moralisée, Paris Nationalbibliothek, 1410).

Rein und unrein im Alten Testament und im Judentum

I. Altes Testament

I.1.

Die Reinheitsgesetze sind nicht vor allem eine Frage der Moral, sondern des Kultes, insbesondere im Hinblick auf heidnische Kulte. Bereits die Propheten begannen, in ihrer Kritik der kultischen Praxis Israels, kultische Begriffe von rein und unrein moralisch zu verstehen und zu verinnerlichen. Sie forderten Reinheit des Herzens, der Lippen usw. (Jer 1,9-15; Ps 51; Jer 33; Zef 3,9). Und unter fremder Herrschaft – im Exil, nach dem Exil, in der Zeit Jesu – hält sich Israel noch strikter an seine Reinheitsgesetze, aus Furcht, durch den Verlust der nationalen Identität auch die religiöse Identität einzubüßen.

Jesus hält sich an die prophetische Tradition:
„*...nichts kommt von außen in den Menschen hinein, was ihn verunreinigen kann, sondern was aus dem Menschen herauskommt, das ist es, was den Menschen verunreinigt.*"

(Mk 7,15)

„*Selig sind, die reinen Herzens sind; denn sie werden Gott schauen.*"

(Mt 5,8)

Rein und unrein im Alten Testament und im Judentum

Israels Reinheitsgesetze befassen sich mit dem Unreinwerden
- durch das Berühren toter Körper,
- durch Lepra,
- durch Menstruationsblut und nach der Geburt eines Kindes,
- durch den Samenerguss und Ausfluss des Mannes und
- durch als unrein bezeichnete Tiere.

Der Ursprung dieser Gesetze stammt teilweise aus altem archaisch-magischen Denken im Zusammenhang mit Geburt und Tod, teilweise aus der Ausrottung des Heidentums (z.B. Tiere nicht zu verzehren, die Fruchtbarkeit symbolisieren, oder im Falle des Unreinwerdens durch Götzendienst - Ez 18).
Unreinheit wird gewissermaßen als ansteckend durch den Kontakt mit dem Unreinen verstanden und fordert Reinigung durch Wasser (Waschen der Hände, des Körpers, der Kleider, von Gegenständen) und in verschiedenen Fällen durch das Darbringen von Opfern im Tempel, um die Reinheit wiederherzustellen (Lev 12,6 und Lk 2,24). Aber dies ist nicht ontologisch gedacht; das Unreine wird wieder rein. Die wichtigste Unreinheit ist die durch den Kontakt mit dem Tod, d.h. mit toten Körpern, verursachte (Hag 2,13). Alle andern scheinen davon abgeleitet zu sein. (Eine menstruierende Frau ist unrein, weil das Menstruationsblut irgendwie mit dem Tod in Verbindung steht). Gleichzeitig existiert das Bewusstsein, dass die Reinheitsgesetze nicht vollständig eingehalten werden können, weil es fast unmöglich ist, den Kontakt mit etwas Unreinem zu vermeiden. So macht beispielsweise das Berühren eines toten Menschen für sieben Tage unrein (Num 19,11). Aber eine Leiche muss

ja gewaschen, angezogen, getragen und begraben werden, Unreinheit ist daher unvermeidbar. Nur für Priester gibt es spezielle Vorschriften: Sie werden durch das Berühren eines toten Körpers nicht unrein, wenn es sich um Blutsverwandte handelt (Lev 21,1-4). Aber an keinem Toten unter seinen Volksgenossen darf er sich verunreinigen.

I.2.

Die Vorschriften für Menstruation und Blutfluss sollten im Alten Testament (Lev 15,27) als für beide gültig verstanden werden: für die menstruierende Frau wie für den, der sie berührt, sei es der Ehemann oder jemand anderer. Sie zu berühren, macht einen bis zum Abend unrein. Was aber bedeutet dies in einem normalen Haushalt? Er oder sie muss sich in der Nacht waschen – in einigen Fällen auch die Kleider. Aber es wird nicht als verboten oder sündig bezeichnet; eher als unvermeidlich (Lev 15,27). Christliche Kommentatoren haben teilweise übertrieben. Jesus, der durch eine Frau unrein wurde, muss „ein gross Opfer darbringen ... Unwissenheit bewahrt nicht vor Schuld, schützt nicht vor Strafe."[1]

Geschlechtsverkehr mit einer Frau, die gerade ihre Periode hat, macht ihren Ehemann ebenfalls für sieben Tage unrein (Lev 15,4); aber es absichtlich zu tun, ist verboten (Lev 18,19): „Du sollst dich einem Weibe nicht nahen, um mit ihr ehelichen Umgang zu pflegen, wenn sie durch ihren Monatsfluss unrein ist." Lev 20,18 fordert die Todesstrafe, aber dies ist eher eine Drohung, Warnung oder Einschüchterung (wie das ganze Kapitel 20) als ein Gesetz, das in der Realität durchgesetzt würde.

Die Vorschriften von Lev 15 sind nicht als Diskriminierung der Frauen gemeint – sie sind gleich (und in gewisser Hinsicht weniger hart) wie jene für Männer, die einen Samenerguss oder unwillkürlichen „Spermienfluss" haben. Aber im Kontext einer patriarchalen Gesellschaft sind die Konsequenzen für Frauen schwieriger, besonders im Falle einer „Schwäche ihrer Periode" oder bei unregelmäßigem „Fließen des Blutes".

Nach der Zerstörung des Tempels existierten der Kult des Opferns von Tieren und die Vorschriften über rein und unrein nicht mehr, da sie sinnlos geworden waren, mit Ausnahme des Essens von koscherer Nahrung und den Vorschriften zur Menstruation (*niddah*), die zu einer Familienvorschrift wurden und nur die verheirateten Frauen in der Beziehung zu ihrem Ehemann betrafen, nicht aber unverheiratete, geschiedene oder verwitwete Frauen.[2]

II. Menstruation (niddah) in der jüdischen Tradition

II.1.

Die Traktate Niddah in der Mischna und im Talmud stehen im Buch Toharot, zusammen mit allen anderen Vorschriften über rein und unrein in der jüdischen Tradition. Dies zeigt meines Erachtens, dass es nicht als spezifische Frage für die Frau erachtet wurde, sondern für das Verhalten von Männern und Frauen in der Ehe. Weder Frauen noch Sexualität werden abgewertet, aber der Blickwinkel ist jener der Männer, und die Fragen werden in jedem nur möglichen

Detail behandelt, was uns heute nicht nur manchmal etwas seltsam anmutet, sondern eine gewisse Ängstlichkeit zeigt, das Gesetz zu übertreten, und nicht nur spezifisch Frauen und ihr Blut betrifft, wie oft gesagt wird. Die Rabbinen erarbeiteten (in ihren Studierstuben) Vorschriften, die kaum wirklich ernst genommen oder in der Realität praktiziert werden konnten. Es gab aber strengere rabbinische Schulen (wie jene von Schammai) und weniger strenge (wie jene von Hillel). Ihre unterschiedlichen Meinungen gehören alle zur Tradition und zeigen ein offenes System des Streitgesprächs, das manchmal erheiternd ist, wenn die Rabbinen sich um die besseren Argumente streiten. Nur eine Meinung zu zitieren, ohne die andere zu erwähnen – wie das oft in der christlichen Exegese gemacht wurde – würde nicht nur ein falsches Bild der jüdischen Tradition zeichnen, sondern einen Verlust an Reichtum an Weisheit und Humor bedeuten. Um nur ein Beispiel zu geben: Um zu zeigen, dass die Frauen in der Mischna wegen ihres Menstruationsblutes – ontologisch – als unrein gelten, selbst wenn sie nicht ihre Periode haben, zitiert Monika Fander Bet Shammai: „Alle Frauen, die gestorben sind, gelten als Menstruierende und verunreinigen jene, die sie (beim Begräbnis) tragen." Hingegen zitiert sie Bet Hillels Antwort nicht: „nur jene Frau, die gestorben ist, während sie die Periode hatte, gilt als Menstruierende" (Mischna Niddah 10,4).[3]

Fander versteht auch das Verbot des Geschlechtsverkehrs während der Periode der Frau als Diskriminierung der Frauen.[4] Aber dies entspricht weder der Absicht der Mischna noch den Erfahrungen der Frauen selbst. Die Rabbinen betonen, dass es der Wunsch der Frauen war, die Tage der Trennung von sieben (biblisch) auf zwölf (Niddah 66a,

Shabbat 13 ab) zu erhöhen. Es bedeutete für sie eine Zeit des Schutzes, des Ausruhens und der Erholung. Bereits der Prophet Ezechiel muss es so gesehen haben, als er die Männer beschuldigte, das Gesetz zu übertreten, offensichtlich gegen den Willen der Frauen: „...sie missbrauchen Frauen, die ihre monatliche Unreinheit haben." (Ez 22,10)

Die Zeit ihrer Periode ist die Zeit, die eine Frau für sich selbst hat, für Erneuerung und Regenerierung, so dass sie nach den Tagen der Trennung ihrem Ehemann wieder wie seine Braut erscheint, „geliebt wie am Tag, an dem sie unter dem Hochzeitsbaldachin stand (ihrem Hochzeitstag)" (Talmud Niddah 32a, Pesachim III, a). Sie bestimmt, wann sie wieder sexuellen Kontakt aufnehmen will. Die jüdische Tradition verbietet Männern, gegen den Willen der Frau mit ihr Geschlechtsverkehr zu haben. Er darf sie nicht zwingen. Vergewaltigung in der Ehe ist ausdrücklich verboten. Ebenso ist es verboten, mit ihr Geschlechtsverkehr zu haben, wenn sie schläft oder wenn er oder sie betrunken ist.[5] Ganz im Gegenteil, der Mann ist beim Geschlechtsverkehr angehalten, zuerst seine Frau zu befriedigen und seinen eigenen Geschlechtstrieb unter Kontrolle zu halten (das Gebot des Onah – vergleiche in diesem Zusammenhang auch Deuteronomium 24,5). Onah bedeutet die Pflicht eines Mannes, die sexuellen Bedürfnisse und Wünsche seiner Frau zu erkennen und sie zu beachten. Der Talmud sagt nur, die Frau sollte nicht „dauernd und ohne Grund Geschlechtsverkehr mit ihrem Ehemann verweigern; wenn sie es dennoch tut, wird sie als ‚moredet' – als Rebellin bezeichnet."[6]

Im orthodoxen Judentum, wo das Gesetz der Niddah, zumindest theoretisch, noch immer gilt, wird es von einer großen Gruppe von Feministinnen heftig kritisiert. Andere entdecken die Mikwe – das Bad der rituellen Reinigung – als neue Möglichkeit im Dienst der Frauen, als einen Ort, um miteinander zu feiern und neue Formen der Liturgie und Spiritualität zu schaffen. Im Reformjudentum existiert das Gesetz der Niddah nicht mehr.

II.2. Niddah zur Zeit Jesu
und die weitere Entwicklung im Judentum

Wir wissen nicht, ob die levitischen Gesetze betreffend rein und unrein, Menstruation und Blutfluss und das extreme Verbot des Berührens im täglichen Leben der meist in Armut lebenden Menschen praktikabel waren und praktiziert wurden. Die Mischna beschreibt nicht die Realität des jüdischen Lebens, sondern die Vorstellungen einer kleinen Gruppe von Rabbinern, den Pharisäern, schufen ein ideales Bild, wie die Menschen leben sollten.

Elisabeth Schüssler Fiorenza fordert – als Schlüssel für die Bibelauslegung – eine „Hermeneutik des Verdachts", die unterscheiden muss zwischen den Intentionen androzentrischer Texte und der sozialen Realität der Menschen, insbesondere der Frauen in Palästina. „Vorschriften kodifizierten patriarchalen Rechts sind generell restriktiver als die tatsächliche Interaktion und Beziehung zwischen Frauen und Männern und als die soziale Wirklichkeit, die durch diese Vorschriften geregelt werden soll."[7]

Die Mischna war am Ende des zweiten Jahrhunderts abgeschlossen (der Talmud im 5. Jh.). Der Mischna-Traktat Niddah wird als einer der ältesten betrachtet und war möglicherweise bereits zurzeit Jesu geschrieben: er stellte gleichwohl die Vorstellungen einer kleinen Gruppe dar – nicht

aber jene des Volkes als Ganzes.
Die Geschichte von Mk 5 (70 n.Chr.) zeigt bereits die Absicht des frühen Christentums, sich vom Judentum und seinen Gesetzen abzusetzen. Obwohl der Text an sich nicht antijudaistisch ist, legt die christliche Bibelauslegung dies oft nahe. So durfte zum Beispiel eine Frau während der Zeit ihrer Unreinheit das Heiligtum im Tempel nicht besuchen (Lev 12,4-15,31). Dies bedeutete aber nicht unbedingt, dass es ihr nicht erlaubt war, am religiösen Leben in der Familie oder in der Synagoge teilzunehmen. Die späteren rabbinischen Diskussionen über dieses Thema zeigen, dass sie es taten. Nur Leprakranke waren durch das Gesetz ausgeschlossen (Negaim 13,12). Zurzeit Jesu gab es in den Synagogen keine Empore oder getrennten Bereiche für Frauen; diese scheinen im Gegenteil voll in den Gottesdienst integriert gewesen zu sein. Es gibt keine Bemerkung in der Mischna oder im Talmud, die besagt, dass Frauen nicht für den „minjan" zählen (es brauchte jeweils zehn Menschen für einen Gottesdienst; Frauen wurden erst im Schulchan Aruch [16. Jh.] ausdrücklich ausgeschlossen), und sie wurden auch zum Lesen aus der Tora aufgerufen. „Alle rechnen im Minjan der Sieben mit (d.h. die zur Toralesung aufgerufen wurden), selbst [religiös] Minderjährige, ebenso Frauen." (Talmud Megilla 23a)
Talmud Sota 21 b:
R. Ben Asai: „Ein Vater ist verpflichtet, seine Tochter Tora zu lehren."
R. Eliezer: „Seine eigene Tochter Tora zu lehren ist, als ob man sie einen Fehltritt lehren würde."
Tosefta: „Frauen sind nicht verpflichtet, Tora zu lernen, es ist ihnen aber auch nicht verboten."

Nach Maimonides (12. Jh.) sollten Frauen nicht zum Toralesen im Gottesdienst aufgerufen werden, wegen „der Ehre der Gemeinde": Frauen sollten jene Männer nicht beschämen, die nicht lesen konnten. [Diese Argumente wurden bereits im babylonischen Talmud diskutiert (Megilla 23a). Der palästinische Talmud erlaubt Frauen das Vorlesen, wenn sie in der Synagoge sind, sie sollten aber nicht extra von der Straße hereingerufen werden (Megilla 3 – Tosefta)].

In Frankreich und in Deutschland wurden bis zum 13. Jahrhundert Frauen zum Minjan gezählt und zum Toralesen aufgerufen. Die erste Aufzeichnung darüber, dass dieser Brauch nicht mehr galt, stammt aus Lublin aus dem 16./17. Jahrhundert.[8] Andererseits legte Maimonides die Regel fest, dass alle Unreinen die Torarolle berühren und aus ihr lesen dürfen, weil „die Tora keine Unreinheit annimmt." (Berachot 22a)

Ein Kommentar zum Schulchan Aruch (16. Jh.) überliefert eine rabbinische Diskussion: „Einige haben geschrieben, einer menstruierenden Frau sei es weder erlaubt, zur Synagoge zu gehen, noch zu beten, noch den Namen Gottes anzurufen, noch die Torarolle zu berühren." (Hagot Maimuniot, 14. Jh.). Aber andere sagen: „All dies ist ihr erlaubt, und dies ist Halacha (gesetzliche Ordnung)" (Rashi, Hilchot Niddah). Der Brauch hielt sich aber mehr an die erste Meinung, und die Gesetze der Niddah wurden verschärft, wie z.B. im Spruch: „Eine menstruierende Frau vergiftet die Luft" (Nachmanides, 13. Jh.) oder: Menstruation ist „die schlimmste Unreinheit auf der Welt" (Schar). Josef Karo (16. Jh.) verbietet den Frauen, Tefillin (Gebetsriemen) zu tragen, weil „sie nicht wissen, wie sie sich selbst reinhalten können." Marianne Wallach-Faller sagt uns andererseits, dass die Frauen es taten (Gebetsriemen tragen).[9]

Jedenfalls verschlechterte sich die Stellung der Frau im Judentum in der biblischen und nachbiblischen Zeit allmählich. Im 11./12. Jahrhundert wurde in Spanien in den Synagogen gleichzeitig wie in Kirchen und Moscheen die Trennung von Männern und Frauen eingeführt; sie besteht bis heute in orthodoxen jüdischen Gemeinden. Während konservative und Reform-Gemeinden Frauen als Rabbiner ordinieren, werden die Aktivitäten und Pflichten orthodoxer Frauen im Haus und in der Familie gesehen. Es wäre aber nicht richtig, einfach unsere eigenen Bilder und Erfahrungen mit orthodoxen jüdischen Frauen des 19. und 20. Jahrhunderts in die Zeit Jesu zurückzuprojizieren.

Literatur:

GOLDSCHMIDT, Lazarus (Übers.), Der babylonischer Talmud, Königstein 1981.

FANDER, Monika, Die Stellung der Frau im Markusevangelium. Unter besonderer Berücksichtigung kultur- und religionsgeschichtlicher Hintergründe, 3. Aufl., Altenberge 1992.

GREENBERG, Blu, Female Sexuality and Bodily Functions in Jewish Tradition, in: BECHER, Jeanne (Hg.), Women, Religion and Sexuality, WCC, Geneva 1990.

Mischnajot – Die sechs Ordnungen der Mischna, Basel 1968.

SCHÜSSLER FIORENZA, Elisabeth, Zu ihrem Gedächtnis... Eine feministisch-theologische Rekonstruktion der christlichen Ursprünge, [Orig: In Memory of Her (New York 1983)], München / Mainz 1988.

TRUMMER, Peter, Die blutende Frau, Freiburg i. Br. 1991.

WALLACH-FALLER, Marianne, Veränderungen im Status der jüdischen Frauen geschichtlicher Überblick, in: *Judaica* 41 (1985), 152-172.

1 TRUMMER, 1991, 58.
2 GREENBERG, 1990, 27.
3 Vgl. FANDER, 1992, 193.
4 Ebd., 194.
5 GREENBERG, 1990, 32, 25.
6 Ebd., 22.
7 SCHÜSSLER, 1988, 148.
8 WALLACH-FALLER, 1985, 162.
9 Ebd., 163.

Brief der Anonyma –
einer von Jesus geheilten Frau
*an Luise, die Weise und Gelehrte**

Schalom Luise, Friede sei mit Dir an diesem Deinem hohen Festtag! Freude und viel Arbeitskraft für die Jahre, die kommen, wünsche ich Dir, Gesundheit und Heil, diese kostbaren Gaben Gottes, sowie die Liebe von Menschen, die Deinen Weg begleiten.
Gestatte, dass ich Dir heute von mir erzähle, die Du mich noch nicht so gut kennst wie ich Dich, die Du mir durch Deine Schriften vertraut bist. Wie Du weißt, litt ich viele Jahre an einer Krankheit, die mir das Leben nicht mehr lebenswert erscheinen ließ. Nichts mehr konnte mich erfreuen, nicht das zart sprießende Grün nach der Regenzeit oder die reifen Trauben zur Zeit der Weinlese. Dem Rhythmus der Natur, der einst mein Leben sinnvoll ordnete, schenkte ich kaum Beachtung, seit der vertraute und verlässliche Rhythmus meines Körpers sich in ein brodelndes Chaos verwandelt hatte, dem ich mich hilflos ausgeliefert fühlte.
Als alles begann, hatte ich noch Hoffnung und suchte immer wieder Ärzte auf. Aber sie konnten mir nicht helfen, und die aufwendigen Diäten, die sie verschrieben, waren mir zu kostspielig. Zuletzt zog ich mich immer mehr zurück und fühlte mich am wohlsten, wenn man mich in Ruhe ließ. Selbst die Kinder, die ich anfangs noch gerne um mich hatte, mied ich zunehmend, und so entwickelten auch sie

---

* Veröffentlicht in: SÖLLE, Dorothee (Hg.), Für Gerechtigkeit streiten. Theologie im Alltag einer bedrohten Welt [Festschrift für Luise Schottroff zum 60. Geburtstag], Gütersloh 1994, 15-21.

Brief der Anonyma – einer von Jesus geheilten Frau

eine gewisse scheue Distanz im Umgang mit mir. Nur meinem Mann konnte es noch gelingen, mich zu trösten und zu überreden, an häuslichen Feiern teilzunehmen. Seine ungeteilte Zuwendung war es, die mich in all diesen Jahren am Leben erhielt. – Und dann hörte ich von dem Einen, der Menschen Heilung brachte, selbst wenn sie nur sein Gewand, ja den Saum seines Gewandes, berühren konnten. Was sich dann zutrug, ist Dir bekannt.

Diejenigen, die meine Geschichte aufschrieben, haben meinen Namen nicht überliefert. Kannten sie ihn nicht oder hielten sie ihn für nebensächlich?[1] Umso mehr freut es mich, dass das Zeugnis von meiner wunderbaren Heilung erhalten blieb und bis heute vielen Frauen Mut machen kann.

Doch ist in letzter Zeit von manchen Eurer gelehrten Frauen und Männern einiges darüber berichtet worden, das nicht ganz den Tatsachen entspricht und mir ein gewisses Unbehagen bereitet, das ich Dir, liebe Luise, nicht verschweigen möchte. Da ich weiß, dass auch Du versuchst, dem Vorurteil entgegenzuwirken, dass unsere Religion, im Vergleich zu anderen, eine besonders frauenfeindliche gewesen sei, denke ich, dass Du für mein Anliegen Verständnis hast.

Mag sein, dass unsere Gesetze in Bezug auf Menstruation und länger währende Blutungen den Eindruck erwecken, als betrachte man uns Frauen grundsätzlich als unreine Wesen.[2] Doch betraf diese so genannte „Unreinheit", die nicht mit „Schmutzigsein" verwechselt werden darf, keineswegs unser Frausein als solches, sondern eine zeitbedingte körperliche Verfassung, die als natürlich und notwendig angesehen wurde.[3] Das heißt, wenn die Zeit unserer Unreinheit vorüber war, so galten wir als rein. Dass etwas so Na-

Brief der Anonyma – einer von Jesus geheilten Frau

türliches wie das Menstruationsblut andererseits mit einer gewissen abergläubischen Furcht besetzt war, lag wohl daran, dass man es mit dem Tod in Zusammenhang brachte, es als eine Art Totgeburt, etwas Abgestorbenes betrachtete. Ebenso auch den Ausfluss und ungewollten Samenabgang bei Männern, für die ja ein gleich lautendes Berührungstabu galt.[4] Die Totenunreinheit, das Berühren von Toten, wurde als die Unreinheit schlechthin angesehen, und doch wusste man gleichzeitig, dass sie unvermeidbar war. Denn um den Toten die letzte Ehre zu erweisen, war es Pflicht, sie zu waschen, zu salben, zu kleiden und zu bestatten. Die dadurch zwangsläufig unrein Gewordenen konnten auch erst nach sieben Tagen durch gewisse Riten ihre Reinheit wiedererlangen. Das war doch keine moralische, sondern eine kultische Kategorie. Deshalb sollten sich Priester an keinen Toten, außer an ihren nächsten Blutsverwandten, unrein machen.[5] Aber selbst für sie war „rein" zu bleiben kaum eine reale Möglichkeit.

Ich denke, die Menstruationsgesetze, Niddah, sollten unter der gleichen Voraussetzung gesehen und bewertet werden. Auch waren sie mehr dem familiären als dem kultischen Bereich zugeordnet und wurden nach dem Untergang unseres Tempels – als fast alle Reinheitsgesetze ihre Gültigkeit verloren hatten – erst recht zu einer Regel, die die eheliche Gemeinschaft von Mann und Frau betraf, nicht aber die Unverheiratete, Geschiedene oder Witwe.[6] Aber schon zu meiner Zeit habe ich die Gesetze so verstanden, als seien sie zu meinem Schutz gemacht und nicht zu meiner Diskriminierung. Als meine Periode noch regelmäßig verlief, habe ich diese Tage stets genossen, als eine Zeit, die ich für mich hatte, mich erholen und regenerieren konnte.

Brief der Anonyma – einer von Jesus geheilten Frau

Als später die Zahl der unreinen Tage von sieben auf zwölf verlängert wurde, betonten die Rabbinen, dass dies der Wunsch der Frauen war, und das scheint mir durchaus verständlich.[7] Normalerweise hat ein Mann die Tage der Enthaltsamkeit respektiert und sich auf die Zeit danach gefreut – nach dem Wort unserer Weisen: „Sie (die Frau) soll Niddah sein für sieben Tage nach ihrer Mensis, so dass sie (nach der Zeit ihrer Trennung) von ihm geliebt werde, wie an dem Tag, da sie unter den Baldachin trat (dem Tag ihrer Hochzeit)."[8] Diejenigen, die ihre Frauen während der Zeit ihrer Menstruation zum Verkehr zwangen, wurden schon in biblischer Zeit von unserem Propheten Ezechiel scharf getadelt.[9]

In manchen Eurer Schriften aber wird das Schicksal der Frau, auf Grund der Niddah-Gesetze, so dargestellt, als sei sie in dieser Zeit „verfemt" und zu meiden gewesen wie eine Aussätzige, ja noch mehr als diese.[10] Was mich und meine lang andauernde Krankheit betrifft, sei durch die bestehenden Gesetze meine Ehe zum Scheitern verurteilt, ich selbst in eine religiöse und soziale Isolation geraten, ja hätte gleichsam den „sozialen Tod" erlitten.[11] Vielleicht vermitteln Gesetzestexte, wie die der Mischna, den Eindruck von Frauenfeindlichkeit. Sie sind in der Tat oft sehr merkwürdig, spiegeln aber mehr die Vorstellungen männlicher Gelehrter, die in der Abgeschiedenheit ihrer Studierzimmer alle möglichen und unmöglichen Details bezüglich der Einhaltung der Gesetze konstruieren, als die Wirklichkeit unseres alltäglichen Lebens.[12] Wenn mein Mann mich tröstend in die Arme nahm, so galt er wohl nach dem Gesetz als unrein bis zum Abend. Nun, ich denke, er hat sich gewaschen und sein Kleid dazu. Ich glaube aber nicht, dass er diese Vorschrift als sonderliche Schikane empfand. Gegen Übertreibungen von Reinheitsvorschriften haben schon unsere Propheten die Reinheit des Herzens und der Lippen gefordert, wie dann auch Jesus.[13] Das bedeutet keineswegs, dass wir unsere Gesetze nicht beachtet hätten, so gut wir konnten, doch wussten wir auch das eigentlich Wichtige vom weniger Wichtigen zu unterscheiden.

Wenn ich an die Zeit meiner Krankheit zurückdenke, so war es meine körperliche Verfassung, die mich oft an den Rand der Verzweiflung trieb, nicht das Gesetz. Es stimmt, dass mir der Tempelbesuch in dieser Zeit untersagt war, aber der Tempel war weit, und ich bin auch früher nicht oft hingekommen. Der Ort unseres religiösen und sozialen Lebens war unser Haus, die Familie, das Dorf und die Synagoge, die zu besuchen mir nicht verboten war, wenn ich mich nur selbst dazu aufraffen konnte.

Eine Separierung in der Synagoge betraf damals nur Aussätzige.[14] Im zwölften Jahrhundert bestimmte Maimonides sogar, dass alle „Unreinen" auch die Torarolle berühren und daraus lesen könnten, da nach der Lehre die Tora keine Unreinheit annimmt.[15] Im Übrigen waren sich unsere Lehrer im Mittelalter über die Niddah-Regeln offensichtlich nicht einig, aber wann waren sie das je? So heißt es in einem Kommentar:

„Einige haben geschrieben, eine menstruierende Frau dürfe nicht in die Synagoge gehen oder beten oder den Namen Gottes nennen oder die Torarolle berühren. Andere sagen: Dies ist ihr alles erlaubt, und dies ist die Halacha (das gültige Gesetz)."[16]

Leider wurden – entgegen der Halacha – die Niddah-Bestimmungen immer strenger und jüdische Frauen in ihren

Rechten sehr eingeschränkt. So mussten sie nun in den Synagogen getrennt sitzen, wurden nicht mehr zum Minjan gezählt und zur Toralesung aufgerufen.

Aus dieser Zeit sind auch diskriminierende Äußerungen überliefert wie „eine menstruierende Frau vergiftet die Luft" oder Niddah sei die „stärkste Unreinheit der Welt".[17] Solche Worte habe ich zu meiner Zeit nie vernommen.

Auch das Tragen von Tefillin wurde den Frauen verboten, weil sie angeblich nicht verstünden, sich rein zu halten. Das ist ärgerlich, zeigt aber andererseits, dass Frauen sehr wohl Gebetsriemen angelegt haben, wenn sie es wollten. Da die Rabbinen früher stets darüber stritten, wie viele und welche religiöse Pflichten Frauen ausüben sollten oder durften – etwa Tora studieren, Tefillin anlegen, Gebete halten u.a. –, haben viele von uns die Lehrmeinungen für sich in Anspruch genommen, die sie für richtig hielten. Darum sollte man weder unsere Gesetze noch unsere religiöse Praxis einseitig beurteilen.

Eines der größten Vorurteile betrifft die Frage der Sexualität. Gerade die Niddah-Gesetze, so heißt es, seien ein Beispiel dafür, wie negativ weibliche Sexualität bewertet werde.[18] Sexualität wurde bei uns aber grundsätzlich positiv bewertet und als Geschenk Gottes angesehen. Zwar wussten unsere Weisen um die Macht des sexuellen Triebes auch zum Bösen und nannten ihn deshalb „Yetzer Hara", den bösen Trieb, vielleicht in dem Bewusstsein ihrer eigenen männlichen Neigung zur Gewalttätigkeit. Denn, so sagten sie: „Je größer der Mann, desto größer der Yetzer." Deshalb müsste dieser unter Kontrolle gehalten werden. Andererseits ist er ein guter und Leben schaffender Trieb, der den Fortbestand der Schöpfung sichert. So sagten sie:

„Halte den Yetzer Hara mit der linken Hand fern und zieh ihn mit der rechten heran".[19]

Ähnlich doppeldeutig mag das Verhältnis der Rabbinen zur weiblichen Sexualität angesehen werden, denn außerhalb der Ehe kann die Frau als Verführerin und Quelle der Versuchung gelten, in der Ehe als zu schüchtern, ihre sexuellen Bedürfnisse zu äußern und initiativ zu werden. Gerade deshalb aber ist der Mann durch das Gebot Onah verpflichtet, sehr sensibel auf alle Anzeichen seiner Frau zu reagieren, mit denen sie ihm ihre Wünsche signalisiert. Trotz des erwünschten Kinderreichtums betrifft Onah nicht die Fortpflanzung, sondern unabhängig davon die sexuelle Befriedigung der Frau, für deren Erfüllung der Mann sehr konkrete Anweisungen erhält. So soll er sich ihr nicht in sexueller Absicht nähern, wenn sie es nicht wünscht, auch nicht wenn sie schläft, beziehungsweise er oder sie betrunken ist. Niemals darf er sie zwingen oder ihr Gewalt antun, sondern soll vielmehr mit zärtlichen Worten um sie werben und seine eigene Leidenschaft im Zaum halten, bis auch sie bereit ist und beide Lust aneinander haben können.[20]

Wenngleich sich manche Frauen darüber ärgern, dass männliche Gelehrte sich über ihre Sexualität den Kopf zerbrechen, so wäre es doch ungerecht, dies schon als frauenfeindlich zu bezeichnen. Haben sich denn in Eurer Tradition Theologen und Philosophen kenntnisreicher und positiver über weibliche Sexualität geäußert?

Mit all dem möchte ich natürlich nicht leugnen, dass wir in einer patriarchalen Gesellschaft lebten, die Frauen benachteiligte. Viel Leid und Tränen habe ich erlebt von Frauen, deren Männer hartherzig waren, sie wie ihren Besitz behandelten und die Gesetze zu ihrem eigenen Vorteil aus-

Brief der Anonyma – einer von Jesus geheilten Frau

zulegen wussten. Damit haben sie aber gegen eines unserer wesentlichsten Gebote gesündigt, gegen das Gebot der Nächstenliebe, in dessen Sinn alle anderen ausgelegt und angewandt werden sollen. In diesem Sinn hat auch Jesus gepredigt und gehandelt, den man zu Unrecht oft als Gesetzesbrecher verleugnet hat. Meine Heilung wird manchmal so dargestellt, als hätte mich Jesus nicht nur von der Plage meiner Krankheit befreit, sondern zugleich von der Plage der Reinheitsgesetze, ja als sei letzteres das eigentlich Wichtige an dem Ereignis gewesen. Mag sein, dass die ersten Christengemeinden, in Ablehnung unserer Gesetze, die Geschichte so verstanden haben. In meinen Ohren klingt dies zynisch. Denn in meiner Sehnsucht nach Heilung habe ich keinen Gedanken daran verschwendet, ob und wieweit ich Jesus durch meine Berührung unrein machte, ob und wieweit ich mich schuldig und ihn mitschuldig machte. Und dann, angesichts des Wunders, das an mir geschah, erschienen mir diese Dinge erst recht nebensächlich. Offensichtlich auch den Erzählern, denn sie berichten nichts darüber.

Ich gebe zu, gern hätte ich mich heimlich wieder davon gemacht, so heimlich wie ich mir meine Heilung „geholt" hatte – wer spricht schon gern über so intime Dinge wie Menstruation oder Blutfluss –, aber als ich dann doch alles vor den Leuten erzählen musste, war es nicht, um ein Schuldbekenntnis wegen meiner so genannten „Gebotsübertretung" abzulegen,[21] sondern um Zeugnis zu geben von dem Wunder, das ja rein äußerlich nicht sichtbar geworden war. Als Jesus den Friedensgruß über mich aussprach und mir bewusst wurde, dass ich wirklich geheilt war, war es, als hätte er mir mein Leben neu geschenkt, auch mein Leben als

Brief der Anonyma – einer von Jesus geheilten Frau

Frau. Später, als mein Mann und ich zum Tempel aufbrachen, wo ich – wie es das Gesetz verlangte – zwei Tauben opferte, waren wir beide sehr glücklich.

Dies alles wollte ich dir schreiben, liebe Luise, weil ich hörte, dass es Streit bei Euch gibt über diese und ähnliche Fragen, auch Streit zwischen jüdischen und christlichen Schwestern. Das tut mir weh, denn ich fühle mich sowohl ihnen und meinem Volk wie auch Euch zugehörig, die ich mich zu den Freundinnen Jesu zähle, dem ich so viel verdanke.
Ich meine, wir sollten einander unsere Erfahrungen als Frauen, auch die leidvollen, nicht vorenthalten, sie aber nicht gegeneinander ausspielen. Vor allem aber sollten wir einander durch Mut machende Geschichten stärken. – So wünsche ich Dir, Luise, und allen Schwestern in einer Gesellschaft, die Menschen, besonders Frauen, krank macht, vielleicht wie nie zuvor, die Hoffnung auf Genesung nicht aufzugeben – auf Genesung im umfassendsten Sinn. Hütet diese Hoffnung wie einen kostbaren Schatz. Sie scheint so zerbrechlich, und doch gehen ungeahnte Kräfte von ihr aus. Gebt die Hoffnung nicht auf, sondern bewahrt sie auf den Tag des Messias, der uns allen Frieden und Heilung bringt, den ersehnten Schalom.
Deine Anonyma

1   Die Heilung der blutflüssigen Frau, Mk 5,25-34, par. Zur Tradition der „Anonyma" siehe JENSEN, Anne, Gottes selbstbewußte Töchter. Frauenemanzipation im frühen Christentum?, Freiburg i. Br. 1992, 49.88.
2   Monika FANDER sieht in der Mischna die Tendenz „die Frau selber als NIDDA" (Menstruierende) und also als unrein anzusehen. Als Beleg dient u.a. die Lehrmeinung von Bet Schammai: „Alle verstorbenen Frauen gelten als Menstruierende" (und machen diejenigen unrein, die sie zum Begräbnis tragen). Die Antwort von Bet Hillel „Nur die als Menstruierende Gestorbene

gilt als Menstruierende", wird nicht zitiert. Nid X, 4c; FANDER, Monika, Die Stellung der Frau im Markusevangelium, 3. Aufl., Altenberge 1992, 190.193; mit ähnlicher Tendenz, aber weniger sachlich, Peter Trummer: „Eine blutende Frau ist gänzlich isoliert, out, eine totale Unperson. Die gewinnt selbst dann keinen ganz guten Platz mehr, wenn sie einmal gerade nicht blutet." In: WAS - Zeitschrift für Kultur und Politik 68/92 (1992), hg. von SPERL, Gerfried, 15.
3 "To Mishnah uncleanness is a state of nature created by God and subject to the affect to God's creature, man... the System is not about good and evil, but about nature ..." NEUSNER, Jacob, A History of Mishnaic Law of Purities, Part XXII. The Mishnaic System of Uncleanness, Leiden 1977, 21.
4 Lev 15.
5 Num 19,11; Lev 21,1-4.
6 GREENBERG, Blu, Female Sexuality and Bodily Functions in the Jewish Tradition, in: BECHER, Jeanne, Women, Religion and Sexuality. Studies on the Impact of Religions Teachings on Woman, Geneva 1990, 27.
7 Niddah 66 a, Ketubot 61 a, Schabbat 13 a, b – dazu auch PLASKOW, Judith, Und wieder stehen wir am Sinai. Eine jüdisch-feministische Theologie, Luzern 1992, 93.
8 Pessachim III a, dazu auch GREENBERG, 1990, 27.
9 Ez 22,10.
10 „[...] die achtzehn Jahre lang verkrümmte Frau aus Luk 13,11 ff (ist) zwar entstellt und geschwächt, aber nicht so verfemt wie diese Dauerbluterin [...] die Berührung durch die Blutflüssige scheint noch mehr Probleme aufzuwerfen als der zu meidende [...] Kontakt mit einem Aussätzigen." TRUMMER, Peter, Die blutende Frau. Wunderheilung im Neuen Testament, Freiburg i. Br. 1991, 84f.
11 FANDER, 1992, 52.54.59.193.
12 Elisabeth SCHÜSSLER FIORENZA empfiehlt zurecht die Methode einer „feministischen Hermeneutik des Verdachts" auch für die Interpretation von Texten, „die über Frauen im Judentum sprechen", da androzentrische Texte die Meinung ihrer Verfasser und „nicht die historische Realität und Erfahrung von Frauen" reflektieren [...] Vorschriften kodifizierten patriarchalen Rechts sind generell restriktiver als die tatsächliche Interaktion und Beziehung zwischen Frauen und Männern und als die soziale Wirklichkeit, die durch diese Vorschriften geregelt werden soll." SCHÜSSLER FIORENZA, Elisabeth, Zu ihrem Gedächtnis... Eine feministisch-theologische Rekonstruktion der christlichen Ursprünge, München 1988, 148ff.
13 Jer 1,15; Ps 51; Jer 33; Zef 3,9; Mt 5,8.
14 Negaim XIII, 12.
15 Berachot, 22 a.
16 Hagot Maimuniot - 14. Jh. u. Rashi, Hilchot Niddah in Isserles Kommen-

tar zum Schulchan Aruch – dazu WALLACH-FALLER, Marianne, Veränderungen im Status der jüdischen Frau. Ein geschichtlicher Überblick, *Judaica 41* (1985), 163; Nach dem Schulchan Aruch (16. Jh.) „dürfen alle Unreinen aus der Tora lesen, das Schema sagen und beten".

17 So Josef Karo (16. Jh.), dazu WALLACH-FALLER, 1985, 163.
18 FANDER, 1992, 61.
19 PLASKOW, 1992, 240.
20 Ebd., 215f; dazu auch: GREENBERG 1990, 22f.
21 TRUMMER, 1991, 108; siehe auch S. 85: „Jedenfalls mutet diese Frau mit ihren Blutungen Jesus sehr viel zu, zu viel sogar, denn sie setzt auch ihn der Gefahr ihrer Unreinheit aus, macht auch ihn mitschuldig, selbst schuldig."

Christus – das Ende des Gesetzes?
Der missverständliche, missverstandene Paulus*

Gott hat sein Volk nicht verstoßen,
das er zuvor erwählt hat ... wenn die Wurzel heilig ist,
so sind auch die Zweige heilig.
Wenn nun aber einige von den Zweigen ausgebrochen wurden
und du, der du ein wilder Ölzweig warst,
in den Ölbaum eingepfropft worden bist
und teilbekommen hast an der Wurzel und dem Saft des Ölbaumes,
so rühme dich nicht gegenüber den Zweigen.
Rühmst du dich aber,
so sollst du wissen,
dass nicht du die Wurzel trägst, sondern die Wurzel trägt dich.
(Röm 11,2.16-18)

Paulus, der „Apostel für die Völker" hat schon zu Lebzeiten jede Menge Kontroversen heraufbeschworen und hat – was die Wirkungsgeschichte seiner Schriften betrifft – nicht nur das Verhältnis von Judentum und Christentum schwerwiegend belastet, sondern auch innerchristlich für Zündstoff gesorgt.

Luther hat seine Lehre von der Gerechtmachung durch den Glauben „ohne des Gesetzes Werke" im Römerbrief (3,28) entdeckt und der „Werkgerechtigkeit" seiner Kirche entgegengehalten. Indem aber eine zeitgenössisch berechtigte innerkirchliche Kritik mit der noch zu deutenden Kritik des Paulus am Judentum seiner Zeit und dessen angeblicher Ge-

---
* Veröffentlicht in: *Das Wort*. Österreichische Zeitschrift für evangelischen Religionsunterricht, Nr. 2 (1999), 23f.

setzlichkeit gleichgesetzt wurde, konnte sich – besonders im Protestantismus – die These von der vermeintlichen Unvereinbarkeit von Gesetz und Evangelium entwickeln, sowie die Theorie eines – auf die Missionstätigkeit des Paulus zurückzuführenden – „gesetzesfreien Heidenchristentums". Damit verbunden ist die antijudaistische Stereotype vom jüdischen Gesetz als starrem, legasthenischem System, das den Menschen versklave, der sich mit seiner Orientierung an rein ritueller Frömmigkeit und am „toten Buchstaben" statt am „lebendig machenden Geist" selbst rechtfertigen wolle. Deshalb predige Paulus die Abschaffung des Gesetzes, abgesehen von ein paar ethischen – ja nicht moralistisch zu verstehenden – Appellen. Diese Stereotype zeigt u.a. die Unkenntnis dessen, was Gesetz bzw. Tora für das Judentum bedeutet: sie ist rettende Weisung und Weg für ein gott- und menschengefälliges Leben im umfassendsten Sinn: „Wäre deine Weisung nicht meine Freude, ich wäre zugrunde gegangen in meinem Elend" (Ps 119,92). Auch Paulus hat „Lust an Gottes Gesetz", es in seinem Willen zu halten, aber das Gesetz in seinen „Gliedern" streitet gegen das Gesetz in seinem „Gemüt", sodass er zwar „mit dem Gemüt dem Gesetz Gottes" dient, „aber mit dem Fleisch dem Gesetz der Sünde" (Röm 7,22-25). „Das Gute, das ich will, tue ich nicht, sondern das Böse, das ich nicht will, das tue ich" (7,19), klagt er. Auf diese Weise kann er durch das Gesetz vor Gott nicht gerecht sein, dieses macht ihm vielmehr seine Sünde bewusst (Röm 3,20; 7,13).

Für Paulus ist die Sünde eine geradezu dämonische Macht, die nicht nur ihn „gefangen" hält (Röm 7,23), sondern alle, „Juden wie Griechen" (Röm 3,9f). „Da ist keiner, der gerecht ist, auch nicht einer." Erst durch Tod und Auferste-

hung Jesu befreit Gott die Menschen aus der Machtsphäre der Sünde, sodass sie nun im Glauben an Gottes Erlösungstat die Kraft bekommen, in einem „neuen Leben (zu) wandeln" (Röm 6,4), das heißt der Tora gemäß leben zu können (1 Kor 7,19), „damit die Gerechtigkeit, vom Gesetz gefordert, in uns erfüllt würde, die wir nun nicht nach dem Fleisch leben, sondern nach dem Geist" sagt Paulus (Röm 8,2-4). Obwohl „Fleisch" und „Geist" in einem ständigen Spannungsverhältnis bleiben, eröffnet die Glaubensgewissheit eine neue erlöste Lebensmöglichkeit.
Keinesfalls ist jedoch das „Leben im Geist" als christliche Freiheit von der Tora im Gegensatz zum „Leben im Fleisch" als so genannte jüdische Gesetzlichkeit zu deuten.
Die „Gerechtigkeit aus Glauben" kann nicht von der Leben erhaltenden „Tora der Gerechtigkeit" des Mose (Röm 10,5) getrennt werden (Marquardt). Nach ihr trachtet man im Glauben an Jesus, der „unter die Tora getan" (Gal 4,4) das Gesetz erfüllte. Jesus selbst hatte ja betont, dass er nicht gekommen sei „das Gesetz oder die Propheten" aufzulösen. „Ich bin nicht gekommen aufzulösen, sondern zu erfüllen" (Mt 5,17).
Was aber bedeutet dann der schwerwiegende Satz in Röm 10,4: „Christus ist des Gesetzes Ende..."? Missverständlich ist er sicher zunächst durch die einseitige Übersetzung des griechischen Wortes *telos* mit „Ende", obwohl es auch Ziel, im Sinne von Erfüllung bedeutet, was Paulus wohl sagen will. Doch hat er schon mit manchen abwertenden Äußerungen über die Tora zum Missverständnis beigetragen, als wolle er das Gesetz außer Kraft setzen, da es doch – in seiner Unerfüllbarkeit – geradezu zur Sünde verführe (Röm 7,5.13). Als würde ihm bewusst, „dass seine protestanti-

schen Exegeten alles so verstehen könnten, wie sie das mit ihrer Parole ‚Frei vom Gesetz' tatsächlich auch getan haben" (Marquardt), muss er immer wieder selbst verursachte Missverständnisse ausräumen: „Ist denn das Gesetz Sünde? Das sei ferne!" Sondern „das Gesetz ist heilig und das Gebot ist heilig, gerecht und gut" (Röm 7,7.12). Paulus will die Tora nicht aufheben durch den Glauben, sondern vielmehr aufrichten (Röm 3,31). Um eine antijudaistische Interpretation der Paulusbriefe und generell des NT zu vermeiden, ist es notwendig, sie als innerjüdische Schriften zu verstehen. Die oft kontroverse Auslegung der Tora und einzelner Gebote war damals und ist bis heute jüdische Praxis. Das zeigen u.a. auch die Streitgespräche Jesu mit anderen Gesetzeslehrern. Paulus selbst beruft sich auf seine pharisäische Herkunft und seine theologische Ausbildung bei Gamaliel, dem berühmten Gesetzeslehrer. „Paulus ist Jude gewesen und geblieben. [...] Auch in seiner Christologie, seiner Lehre vom Messias, ist er jüdischer Theologe geblieben", so Schalom Ben-Chorin. Sein „Leiden am Gesetz" könne nur ein Jude verstehen, der „den Versuch gemacht hat, sein Leben unter das Gesetz Israels zu stellen..." (Ben-Chorin). Auch sein vehementer Einsatz für die durch seine Mission gewonnenen messiasgläubigen „Heiden" in Fragen der Beschneidung und der Einhaltung kultisch-ritueller Gebote zeigt sein Ringen um jüdische Glaubens- und Lebenspraxis. Seine Schriften sind nicht als „dogmatische Gründungsurkunde der christlichen Kirche" zu verstehen (Janssen). Paulus hat noch kein vom Judentum getrenntes Christentum vor Augen gehabt. Allerdings hat seine oft fanatische Art zu streiten, zahlreiche Konflikte hervorgerufen. Die Enttäuschung mit seiner Christus-Botschaft bei vielen seiner Landsleute auf Widerstand zu stoßen, hat ihn leider auch zu harter Polemik verleitet (z.B. 1 Thess 2,15), die später, aus dem konkreten historischen Kontext gerissen, beginnend bei den Kirchenvätern bis heute, dem folgenschweren kirchlichen Antijudaismus Nahrung geben konnte. Nicht von ungefähr sind dagegen die mahnenden Worte, mit denen Paulus eine beginnende feindselige Überheblichkeit von Heidenchristen gegenüber der jüdischen Muttergemeinde abwehrt, in der kirchlichen Verkündigung kaum zum Tragen gekommen. Wie kaum an anderer Stelle bekennt sich Paulus im 9. bis 11. Kapitel seines Römerbriefes zum Judentum und zu seinem Volk. Die gesetzlichen Erleichterungen, die Paulus für sie erwirkt hat, sind für die Heidenchristen kein Freibrief, sich aus der Gemeinschaft mit dem jüdischen Volk herauszukatapultieren, vielmehr sind es die Israeliten, denen die Kindschaft Gottes gehört durch den nie aufgekündigten Bund, den Gott mit seinem Volk geschlossen hat und der nicht durch einen „neuen" abgelöst wird. Sie haben die Tora, das Gesetz, empfangen, das Paulus hier eindeutig zu den Heilsgaben Gottes an Israel zählt, sowie den Tempel-Gottesdienst und die Verheißungen an die Väter, denen Jesus entstammt (Röm 9,4f). Nur durch den Glauben an den Juden Jesus gehören auch die Heidenchristen zum Volk Gottes und zu Israels Gott, der dieses Volk erwählt hat und dessen Erwählung er nicht zurückgenommen hat (Röm 11,2) – unabhängig von Glauben oder Unglauben an Jesus als Messias – „denn Gottes Gaben und Berufung können ihn nicht gereuen" (Röm 11,29). So ist Israel der Stamm, die Wurzel des „Ölbaumes", in den die Heidenchristen als „wilde Zweige" eingepfropft sind und an dessen Erwählung und Verheißungen sie teilhaben können

(Röm 11,16-18). Das gilt auch für uns. Uns als die aus Glauben an den Messias Jesus zu Israel Dazugekommenen zu sehen, könnte nicht nur unser christliches Selbstverständnis, sondern auch unser Verhältnis zum Judentum als unserer Mutterreligion neu bestimmen.

„*Freut euch, ihr Heiden, mit seinem Volk!*"

(Röm 15,10; Dtn 32,43)

Literatur

BEN-CHORIN, Schalom, Paulus, der Völkerapostel in jüdischer Sicht, München 1980.

MARQUARDT, Friedrich Wilhelm, Das christliche Bekenntnis zu Jesus, dem Juden. Eine Christologie, Bd. 1, Gütersloh 1993, 200.253.

JANSSEN, Claudia, Ist Christus das Ende des Gesetzes?, in: HENZE, Dagmar u.a., Antijudaismus im Neuen Testament. Grundlagen für die Arbeit mit biblischen Texten, mit einem Vorwort von Luise Schottroff, Gütersloh 1997, 149.

Bibliographie

Bibliographie Evi Krobath

Die Werke, die in der vorliegenden Edition erstmals oder wieder veröffentlicht werden, sind durch **Fettdruck** gekennzeichnet.

I. Aufsätze und Artikel

Feministische Theologie. Die Stellung der Frau im NT, in: *Zeitschrift der katholischen Hochschulgemeinde* (Klagenfurt) Nr. 2 (1981), 5–8.

Luther und die Ehe, in: *Volkszeitung* vom 26.11.1983.

Luther zum Thema Scheidung, in: *Volkszeitung* vom 3.12.1983.

Das Goldene Zeitalter der Frauen. Ein Interview mit Evi Krobath, in: HUBER, Doris / MITSCHA MÄRHEIM, Claudia, Jenseits von „Küss' die Hand, gnä' Frau". Feministische Theologie in Österreich, in: SCHAUMBERGER, Christine / MAASSEN, Monika (Hg.), Handbuch Feministische Theologie, Münster 1986, 120.

Wie du, Abigail ... Ein Lehrer-/Schülergespräch zu 1. Sam 25, in: KROBATH, Thomas / SCHMALSTIEG, Dieter Olaf / SUDA, Max J., Befreiung in Zwängen. Für Kurt Lüthi, Wien 1986, 133–140. Wieder veröffentlicht in: *Handreichung. Mitarbeiterhilfe und Informationsdienst der Frauenarbeit der Evangelischen Kirche A. und H.B. in Österreich*, Nr. 3 (1986/87), 18–24.

Bibliographie

Ich bin der „A-Dabei". Resümee eines zu-kurz-gekommenen Vaters [gemeinsam mit Heinz Krobath], in: *Handreichung* Nr. 2 (1986/87), 21–23. Wieder veröffentlicht in: *Dialog*. Evangelische Pfarrgemeinden in Graz, Nr. 46 (1986), 1f.

Reformation – Kirche – Menschenrechte. Zum Thema: Gemischt konfessionelle Ehe des Pfarrers, in: *ID*. Informationsdienst der „Salzburger Gruppe" (Aktionsgemeinschaft für Kirche und Gesellschaft), Nr. 1 (1987), 17–19.

Das Magnifikat – Lukas 1, in: *Handreichung* Nr. 4 (1988/89), 4–10.

Maria im Neuen Testament – ein Blick in die Quellen, in: *Handreichung* Nr. 4 (1988/89), 14f.

Die Marien-Dogmen der römisch-katholischen Kirche, in: *Handreichung* Nr. 4 (1988/89), 20.

Die Totenbeschwörerin von Endor – eine ganz und gar ungewöhnliche Hexengeschichte, in: Evangelische Frauenarbeit in Österreich, zusammengestellt von RAUCHWARTER, Barbara, Worte wechseln, Wien 1990, 70–73.

...und sie geht hin und verkündigt. Mirjam von Magdala, in: *Dialog* Nr. 59 (1990), 1.

Rein und unrein im Alten Testament und im Judentum, in: Tabu: Blut (hg. vom Ökumenischen Forums christlicher Frauen Europas. Kommission für Theologie & Spiritualität), (1990–1994), 25–29.

Sünde/Schuld. I. Altes Testament, in: GÖSSMANN, Elisabeth u.a. (Hg.),Wörterbuch der Feministischen Theologie, Gütersloh 1991, 381-385.

Sünde/Schuld. III. Feministisch-theologische Diskussion, in: GÖSSMANN, Elisabeth u.a. (Hg.),Wörterbuch der Feministischen Theologie, Gütersloh 1991, 387-390.

„Weh, ich bin geblendet...". Zum Bild von Ekklesia und Synagoge, in: PISSAREK-HUDELIST, Herlinde / SCHOTTROFF, Luise (Hg.), Mit allen Sinnen glauben. Feministische Theologie unterwegs [Festschrift Elisabeth Moltmann-Wendel]), Gütersloh 1991, 124-139.

Weibliche Ursymbole und feministische Theologie, in: *Schulfach Religion* 10 (1991), Nr. 1-2, 27-63.

Spirituelle Macht und Ohnmacht, in: Frauen und Macht. Dokumentation der Ersten Österreichischen Frauensynode 2. bis 4. Oktober 1992 Puchberg/Wels, Rundbrief des österreichischen Frauenforums feministische Theologie, Nr. 23 (1993), 33-36.

Allen Schwierigkeiten zum Trotz. Seminar mit Frauen aus dem ehemaligen Jugoslawien [gemeinsam mit Ulrike Stroh], in: *Saat* 41 (1994), Nr.4, 8. Wieder veröffentlicht in: *Handreichung* Nr. 3 (1993-94), 27f.

Frauen für Versöhnung [gemeinsam mit Ulrike Stroh], in: *Dialog* Nr.75 (1994), 1f.

Männersprache – Frauensprache, in: *Amt und Gemeinde* 45 (1994), Nr. 4, 46–55.

Angst, leg dich schlafen, Hoffnung, zieh dich an! Grußwort zum Kongress der Evangelischen Theologinnen, in: MARTIN, Evelyn / SALZER, Monika, Kongress Evangelischer Theologinnen 30.4. – 2.5.1993 in Wien. 70 Jahre Evangelische Theologinnen in Österreich 1923–1993. Eine Dokumentation, Wien 1994, 7f.

[Stellungnahme zum] Frauenpriestertum: Der Papst sprach – die Diskussion geht weiter, in: *Kirche Intern* 8 (1994), Nr. 7, 10.

Brief der Anonyma, einer von Jesus geheilten Frau, an Luise, die Weise und Gelehrte, in: SÖLLE, Dorothee (Hg.), Für Gerechtigkeit streiten. Theologie im Alltag einer bedrohten Welt [Festschrift für Luise Schottroff zum 60. Geburtstag], Gütersloh 1994, 15–21.

Warum ich nicht resigniere, in: *Kirche Intern* 9 (1995), Nr. 8, 10.

Niddah – Die ausgestoßene Frau? in: *Frauenforum Feministische Theologie* Nr. 38 (1996), 6–9.

„Wie ein Igel voller Läuse" [gemeinsam mit Elisabeth MoltmannWendel], in: BADER, Günther / HEIZER, Martha (Hg.), Theologie erden. Erinnerungen an Herlinde Pissarek-Hudelist, Thaur bei Innsbruck 1996, 65–74.

Anwältin des Ganz-Anderen in Gott. Aussagen von Herlinde PissarekHudelist zum Thema Gottesbilder, in: BADER, Günther / HEIZER, Martha (Hg.), Theologie erden. Erinnerungen an Herlinde Pissarek-Hudelist, Thaur bei Innsbruck 1996, 83–85.

„Frauen in Schwarz" – Frauen gegen den Krieg, in: LADNER, Gertraud / MOSER, Michaela (Hg.), Frauen bewegen Europa. Die erste Europäische Frauensynode – Anstöße zur Veränderung, Wien – München 1997, 78f.

Denn Gott bin ich und kein Mann, in: *Das Wort*. Österreichische Zeitschrift für evangelischen Religionsunterricht Nr. 2 (1998), 30f.

„**Eure Alten werden Träume haben…**". **Feministische Theologie und die Frage nach dem Alter**, in: BÜNKER, Michael und KROBATH, Thomas (Hg.), Kirche: Lernfähig in die Zukunft? [Festschrift Johannes Dantine], Innsbruck / Wien 1998, 305–312. Wieder veröffentlicht in: *Handreichung* Nr. 2 (1999), 5–9.

Kreuz'l vor der Brust. Kleines Pfarrerkabarett [1963], in: KARNER, Peter / KAUER, Robert (Hg.), Cabaret Clerical und andere Ketzereyen. Evangelische Satiren gestern und heute, Wien 1998, 257–303.

Christus – das Ende des Gesetzes? Der missverständliche, missverstandene Paulus, in: *Das Wort* Nr. 2 (1999), 23f. Wieder veröffentlicht in: *Dialog* Nr. 35 (1999), 12–16. Gekürzt veröffentlicht in: Kirchenzeitung der Diözese Linz vom 11.2.1999, 21; Vorarlberger Kirchenblatt vom 14. 2. 1999, 13; Kirchenzeitung für die Diözese Innsbruck vom 14. 2. 1999, 7.

Wie Männer den Frauen heilige Orte raubten, in: *Der Apfel.* Zeitschrift des Österreichischen Frauenforums Feministische Theologie, Nr. 53 (2000), 11-12.

Erinnerung an die Christlich-Jüdischen Bibelwochen in Mariatrost, in: HERMANN-HERRENALB, Grete / KETTENBACH, Helene / LESKOSCHEK, Doris (Hg.), Postskriptum [Festschrift für Othmar Göhring], Graz 2000, 90-95.

Jesus, ein „Freund der Zöllner und Sünder" – ein Gegner der Pharisäer? Eine sozialgeschichtliche Bibelauslegung, in: *CPB* (Christlich-Pädagogische Blätter) Nr.1 (2001), 2-5.

Frauen in der Mythologie und Göttinnenwelt, in: *Der Apfel* Nr. 56 (2001), 9-13.

Ein Tropfen im Meer der Liebe. Erinnerungen an Dorothee Sölle, in: *Handreichung* Nr. 2 (2003), 13-15.

Ein veränderter Blick auf die Bibel führt zu einem veränderten Blick auf die Welt. Ein Gespräch mit Mag. Evi Krobath geführt von Waltraut Kovacic, in: *efa.* Evangelische Frauenarbeit in Österreich, Ausgabe 0/2004, 16f.

Fern vom Paradies (Meditation), in: *Der Apfel* Nr. 81 (2007), 27.

Gottes Name in der „Bibel in gerechter Sprache", in: *Das Wort* Nr. 1 (2007), 40-42. Wieder veröffentlicht in: *Der Apfel* Nr. 84 (2007), 12-13.

Herzliche Wünsche himmlischer Frauen an ihre irdische Schwester zu ihrem 60sten Geburtstag. Ein Kabarett für Anne Jensen, in: Der Apfel Nr. 84 (2007), 19-21.

II. Rezensionen

HAUSCHILDT, Ingeborg, Gott eine Frau? - Weg und Irrweg der feministischen Theologie, Wuppertal 1983. Eine kritische Buchbesprechung, in: *Handreichung* Nr. 1 (1983/84), 32f.

LÜTHI, Kurt, Feminismus und Romantik. Sprache, Gesellschaft, Symbole, Religion, Graz - Wien 1985, in: *ID* Nr. 4 (1985), 48f.

SCHAUMBERGER, Christine / MAASSEN, Monika (Hg.), Handbuch feministischer Theologie, Münster 1986, in: *ID* Nr. 3 (1987), 54.

KÜCHLER, Max, „Schweigen, Schmuck und Schleier" - drei neutestamentliche Vorschriften zur Verdrängung der Frauen auf dem Hintergrund einer frauenfeindlichen Exegese des Alten Testamentes im antiken Judentum, Freiburg - Göttingen 1986, in: *ID* Nr. 3 (1987), 55.

HEYWARD, Carter, „Im Anfang ist die Beziehung!", in: DERS., „Und sie rührte sein Kleid an". Eine feministische Theologie der Beziehung, Stuttgart 1986, in: *Evangelische Theologie* 48 (1988), 80-82.

SCHAUMBERGER, Christine (Hg.), Weil wir nicht vergessen wollen... Zu einer feministischen Theologie im deutschen Kontext (Anfragen 1), Münster 1987, in: *ID* Nr. 4 (1988), 40f.

WELCH, Sharon D., Gemeinschaften des Widerstandes und der Solidarität. Eine feministische Theologie der Befreiung, Freiburg 1988, in: *ID* Nr. 4 (1988), 42f.

STRUB-JACCOUD Madeleine / STRUB, Hans (Hg.), Wegzeichen gelebten Evangeliums [Festschrift zum 70. Geburtstag von Marga Bührig], Zürich 1985, in: *ID* Nr. 4 (1988), 43f.

SCHOTTROFF, Luise, Lydias ungeduldige Schwestern erheben ihre Häupter. Anmerkungen zu feministischer Sozialgeschichte des frühen Christentums, in: *ID* Nr 1 (1995), 20-22.

III. Übersetzung

MOERS WENIG, Margaret, Gott ist eine Frau - und sie wird älter [aus dem Amerikanischen übertragen von Evi Krobath], in: *Evangelische Theologie* 52 (1992), 382-388.

IV. Vorträge

Es werden nur die in diesem Buch veröffentlichten Vorträge angegeben.

Das Buch Ester, Klagenfurt 1981.

Die leid-tragenden Frauen, Calvaria (Pfarrzentrum Graz-Kalvarienberg), 20.3.1991.

Bibel – gegen den Strich gelesen, Referat am Fest für eine offene Kirche, Wien, 6.5.1995.

Mirjam. Die Prophetin, Wien 2002.

Biblische Besinnung über Epheser 2, 11-14, anlässlich des ersten Treffens christlich-ökumenischer Frauen aus Deutschland, Österreich und Tschechien, Budweis, 17.-19.10.2003.

Feministische Exegese, Veranstaltungsreihe zum Jahr der Bibel, Wien, 26. 11. 2003.

V. Über Evi Krobath

HALMER, Maria, u.a. (Hg.), Anspruch und Widerspruch [Festschrift für Evi Krobath zum 70. Geburtstag], Klagenfurt/Celovec – Wien 2000.

MERZ, Gerhild, Happy Birthday, Evi! Die Feministische Theologin Evi Krobath ist 70, in: *Der Apfel* Nr. 53 (2000), 29.

SCHRAUF, Christa, Singt heitere Lobgesänge. Mag.a Evi Krobath 1930-2006, in: *evang.st* – für die evangelische Steiermark, Nr. 1 (2007), 22f.

Vielen fehlt sie als Freundin. Abschied von Evi Krobath (Nachrufe von Erika Schwarz, Edeltraud Pirker, Erni Temml), in: *Der Apfel* Nr.81 (1/2007), 28.

Wir trauern um Mag.a Evi Krobath (Nachrufe von Renate Lissy, Dagmar Beermann, Isabella Völker, Gerhard Beermann, Irmtraud Fischer, Karl Mittinger), in: *Dialog* Nr. 127 (2007), 3.

Der Apfel Nr. 84 (2007): Zur Erinnerung an Evi Krobath (Mit Beiträgen von: Barbara Heyse-Schäfer, Uli Frank-Schlamberger, Inge Schintlmeister, Barbara Rauchwarter, Michaela Moser, Ina Praetorius, Mary Gray, Elisabeth Hellmich, Gerhild Merz, Waltraut Kovacic, Poli Zach-Sofaly).

Bild- und Quellennachweise

Bilder:

Titelbild: Evi Krobath, 2006 in Wien, © Barbara Krobath
S. 7: Evi Krobath, © Barbara Krobath
S. 16: Evi Krobath, 1955 beim Schifahren am Oisternig, © Heinz Krobath
S. 18: Heinz und Evi Krobath, 2000 in Wien, © Barbara Krobath
S. 20: Evi Krobath und Elisabeth Moltmann-Wendel, 1994 in Mooswald, © Heinz Krobath
S. 25: Luise Schottroff und Evi Krobath, 2000 am Millstättersee, © Heinz Krobath
S. 29: Evi Krobath, 2000 in Wien, © Barbara Krobath

Quellennachweise:

Die Bibelzitate stammen, wenn nicht anders angegeben, aus der Lutherbibel, revidierter Text 1984, © 1985 Deutsche Bibelgesellschaft, Stuttgart.
Das Zitat auf S. 137-141 stammt aus Hans Joachim Stoebe, Das erste Buch Samuelis (Kommentar zum Alten Testament 8,1), Gütersloh 1973, © by Gütersloher Verlagshaus, Gütersloh, in der Verlagsgruppe Random House GmbH, München.